L'inventaire
du patrimoine culinaire
de la France

———■———

Ile-de-France

L'inventaire
du patrimoine culinaire
de la France

—■—

Ile-de-France

PRODUITS DU TERROIR
ET RECETTES TRADITIONNELLES

**Préface
de Michel Giraud**

ALBIN MICHEL
CONSEIL NATIONAL DES ARTS CULINAIRES

L'INVENTAIRE DU PATRIMOINE CULINAIRE DE LA FRANCE

Collection publiée sous la direction de
Claude Lebey

© Éditions Albin Michel S.A., 1993
22, rue Huyghens, 75014 Paris

Pour les fiches produits
© Conseil National des Arts Culinaires, 1993

ISBN 2-226-06348-X

SOMMAIRE

Préface, par MICHEL GIRAUD
L'inventaire, par ALAIN SENDERENS et ALAIN WEILL

LES PRODUITS
par L. BÉRARD (CNRS), J. FROC (INRA),
M. et Ph. HYMAN (Historiens), Ph. MARCHENAY (CNRS)

La géographie agricole de l'Ile-de-France
La Méthode
Lexique général
Aromates et Condiments, Boissons et
Alcools, Boulangerie et Viennoiserie,
Confiserie et Pâtisserie, Charcuterie,
Fruits et Légumes, Produits laitiers,
Viande, Volaille, Miel

LES RECETTES TRADITIONNELLES
recueillies par CÉLINE VENCE

LES RECETTES RÉGIONALES
réinventées par GÉRARD VIÉ
réinventées par GUY SAVOY

Guide des adresses
Table des produits
Table des recettes traditionnelles
Table des recettes régionales
Remerciements

P R É F A C E

par Michel Giraud
Président du conseil régional d'Ile-de-France

A notre époque où l'éphémère semble souvent l'emporter sur le permanent, où la modernité est exaltée, le patrimoine prend une importance accrue. Il précise à nos contemporains leurs repères et leurs points d'ancrage.

L'art de vivre, auquel se rattache la gastronomie, fait partie du patrimoine francilien.

L'Ile-de-France a, en ce domaine, un acquis important, mondialement reconnu. La région-capitale fut, de tout temps, une région de référence pour la gastronomie et l'art de la table. Si la fourchette est apparue à la Cour, au XIVe siècle, ce fut autant par commodité que pour mieux apprécier les mets déjà préparés avec recherche. Quant à la baguette de Paris, elle fait l'honneur des grandes tables du monde entier. Mettre en valeur cet héritage contribue à l'identité régionale.

La gastronomie francilienne présente l'originalité d'être au confluent d'une double tradition : populaire et princière. La baguette nous renvoie l'image — l'odeur! — de la brioche; le saucisson de Paris, celle des fins pâtés; les niflettes, celle du précieux savarin. Quant au chasselas de Thomery et autres pêches de Montreuil, produits et élevés par les humbles, ne furent-ils pas toujours l'apanage des tables les plus précieuses?

De cette union et de ce dialogue permanent entre deux traditions, le meilleur est sorti. Les écrits nous le rappellent :

Regnard : «A Mantes fut la dinée
ou croît cet excellent vin...»

et cette si jolie formule du jeune Louis XIII, encore tout enfant : «Mes gendarmes aiment bien la conserve de roses (de Provins) et j'ai peur qu'ils ne la mangent toute, et je n'en aurai plus...»

Mais notre gastronomie est aussi fille de son sol, des hommes qui le cultivent et du rôle de grand marché qu'eut toujours l'Ile-de-France. Le calcaire de la Brie explique, mieux qu'un long discours, le fromage qui a pris son nom. Les échanges, de blé comme de bestiaux, sont à l'origine du développement de nombreuses spécialités. Les coteaux ensoleillés ou les murs en espalier gorgés de chaleur ont permis aux vignes et aux pêches de s'épanouir. Les carrières, après avoir construit nos maisons, ont couvert nos tables de champignons.

Voilà ce que cet inventaire permet de bien faire ressortir. Sans doute sera-t-il découverte pour certains, approfondissement pour d'autres, connivence pour tous avec une région qu'ils aiment et dont ils apprécient toutes les spécialités.

Face à une certaine uniformisation, du goût comme des produits, souvent dénoncée, l'Inventaire du patrimoine culinaire montre qu'il y a une volonté commune de préserver nos traditions dans leur diversité et de les encourager. Consommateurs autant que producteurs ont un grand rôle à jouer, car les uns et les autres ne subsistent qu'en fonction de leurs partenaires. Chacun en a conscience, sachant qu'au-delà de ce qui pourrait être, avouons-le, gourmandise, il y a aussi le désir d'affirmer un peu plus l'identité régionale.

Ce livre, dont toutes les pages sont à déguster, nous permettra de mieux en apprécier toute la saveur.

L ' I N V E N T A I R E

par Alain Senderens
Président du CNAC

et Alain Weill
Président de la Commission de l'inventaire du CNAC

Après le Nord - Pas-de-Calais, voici la région Ile-de-France. C'est un honneur et un bonheur de présenter le deuxième tome de l'Inventaire du patrimoine culinaire, une œuvre monumentale et de longue haleine que le Conseil National des Arts Culinaires a eu la fierté de piloter, à la demande des ministres de la Culture et de l'Agriculture.

L'enjeu est d'importance. À l'heure de la banalisation du goût, il était temps d'empêcher la disparition progressive de ces produits du terroir qui sont autant de traces de notre passé. Il s'agissait d'affirmer avec force que le patrimoine culinaire est également un patrimoine culturel.

Cet inventaire raisonné et exhaustif de nos produits régionaux doit conserver la mémoire de chacune des régions couvertes. Pour connaître et faire connaître ces produits, pour comprendre et témoigner et pour préserver l'avenir, il est indispensable de conserver un paysage équilibré du goût, de maintenir la diversité et la richesse de ces productions pour les générations futures.

Pas moins d'un an a été nécessaire pour explorer cette région. Nos enquêteurs se sont adressés aux érudits locaux et aux sommités nationales, aux associations vouées à la mémoire de ces produits et aux organisations qui regroupent leurs producteurs. Ils ont rencontré chacun des artisans concernés et ont vérifié et contrevérifié l'ensemble de ces informations.

Le résultat est à la mesure de notre ambition. C'est toute une région qui se livre à nous avec ses fromages, ses charcuteries, ses pains, ses pâtisseries, ses fruits et légumes, ses viandes, ses aromates et ses condiments...

Après, l'Inventaire du patrimoine culinaire va se poursuivre au rythme attendu d'un minimum de deux régions par an en fonction des demandes et en collaboration avec les régions intéressées. Dès à présent, les régions Bourgogne, Pays de la Loire et Franche-Comté se sont portées volontaires.

Cette quête du patrimoine culinaire est indissociable de la redécouverte du goût et c'est pourquoi le même Conseil National des Arts Culinaires a également mis en place un ambitieux programme d'éveil au goût dans les écoles élémentaires selon la méthode de Jacques Puisais. Grâce à ces effets convergents, nous espérons réveiller la mémoire de ces produits et les transmettre aux générations à venir.

LES PRODUITS

du Conseil National des Arts Culinaires

LA GÉOGRAPHIE AGRICOLE
DE L'ILE-DE-FRANCE

Cette région, dite francilienne de nos jours, est celle du pays des Francs, des deux côtés de la Seine, depuis l'époque capétienne. Son étendue actuelle va, au nord, aux limites de l'Oise, l'Ile-de-France historique et, à l'ouest, aux limites de la Normandie. Ces limites englobent une partie du Vexin. Au sud, jusqu'au Perche, la région s'étend en Beauce, enfin elle absorbe une fraction de la Brie à l'est et s'étend jusqu'à la Champagne. De nombreux pays qui constituaient l'ancienne Seine-et-Oise ont disparu du langage quotidien, tels les Hurepoix, Etampois ou Mantais parmi d'autres.

La proximité de la «Grande ville», avec ses débouchés, mais aussi l'accumulation des richesses et du savoir, enfin la qualité des terres de Beauce, Brie, Vexin et Valois, en particulier, ont favorisé le développement des grandes cultures, qui parallèlement ont induit la mécanisation. Ces cultures de vente sont restées celles des céréales, de la betterave sucrière... Ailleurs, dans les vallées ou sur les coteaux, des cultures plus diversifiées avaient pour objet l'approvisionnement des marchés parisiens. On en trouve encore de nombreuses traces, en productions fruitières, maraîchères et horticoles. En élevage le processus fut le même mais moins marqué, très tôt les extensions des zones urbaines et l'incompatibilité qu'offre la présence d'élevages importants dans un monde péri-urbain éloignèrent ces spéculations. On retrouve pas moins quelques races et espèces de volailles, agneaux, bovins de viande et de lait, dont la production de la Brie seine-et-marnaise reste résiduelle mais renommée.

Aujourd'hui, la production agricole de la région Ile-de-France, la plus peuplée et la plus urbanisée du territoire, occupe moins de 2 % des terres agricoles françaises avec environ 0,5 % de la population active, soit quelque 60 000 emplois. Mais cette région garde de fortes traditions, que l'on retrouvera à travers les produits finis. C'est le cas de la confiture de roses, l'Ile-de-France fournissant encore 20 % des roses françaises. A cela ajoutons les 10 % de la production maraîchère nationale — d'où les nombreuses espèces et variétés retenues dans cet inventaire —, les 4 à 5 % de la production fruitière, dont les rarissimes pêches de Montreuil et raisin de

Thomery, et bien sûr les céréales et betteraves à sucre dans des proportions encore considérables.

La région est très marquée par plusieurs facteurs que sont :

La grande diversité des produits alimentaires présents sur les nombreux marchés et dans les commerces ;

L'influence historique d'un artisanat alimentaire urbain, très diversifié ;

La recherche de toute forme d'exotisme mettant en valeur les produits de base, quelle qu'en soit l'origine ;

L'émergence d'une élite intellectuelle et gastronome depuis plus d'un siècle.

Tout cela laisse à penser que les produits alimentaires régionaux et traditionnels ont disparu ou sont en voie de l'être. Pourtant leur implication dans les comportements alimentaires des Franciliens, loin d'être aussi marquée qu'en d'autres régions, reste forte. Le présent document en permettra une meilleure connaissance tout en en montrant la diversité.

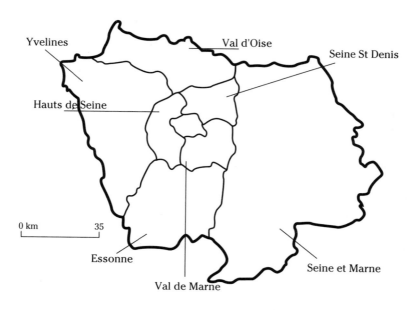

LES PRODUITS PAR DÉPARTEMENT

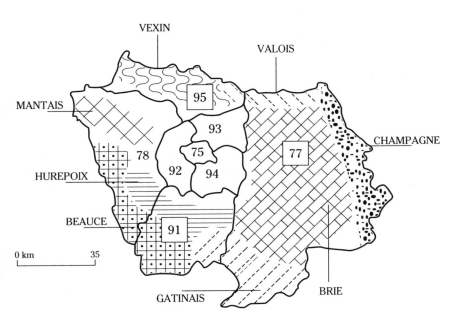

Paris (75)

Baguette et pain
Croissant, brioche
Pains au lait et viennois
Macaron lisse
Galette feuilletée
Saint-Honoré, Opéra
Savarin
Poire Bourdaloue
Puits d'amour
Chouquette et choux

Boudin noir
Hure à la parisienne
Jambon de Paris
Saucisson de Paris

Seine-et-Marne (77)

Bries de Meaux
   de Melun
   de Montereau
   de Nangis

Coulommiers
Fougerus
Boursault
Pierre-Robert
Délice de Saint-Cyr
Explorateur
Gratte-paille
Jean-Grogne
Jehan de Brie
Vignelait
Villentrois
Fontainebleau

Confit de roses
Sucre d'orge de Moret
Niflette

Cidre de la Brie

Moutarde de Meaux
Vinaigre de Lagny

Raisin de Thomery
Pomme Faro
Pissenlit de Montmagny
Bœuf d'Ile-de-France
Lapin du Gâtinais
Volaille du Gâtinais
Miel du Gâtinais

Yvelines (78)

Grand Marnier
Noyau de Poissy

Paris-Brest

Agneaux d'Ile-de-France
Volaille de Houdan
Pâté de Houdan

Prune de Chambourcy
Navet

Essonne (91)

Asperge
Cresson de fontaine
Haricot chevrier
Menthe de Milly

Hauts-de-Seine (92)

Fraise de Paris
Champignon de Paris
Clacquesin

Seine-Saint-Denis (93)

Choux pommé
Pêche de Montreuil

Val-d'Oise (95)

Artichaut parisien
Poire de Groslay
Cerise de Montmorency

L A   M É T H O D E

L e premier objectif de l'inventaire est culturel. Il consiste à fixer la mémoire des savoir-faire traditionnels et spécifiques existant dans les régions et les terroirs, de réaliser un « état des lieux » et de le communiquer au grand public.

Le deuxième objectif est économique. Il doit permettre de mieux connaître le patrimoine alimentaire de la région étudiée et d'y associer des actions spécifiques permettant la relance de productions restées trop méconnues.

1. Contenu des termes « agricole », « alimentaire » et « traditionnel »

Agricole est pris ici dans son sens le plus large, incluant les productions végétales et animales y compris les pêches maritimes et continentales. Selon la force des usages régionaux, les activités de cueillette (récolte de champignons) et de chasse seront prises en compte quand elles font appel à des techniques particulières. Enfin, les produits minéraux entrant dans l'alimentation humaine sont retenus ; c'est le cas du sel de mer et des sels de carrières à usages spéciaux (teneur particulière en magnésie, en chlorure).

Alimentaire concerne à la fois les produits d'origines agricole (viandes et volailles, fruits et légumes, etc.), artisanale (boulangerie, pâtisserie, confiserie, charcuterie...), industrielle (boissons, alcools, produits laitiers). Les productions domestiques (au sens large, incluant la restauration) n'entrent pas dans la logique de l'inventaire ; elles ne seront donc pas recensées.

Tradition s'entend dans son sens étymologique, c'est-à-dire impliquant une transmission de savoir-faire et d'usage sur une longue période. Cette tradition propre à un groupe, à une collectivité, est l'expression d'une culture. Elle est partagée et par conséquent les créations ou « spécialités » individuelles, qui ne découlent pas de pratiques et de savoirs locaux, ne seront pas prises en compte.

2. Critères de sélection des produits

Une « grille » a été établie afin d'aider à la sélection des produits régionaux traditionnels. Elle repose sur les critères suivants :

Commercialisation : le produit est l'objet d'échanges et par là, il existe. Les niveaux de production sont notés, mais non discriminants, ils peuvent aller de quelques kilos à plusieurs tonnes.

Histoire : puisque le produit est traditionnel, la notion de temps est évidente et forte. La dimension historique du produit est corrélative à sa pérennité et à sa renommée. L'attention portée à sa datation ou à sa profondeur historique, permettra de faire le tri entre le produit découlant d'une politique de marketing d'une firme, produit à référence ou à consonance ancienne, et le produit issu de l'histoire du groupe social qui l'a fait naître.

Local : le produit est né dans un «pays», une ville, il est lié à un lieu. Bien que la zone d'usage et/ou de fabrication puisse recouvrir plusieurs régions, il sera attribué, dans la plupart des cas, à sa région (administrative) d'origine. Lorsqu'un produit est dénommé par un éponyme (cas de nombreux produits AOC), ce nom éponymique a pour correspondance géographique un lieu précis. Le produit sera attribué à la région l'incluant. Le calvados est un alcool de Normandie, même si la réglementation prévoit sa production dans une zone beaucoup plus large, de même pour les comté, chavignol et autres camembert. Certaines anciennes provinces sont aujourd'hui situées sur plusieurs régions administratives. Dans ce cas, les produits qui en sont issus apparaîtront dans les inventaires de ces différentes régions. C'est le cas par exemple des volailles de Bresse. Enfin un produit.générique, issu de techniques communes mais bénéficiant d'une renommée locale pourra être retenu dans les différentes régions de production à condition de posséder des caractères locaux. C'est le cas du cidre, qui n'est pas fait avec les mêmes variétés de pommes en Thiérache, en Pays d'Auge ou en Bretagne. Enfin, pour bien marquer la liaison entre le local et la dénomination, la moutarde de Dijon sera attribuée à la Bourgogne seule. Si le produit x est fabriqué, de nos jours, en totalité, dans une autre région et reste commercialisé dans sa zone originelle, il sera retenu quand sa notoriété reste forte.

Notoriété : la notoriété ou renommée d'un produit est liée à son aire de rayonnement qui peut être limitée — lucullus de Valenciennes — ou au contraire très étendue, comme pour les bêtises de Cambrai. Dans tous les cas, la notoriété existe.

Pérennité : l'action d'une technique sur la matière conduit à la mise en place de produits caractéristiques différents. Il est donc important de vérifier si les techniques de fabrication et/ou de production restent pérennes, dans des limites d'évolution technique à apprécier. Un produit fabriqué dans deux filières, la première traditionnelle et artisanale, l'autre industrielle, sera décrit sur le premier mode. Toutefois, si les éléments historiques montrent que ledit produit est d'origine industrielle, c'est cette voie qui sera choisie.

Savoir-faire : celui-ci est directement lié à la région concernée et prend en compte les facteurs humains et naturels. Le produit devra être l'objet d'un savoir-faire «local» appliqué sur un maillon, au minimum, de la chaîne opératoire. A défaut, il doit exister une survivance du savoir-faire originel. C'est ce maillon qui constitue un savoir spécifique et qui caractérise la dimension régionale de ce produit. C'est le cas de l'affinage d'un produit et non de sa fabrication, du traitement d'une matière première et non de sa production etc. Ainsi les matières initiales peuvent être tout à fait exotiques (café, chocolat, houblon, banane...) et conduire à un produit fini spécifique de la région, en relation, par exemple, avec la création d'un port, d'une usine de trituration...

En complément, le produit pourra être mis en commerce à l'état brut — légume ou fruit —, après une première transformation — cerneaux de noix —, après élaboration complète — cidre, fromage — etc., mais il n'est pas le résultat d'une recette de cuisine. Par ailleurs, le produit qui aura changé de nature dans le temps (une confiserie devenant une pâtisserie), ne sera pas retenu même si son nom est intégralement respecté.

Un produit doit en principe répondre, pour être retenu, à l'ensemble de ces critères. Toutefois ils pourront être aménagés, lorsque par exemple un produit de grande renommée, sur le point de disparaître, n'est plus commercialisé.

En résumé : le produit est commercialisé, il est lié à l'histoire locale, dans sa fabrication, dans son usage, il est «stabilisé» sur le plan technique et dans sa dénomination.

Accouveur
Éleveur qui fait naître et commercialise les poussins.

Blanc (du champignon)
Voir mycélium.

Capitule (artichaut)
Partie consommée de l'artichaut qui est une fleur immature.

Châssis
Cadre de bois ou de métal sur lequel est fixé une vitre ou matériau transparent servant à protéger du froid les jeunes plants et à hâter la croissance.

Chapon
Poulet castré puis engraissé.

Claustration
Action de contenir l'animal dans un lieu clos.

Couches
Amas de matières organiques fermentescibles, du fumier, produisant de la chaleur sur lequel on ajoute terre ou terreau, pour cultiver des légumes ou fleurs.

Cron
Substrat calcaire utilisé pour la culture du champignon de couche (Paris).

Cultivar
Population ou variété de plante cultivée issue d'un processus de sélection.

Désoperculer
Ôter la capsule de cire, ou opercule, qui ferme chaque alvéole du rayon de miel.

Donner un tour
Quand la pâte manque de force, on provoque la rupture en donnant un tour de pétrin.

Dornic
Unité de mesure en degré (°D) de l'acidité lactique du lait ou du lactosérum.

Double crème
Fromage à teneur en matière grasse au moins égale à 60 % rapportée à la matière sèche.

Emprésurage
Mettre de la présure dans le lait pour le coaguler.

Enrichi (en crème)
Lait ou caillé recevant un apport de matière grasse complémentaire à celui existant naturellement. Nécessaire en fabrication de pâte double ou triple crème.

Épinette
Cage dans laquelle est enfermée la volaille à engraisser.

Espalier
Disposition d'un arbre fruitier ou d'une vigne contre un mur, suivant des formes diverses, de façon à obtenir un éclairement maximal des feuilles.

Éventail (forme)
Conduite d'un arbre et taille lui donnant l'aspect d'un éventeil afin de l'exposer au maximum de soleil.

Fleurie
Croûte d'un fromage à pâte molle recouvert de moisissures. Cette «fleur» est due aux micro-organismes fongiques apportés lors de l'ensemencement. Les couleurs sont variées, du blanc au bleu-gris selon les souches.

Foisonnée
Se dit d'une matière, un caillé, une crème, dans laquelle on insuffle un gaz neutre (l'azote), pour lui faire prendre du volume et par conséquent l'alléger.

Forçage
Opération qui consiste à mettre une plante dans des conditions de milieux (T°C, éclairement) déterminées afin d'obtenir une production hors saison.

Franc
Se dit d'un plant d'arbre fruitier obtenu par semis. Il peut devenir porte-greffe ou se développer normalement pour donner des fruits.

Gobetage
Dans la culture du champignon de couche, opération consistant à recouvrir les meules ou sacs avec le cron.

Greffage
Procédé de multiplication par voie végétative basé sur la soudure des tissus de deux individus compatibles.

Griffe (asperge)
Souche aux racines épaisses utilisée pour la multiplication de la plante.

Haloir
Lieu ventilé (de hâler), aéré, spécifique de l'affinage des fromages à croûte fleurie.

Indice de Pfund
Échelle de mesure utilisée pour caractériser la couleur.

Lait cru
Lait non pasteurisée et non thermisé, entier ou écrémé.

Maraîchage
Culture de légumes en jardin ou plein champ pour la vente.

Maturé
Lait mis en fabrication et qui a subi une légère fermentation, durant quelques heures, dans le but de l'acidifier.

Mellifère
Qualifie une plante dont le nectar est récolté par les abeilles.

Miellée
Période durant laquelle a lieu la sécrétion du nectar chez les plantes mellifères.

Miellerie
Atelier de l'apiculteur où se déroule l'extraction du miel.

Mycélium
Filaments issus de spores germés chez les champignons, servant à ensemencer.

Nectar
Liquide sucré sécrété par les organes glandulaires, appelés nectaires, chez certaines fleurs.

Obtenage
Action de prélever les bourgeons excédentaires sur les pieds d'artichauts.

Œilletonnage
Multiplication de l'artichaut. L'œilleton est une pousse qui se développe au collet.

Palmette
Forme particulière de conduite et de taille des arbres fruitiers.

Pasteurisé
Lait ayant subi un chauffage, à température et temps donnés, afin de détruire les micro-organismes présents et notamment les germes pathogènes.

Pâte molle
Fromage à égouttage naturel sans pression artificielle (à pâte persillée, à croûte fleurie, lavée).

Pointage
Moment pendant lequel la pâte subit une fermentation dans la masse, en pétrin ou pâtière.

Pousse (de la pâte)
Accroissement continu du volume sous l'influence du gaz carbonique dégagé par la fermentation.

Poularde
Poulette engraissée qui n'a pas commencé à pondre.

Tranchage (sabrage)
Consiste à diviser légèrement le coagulum ou caillé (5 à 9 traits) afin de faciliter l'exsudation puis l'égouttage du sérum après le moulage.

Triple crème
Fromage à teneur en matière grasse au moins égale à 72 % rapportée à la matière sèche.

Turion
Synonyme d'asperge.

AROMATES
ET
CONDIMENTS

——— ▬ ———

MENTHE DE MILLY

MOUTARDE DE MEAUX

VINAIGRE DE LAGNY

MENTHE DE MILLY

PLANTE
CONDIMENTAIRE ET
AROMATIQUE

Production
Milly-la-Forêt et
Oncy-sur-École,
dans l'Essonne.
Plus abondante de
mai à octobre.
Plutôt stagnante au
cours des
5 dernières années.
La production de
menthe poivrée à
Milly avoisine les
120 tonnes par an,
dont une centaine
est produite par les
Établissements
Darbonne. Sur
69 hectares de
menthe feuilles
plantés en France,
21 se trouvent en
Ile-de-France, soit
près du tiers.

Bibliographie
ABRIAL (C.), *Culture
des plantes
médicinales*, Paris,
Baillière, 1928,
pp. 256-260.
BLAQUE (G.),
«Culture des plantes
médicinales», in :
*Comptes rendus du
6ᵉ Congrès de la
culture des plantes
médicinales*, Lons-
le-Saunier, ministère
du Commerce et de
l'Industrie, 1926,
p. 26.

PARTICULARITÉ : ce produit est spécifique à double titre. D'une part, la plante elle-même — menthe de Milly —, si elle n'est plus aujourd'hui la souche «locale», reste une culture à la fois vivante et emblématique de ce lieu ; d'autre part, la culture des «simples» en cet endroit est une tradition pluri-séculaire.

Historique

Le nom de Milly-la-Forêt, autrefois Milly-en-Gâtinais, est étroitement associé à la culture des plantes médicinales et aromatiques. Déjà sous la Révolution, écrit Blaque, des habitants qualifiés d'«herboristes» cultivent la menthe, parmi d'autres. En 1850, les «simples» constituent une bonne partie de l'économie de la Vallée de l'École. Mais c'est vers la fin du XIXᵉ siècle que les producteurs cherchent à accroître et à améliorer leur production. En 1887, Amand Darbonne, maraîcher d'Argenteuil, s'installe à Milly pour y pratiquer ce type de culture. C'est lui qui invente le lit de séchage, plus connu sous le nom de «séchoir de Milly», qui «consiste à coucher les plantes à plat sur des rayonnages en grillage ou toile de jute, à 20 cm les uns au-dessus des autres, dans des bâtiments bien aérés», écrit Gilles Verniau. Ce séchoir est encore visible au Conservatoire national des plantes médicinales, aromatiques et industrielles, à Milly.

En 1889 se crée un syndicat de producteurs, et à partir de 1923 se tient la première foire des plantes médicinales à Milly. Vers 1940, André Darbonne, fils d'Amand, introduit la menthe Mitcham, successeur de la variété «améliorée» de Milly, qui posait de sérieux problèmes de culture, et de la menthe «Hongrie», qui n'eut qu'un succès éphémère ; il invente par ailleurs le premier séchoir à air chaud et crée avec son fils une distillerie coopérative d'essence de menthe qui fonctionna de 1945 à 1960.

TROUARD RIOLLE (Y.),
*Les Plantes
médicinales*, Paris,
Flammarion, 1942,
p. 193.
VERNIAU (G.), *Plantes
aromatiques de
Milly et leur
histoire*. Premières
rencontres
aromatiques de
Darégal, doc.
Ronéo,
22 septembre 1992,
7 p.

Description

La menthe de Milly entre dans la catégorie des menthes poivrées. Autrefois spécifique, la variété ancienne « améliorée de Milly » a été remplacée par la « Mitcham » qui est cultivée ici depuis une cinquantaine d'années. C'est une variété particulièrement parfumée et aromatique, plus forte que la menthe poivrée habituelle. Tiges et feuilles sont employées. Plante d'environ 40 cm de hauteur. Caractéristiques organoleptiques : détermine sur la langue, quand on la mâche, une sensation de brûlure suivie de froid.
Variétés mises en œuvre : menthe poivrée de Milly, appelée « ancienne Milly » : *Mentha x piperita* L. var. *officinalis* Sole ; menthe Mitcham : *Mentha x piperita* L. var. *vulgaris* Sole (seule cultivée aujourd'hui).

Usages

La chapelle Saint-Blaise, décorée par Jean Cocteau sur le thème des simples, est le témoin et le symbole de la tradition des plantes médicinales à Milly. La menthe poivrée est utilisée en infusion, mais aussi, et de plus en plus, en tant que condiment dans la cuisine. La Mitcham est à la base du célèbre Pippermint. Elle est aussi une base aromatique de grande importance en confiserie (les fameuses pastilles à la menthe...) ainsi que dans les boissons, alcoolisées ou sucrées. La société Ricqlès, installée au nord de Paris, a cultivé sa propre menthe poivrée, la variété « Ribecourt », du nom de cette localité. Aujourd'hui s'est développé à Milly un marché de cette plante en surgelé et en déshydraté pour des préparations culinaires diverses. En dehors de ces utilisations « alimentaires », la menthe poivrée reste une plante médicinale majeure : distillée ou utilisée pour la pharmacie, ses propriétés sont nombreuses.

Savoir-faire

La menthe se plaît à Milly, car elle aime les sols frais, mais non marécageux. «On cultive les menthes dans les terrains d'alluvions, dans les vallées. A Milly, elles réussissent particulièrement bien dans les terres noires qui bordent le ruisseau qui traverse le pays», écrit en 1942 Mlle Trouard Riolle. Certains producteurs, au lieu de conserver leurs cultures de menthe pendant plusieurs années à la même place, les changeaient chaque année. Car l'ennemi numéro un, comme souvent, est la mauvaise herbe. «A Milly en Seine-et-Oise, ce sont les femmes qui enlèvent toutes les mauvaises herbes adventices à genoux avec un couteau. Les cultivateurs à Milly me disaient qu'on peut faire plusieurs récoltes par an. On commence par couper les jeunes tiges avant la floraison et comme les feuilles et les tiges sont jeunes, on les considère comme "mondées", donc elles sont payées plus cher. Ensuite, on cueille les "bouquets fleuris". Les petites tiges jeunes sont séchées sur des claies afin qu'elles restent bien vertes», poursuit cet auteur.

La plante, vivace, ne se multiplie pas par graines, mais par rhizomes qui se développent juste sous la surface du sol. La multiplication se pratiquait donc traditionnellement à partir de ces racines, ou plutôt de ces tiges souterraines racinées, qui donnaient par la suite les plantations nouvelles. On utilisait la «mare», bêche retournée en forme de houe, pour préparer les sillons larges et peu profonds dans lesquels étaient disposés les rhizomes, futurs pieds de menthe poivrée. Cela se pratiquait pendant la période du repos de la végétation. Aujourd'hui, on prélève au cours du mois de mai, dans la culture précédente, de jeunes pieds racinés et feuillés, après la reprise de végétation. L'arrachage est facilité par un arrosage préalable. Un bon ouvrier arrache un millier de plants à l'heure. Ces plants sont alors repiqués, sur des rangs espacés de 0,50 m à raison de 4 au mètre. En système mécanisé, on utilise une machine de type «planteuse à choux».

La densité à l'hectare oscille entre 75 et 100 000 pieds. Une plantation produit pendant 2 à 4 ans avant d'être arrachée, la première année donnant toujours une petite récolte. Un champ de menthe peut être récolté de 3 à 4 fois par an à l'aide d'engins mécanisés ; ceux-ci ont succédé à l'antique faux munie d'une barre, avec laquelle se faisaient les andains. Après quoi, la plante est séchée dans des séchoirs à propulseur d'air chaud. Un hectare rend environ 4 tonnes en tiges et feuilles sèches, ou 1,5 tonne seulement en feuilles.

Conditionnement

En bottes pour le frais, en sachets pour la menthe séchée, ou bien en surgelé, procédé qui connaît actuellement un développement notoire, au même titre que tout un assortiment de plantes condimentaires et aromatiques à usage culinaire.

MOUTARDE DE MEAUX

CONDIMENT

_____

Production
Lagny-sur-Marne.
1,5 million de pots
par an, dont 85 %
sont exportés.

Bibliographie
ANDROUET (P.),
CHABOT (Y.),
in Le Brie, éd. Les
Presses du Village,
1985, pp. 187-199.
DECLOQUEMENT (F.),
*Moutardes et
moutardiers*, Bréa,

PARTICULARITÉ : moutarde composée de graines partiellement concassées et visibles.

Historique

Si Françoise Decloquement trouve des références à la graine de moutarde dans les textes antiques, ce n'est qu'au XIIIe siècle qu'elle rencontre la première mention de la fabrication de moutarde en France. Deux centres sont signalés à cette époque, Paris et Dijon. Quoique le second soit beaucoup plus connu que le premier, on trouve déjà 10 moutardiers à Paris en 1292. En dehors de ces grandes villes, de nombreux autres villes et villages avaient aussi leurs moutardiers et chacun donnait une note personnelle à sa fabrication. On

1983, pp. 40, 50, 64, 124.
RENAUD (G.),
Histoires de moutarde, cassis et pain d'épices,
Éditions du bien public, 1987, pp. 3-13.

s'étonne donc de ne trouver aucune trace de fabrique de moutarde à Meaux avant une date plutôt récente. Cela s'explique, d'après Androuet et Chabot, par le fait que, jusqu'au XVIIIe siècle, ce sont les chanoines de cette ville qui confectionnaient la moutarde ; ce n'est qu'en 1760 que le « secret de fabrication » aurait été transmis à J.-B. Pommery, c'est lui et ses descendants qui assurèrent la diffusion de ce produit.

Il faut croire que cette diffusion s'est faite assez lentement car la moutarde de Meaux ne sera mentionnée ni dans les grands traités sur le commerce du XVIIIe siècle ni par les gastronomes parisiens au début du siècle suivant. Dès 1834 la moutarde est citée en tant que spécialité de Meaux mais ce n'est qu'en 1867 que celle fabriquée par Pommery à Meaux sera citée parmi les moutardes de qualité présentées à l'Exposition universelle de Paris... date à laquelle elle ne sera pas primée. Mais onze ans plus tard, en 1878, elle sera honorée par une médaille d'argent et la fabrique adoptera comme enseigne « A la Renommée de la Bonne Moutarde. »

En 1880, la maison Pommery se mécanise — jusqu'à cette date, d'après Decloquement, « La mouture [des graines de moutarde] était faite... à l'ancienne, c'est-à-dire avec un moulin actionné par le bras de l'homme grâce à un bâton ». Cette mécanisation n'affecte en rien la qualité de cette « moutarde grise » qui, à la différence des autres moutardes non blutées, était aromatisée, toujours d'après Decloquement, avec « estragon, coriandre, cardamone, cannelle, clou de girofle, fenouil, laurier, noix de muscade, poivre, piment et thym ».

Les membres de la famille Pommery veillent à la fabrication de la moutarde jusqu'au début de ce siècle mais pendant ce temps « leur » moutarde se transforme. Quand l'entreprise est cédée en 1927, nous racontent Androuet et Chabot, la moutarde de Meaux « était devenue identique à toutes les autres du marché ». Ce n'est qu'à partir de 1949, quand l'entreprise sera achetée par la famille Chamois, que la moutarde de Meaux retrouvera son éclat d'alors. Les nouveaux propriétaires reviennent à la recette originale et commercialisent leur produit dans des pots en grès cachetés à la cire rouge qui sont devenus si familiers. Petit à petit, leur moutarde devient, comme nous le proclame l'étiquette actuelle, « la moutarde des gourmets » et les Meldois, comme d'autres amateurs partout dans le monde, retrouvent aujourd'hui dans la moutarde de Meaux une moutarde « à l'ancienne » qui plaît par sa différence et son individualité.

Description

Forme : pâte d'agglomérats humides de graines entières et légèrement concassées. Couleur : ocre vert à brun. Texture : pâteuse.

COMPOSITION : non divulguée, contenant des graines entières et concassées, sel, vinaigre d'alcool, épices.

Usages

De tout temps utilisée pour réhausser le goût fade des viandes, la moutarde de Meaux est employée, de nos jours, en assaisonnement mais aussi dans des préparations de sauces.

Savoir-faire

Les graines sont importées à 98 % du Canada. Elles sont brunes (*Sinapis juncea*), blanches (*Sinapis alba*) et noires (*Sinapis* ou *Brassica nigra*). Dans le secret des ateliers, les graines sont triées et mélangées selon leur force en arôme qui est dû à une essence, le sévenol. Il est issu d'une dégradation d'un sinigroside (hétéroside) en présence d'eau et d'une enzyme, la myrosine. L'importance du mélange graines et eau, en présence de vinaigre, de sel et d'épices, fera la régularité gustative de la moutarde. Les graines sont entières et légèrement concassées. C'est la présence des graines entières qui fait la spécificité de la moutarde de Meaux. En effet l'extrait aromatique ne peut se faire ici que par l'action de l'eau sur les graines et non, comme pour d'autres moutardes, par récupération du jus de la graine. Aucune fermentation n'est développée après le mélange des ingrédients. Le conditionnement intervient sitôt la préparation terminée.

Le pot joue un rôle important dans la qualité finale, il doit être étanche pour limiter l'évaporation du sévenol. Cette contrainte fera, par ailleurs, le succès de nombreux potiers et céramistes qui créeront un objet spécifique, le moutardier.

Conditionnement

En pots de grès émaillés par vitrification d'une contenance de 250 à 500 g, à bouchon de liège, cacheté à la cire rouge, ruban et lettres gothiques. Durée limite de vente : 18 mois.

Vinaigre de Lagny

CONDIMENT

Production
Lagny-sur-Marne.
4 à 5 mois par an
(printemps et été).
Environ 7 000 hl par
an. Stable mais
subissant toutefois
des variations en
fonction des
conditions
climatiques, 75 %

PARTICULARITÉ : vinaigre d'alcool pur ou aromatisé à l'aide de sirops.

Historique

DATATION : 1865 (date de création de l'atelier).
Les contacts locaux et surtout la lecture des documents montrent que la création du vinaigre de Lagny est directement liée à deux événements historiques en rapport avec la production du vin. Le premier est l'arrêt du Parlement de Paris du 14 août 1577 qui interdit aux cabaretiers et taverniers d'aller chercher aux champs

de la production est exportée.

Bibliographie
ANDROUET (P.),
CHABOT (Y.), *in Le Brie*, pp. 201-207, éditions Les Presses du Village, 1985.
BAILLY P., «Aperçu sur les vins, vignes et vignerons de la région de Meaux», *Bulletin de la Société littéraire et historique de la Brie*, 1954, volume 19.
BOILEAU, in LACHIVER (M.), *Vins, vignes et vignerons. Histoire du vignoble français*, Fayard, 1988, p. 318.
LACHIVER (M.), *op. cité*. Tableaux des superficies et des productions par département, 1988, pp. 582-619.
TOUQUOY (R.), «Saint-Thibault-les-Vignes, une curiosité» (d'après l'enquête agricole de 1862), *Bulletin de la Société historique de Lagny*, n° 1, 1961, pp. 20-24.

leurs vins, les marchands patentés des ports aux vins étant là pour cela. Il en découle la règle dite des «vingt lieues» autour de Paris. La limite en sera une ligne Compiègne, Meaux, Melun, Moret, à l'ouest de laquelle on ne peut faire du vin. Ce cercle légal n'efface cependant pas totalement les traces de la vigne, comme en témoigne la commune de Saint-Thibault-les-Vignes à proximité de Lagny. Mais à l'est, le vin est d'ailleurs tout aussi médiocre, venant de Brie. Les dires de Boileau dans le *Repas ridicule*, «Je consens de bon cœur, pour punir ma folie, que tous les vins pour moi deviennent vins de Brie», n'y changeant rien. Le deuxième événement sera bien sûr l'épidémie de phylloxéra qui atteindra la région entre 1875 et 1900. Au total, la production de vin, sorte de piquette ou de blanc râpeux, passera de 115 000 hl en 1880 à 9 000 hl en 1919 d'après M. Lachiver. Le vin manquant, le vinaigre de vin a suivi. Les plants de pommiers succédant aux plants de vigne, puis ceux d'autres fruits, et enfin à cause du développement de la culture de la betterave sucrière, c'est le vinaigre d'alcool qui voit le jour, en pleine crise du phylloxéra. La Vinaigrerie du Lion s'installe en 1865 à Lagny, créée par M. Mathon. En 1890, la famille Chamois acquiert cette usine, depuis, cette même famille, à travers ses descendants, continue de faire le vinaigre de Lagny.

Description

Forme : liquide. Couleur : incolore ou de la couleur du sirop aromatique.

COMPOSITION : vinaigre à 6-7° d'acide acétique. S'y ajoute, selon le type de vinaigre, un sirop de plante choisi (arôme et goût).

Usages

Traditionnellement pour assaisonnements, la consommation du vinaigre est plus forte en saisons chaudes avec l'emploi de crudités.

Savoir-faire

L'alcool surfin de betterave est fermenté en présence de copeaux secs de hêtre. L'espèce rustique de bactérie employée est *Acetobacter acetii*. La méthode utilisée est celle dérivée des modes de fabrication allemande et anglaise. Il s'agit de mettre en contact le liquide à fermenter avec des copeaux ou brindilles de hêtre en faisant circuler de l'air, lequel assure l'oxygénation des bactéries. À la vinaigrerie du Lion, le cycle de la fermentation est effectué par étape avec retournements — brassage, mélange — en cuve de chêne de 70 hl. La température est dirigée pendant six jours de façon à obtenir un vinaigre de 13,5° d'acide acétique en fin de fermentation. Le vinaigre est filtré puis standardisé pour atteindre un taux d'acidité de 6 à 7°. C'est le vinaigre d'alcool de base, il peut être au citron ou à l'estragon.

A ce stade, il est possible d'ajouter, selon les marchés, des extraits sirupeux de végétaux (menthe, kiwi, orange, carotte...), ou encore une coloration à l'aide d'un caramel.

Conditionnement

Réalisé selon le type de clientèle, jerrican ou cubitainer pour les grossistes, bouteilles de 25, 50, 75, 100 ou 150 cl pour la distribution.

Boissons
et
Alcools

Cidre de la Brie

Clacquesin

Grand Marnier

Noyau de Poissy

Cette région est bien évidemment dominée par les immenses besoins de la capitale et des banlieues. Leurs populations, pour une grande part venues des nombreuses régions françaises, consomment de nombreux produits de boisson qui, loin s'en faut, ne peuvent être fabriqués sur place. Il en est ainsi de la plupart des boissons dont les approvisionnements sont d'origine externe et, par conséquent, culturellement non représentatives de l'Ile-de-France. Mais il y a tout de même des lignes de force depuis plus d'un siècle, notamment en ce qui concerne les « habitudes urbaines » engendrées par les nombreux cafés, restaurants et « lieux » à la mode, qui favorisent la consommation de liqueurs et digestifs. Dans ce domaine, plusieurs produits réputés sont typiquement franciliens. Ce sont les liqueurs dites « de dame » tels les Grand Marnier, Noyau de Poissy, Clacquesin. On rencontre aussi de nombreuses spécialités apéritives à l'anis, nées de la réussite commerciale de l'absinthe et de la place laissée par cette boisson après son interdiction en 1915. Il s'agit ici des différentes marques, dont beaucoup sont fabriquées dans la région, qui y sont consommées, ô combien, mais qui n'ont pas été retenues dans la mesure où, culturellement, ces produits sont associés au Midi et particulièrement à la population de Marseille, grâce notamment à Marcel Pagnol.

Mais ces boissons de « plaisir » ne se substituent en rien aux boissons de tous les jours. Seulement, depuis maintenant un siècle, le vin a quasiment disparu de la production régionale. Il ne reste que quelques productions familiales de-ci, de-là, ou des reliques des productions d'antan — vins de Suresnes, de Montmartre — qui en aucun cas ne peuvent satisfaire les besoins. La boisson qui a suppléé le vin dès la fin du XIXe siècle, la bière, fut fabriquée très longtemps sur place. Des brasseries existaient encore il y a trente ans dans la périphérie de Paris. Mais, pression foncière oblige, ces industries rejoignirent de grands groupes de brasserie ou disparurent. Il reste cependant une bière de Paris sur le marché. Toutefois, celle-ci n'étant plus produite sur place, elle n'a pas été retenue. Troisième grande boisson, le cidre. Il apparaît il y a plusieurs siècles en Ile-de-France, particulièrement en Seine-et-Marne. Dès la fin du XIXe siècle, la vocation de la Brie s'affirme au point de devenir de nos jours un cidre reconnu spécifiquement de la Brie. Fait avec des variétés de pommes traditionnellement cultivées localement, ce cidre est produit par une seule entreprise, née au début de ce siècle.

Cidre de la Brie

BOISSON ALCOOLISÉE

Production
En Seine-et-Marne
pour la cuvée
Jehan de Brie.
Octobre à
décembre.
25 000 bouteilles
de cidre de la Brie
en 1992.

Bibliographie
BOLOGNE (J.-C.),
*Histoire morale et
culturelle de nos
boissons*, R. Laffont,
Paris, 1991.
LE PAULMIER (J.),
*Traité du vin
et du cidre*,
H. Lestringent,
Rouen,
réimpression 1896.
MIGNARD (S.), *Cidre
hier et aujourd'hui*,
Encyclopédie
pratique, Éd.
Nathan, 1985, 65 p.
SERRES (O. de), *Le
Théâtre
d'agriculture*,
Huzard, Paris, 1804.
Tome 1.
WASSERMAN (H.), *La
Pomme*, Sang de la
Terre, Paris, 1991,
pp. 75-78.

PARTICULARITÉ : cidre produit à partir de variétés locales.

Historique

DATATION de la cidrerie Mignard : 1909.
Nous savons qu'Olivier de Serres, en 1600, traitant des «boissons artificielles», dit que «ce n'est que quand le vin manque, dans les pays trop froids pour cultiver la vigne, que l'on a recours à ces boissons artificielles». Il s'agit ici du cidre notamment, et de l'Ile-de-France aussi, «pays trop froid» pour la vigne. La culture du pommier et la production de cidre sont connues dans cette région au siècle précédent, puisque Le Paulmier, auteur de référence quant aux cidres de Normandie et de Bretagne, vante les qualités médicales et hygiéniques de ces cidres alors qu'il méprise ceux de l'Ile-de-France. En tout cas la production du cidre en Brie se développe durant des siècles. C'est la crise du vin sous l'effet du phylloxéra, entre 1880 et 1900, la boisson manquant alors que les prix s'emballent, qui donnera un essor supplémentaire à cette production, notamment à proximité de Paris. L'inconvénient majeur de cette boisson réside dans le fait qu'elle est peu chère, car facile à obtenir, mais que son transport est onéreux. La Brie devient alors une région réputée, tant par son cidre que par les techniques de fabrication qui y sont mises au point. H. Wasserman indique dans *La Pomme* que La Ferté-sous-Jouarre est un centre de taille des meules et auges de broyage en grès. Ces auges possèdent une particularité, elles sont assemblées au plomb, sans que jamais un cas de saturnisme soit relevé. L'autre fait technique est l'invention du pressoir à «tournette», sorte de manège vertical semblable à celui dans lequel on enferme quelques rongeurs. Là, c'est l'homme qui actionne la roue et qui développe une force considérable. Le cidre est donc

produit dans de nombreuses fermes à la fin du XIXᵉ et au début du XXᵉ siècle. A cette époque, Adolphe Mignard, terminant son Tour de France des Compagnons du Devoir, nous disent Androuet et Chabot, arrive à Bellot en Seine-et-Marne. Devenu épicier colporteur, il parcourt la campagne et découvre l'étendue des plants de pommiers. Il achète un pressoir roulant et va de ferme en ferme presser les fruits à l'automne. En 1909, il installe un pressoir fixe et inverse le processus en demandant aux producteurs d'apporter leurs pommes. La cidrerie Mignard était née. Adolphe dirigera l'usine jusqu'en 1945, date à laquelle son fils Ariel lui succédera. C'est le petit-fils, Serge, qui aujourd'hui conduit la destinée de la cidrerie. Depuis février 1992, la cidrerie est rentrée dans le groupe Pernod-Ricard ; c'est la seule industrie de la région. Elle fabrique deux cidres, l'un générique avec des fruits venant de Normandie et de Bretagne, l'autre sous le nom de Cidre de la Brie, avec des variétés locales.

Usages

Boisson rafraîchissante et d'accompagnement des repas.

Description

Forme : liquide. Couleur : jaune-brun.

COMPOSITION : moût de pommes clarifié et fermenté.

Savoir-faire

Les pommes mûres et propres sont broyées et déposées dans des toiles. Empilées sur 10 à 12 rangs, ces toiles sont pressées lentement à l'aide d'un vérin. Le moût est recueilli et mis en cuve. Dès le début du pressage on ajoute 80 g/hl de chlorure de calcium, puis, à moitié du remplissage de la cuve, on apporte 0,7 à 1 cl d'une enzyme naturelle. Le remplissage terminé, le moût est agité et pompé en circuit fermé. Il est ensuite laissé au repos à 10-12 °C, puis, dès l'apparition du chapeau brun, soutiré à l'abri de l'air et mis en cuve de fermentation pour une durée de 2 à 3 mois à 5-6 °C. La mise en bouteille s'effectue aux densités de 1030 pour le cidre doux et 1012, 1013 pour le cidre brut. Le cidre ainsi obtenu fait avec les variétés Belle Joséphine, Mauperthuis, Grand Alexandre, Rousseau, Belle Fleur et Châtaignier d'automne est vendu sous l'étiquette «cuvée Jehan de Brie».

Conditionnement

Bouteilles de 75 cl.

CLACQUESIN

ALCOOL

Production
Malakoff (Hauts-de-Seine).
Toute l'année.
100 000 litres en 1992, forte régression en quelques décennies.

Bibliographie
Paul CLACQUESIN a écrit un livre sur la distillation et l'usage des plantes aromatiques à la fin du siècle dernier,

PARTICULARITÉ : liqueur à base d'infusion de pin de Norvège et autres plantes dans de l'alcool de bouche (18°).

Historique

DATATION : 1890.

F. Ghozland, dans son livre sur les boissons, nous dit que la société d'origine remonte à 1775, année où M. Faucon installe une fabrique de liqueurs au 9 de la rue des Saints-Pères à Paris. De cette date et pendant un siècle, une série de successions amènera M. Lefèvre à reprendre l'activité. Sa fille se marie à M. Clacquesin en 1880. Il est pharmacien herboriste rue du Dragon à Paris, dans le 6e. Voulant lui aussi profiter de l'engouement des nombreuses liqueurs et prépara-

non disponible
(cf. M. Bataille,
Sté Clacquesin).
GHOZLAND (F.),
*Un siècle de réclame :
les boissons,*
Éd. Milan, Toulouse,
1986.
LA REYNIÈRE
(Grimod de),
*Almanach des
gourmands,*
6e année, Cellat,
Paris, 1806,
pp. 211-213.

tions à base d'absinthe et d'amers, il chercha à mettre sur le marché un apéritif nouveau et hygiénique. Il a l'idée d'utiliser du «goudron» produit à partir des résines de pin de Norvège, aux propriétés stimulantes réputées. Il y associe une liqueur pour masquer l'odeur trop forte du «goudron». Ainsi naît le «Goudron hygiénique» qui reçoit une première médaille à l'Exposition universelle de Paris en 1900. Devant le succès, mais aussi la concurrence qui suit, il appellera son produit «Goudron Clacquesin», puis enfin «Clacquesin». A sa mort en 1910, sa veuve reprend la société Clacquesin-Lefèvre et construit une usine à Malakoff. En 1920, le Clacquesin Export est créé. Il fait alors 30° d'alcool, mais la réglementation oblige à revoir la formulation. En 1942, Mme Clacquesin décède et ses héritiers créeront le Clacquesin au label «trois sapins» à la Libération. De nos jours la société est toujours à Malakoff où d'autres produits ont vu le jour.

Usages

Liqueur utilisée, depuis le début de ce siècle, comme apéritif, digestif ou grog. A l'exception de ce dernier usage, il est conseillé de consommer le Clacquesin frais.

Description

Forme : liquide. Couleur : brun foncé. Texture : liquoreuse.

COMPOSITION : distillats de plantes (non communiquées), résines traitées de pin de Norvège, sucre (205 g/l) sous forme de caramel, alcool de bouche, 18 % en volume.

Savoir-faire

Les différentes plantes aromatiques, d'origines française et étrangère, sont mises à macérer, séparément, dans de l'alcool de bouche. Les espèces et proportions sont tenues secrètes. Après macération et filtration, chaque «jus» différent est distillé. Obtention d'un esprit de chaque plante. Les distillats sont ensuite assemblés pour obtenir une base, à laquelle sont ajoutés l'eau, le caramel à raison de 205 g/l de sucre, et l'alcool. Degré final : 18 % en volume. Il n'y a pas de vieillissement.

Conditionnement

Réalisé en litre de verre de couleur vert foncé.

GRAND MARNIER

ALCOOL

Production
Fabrication exclusive à Neauphle-le-Château.
Toute l'année.
Stable.
Environ 16 millions de bouteilles par an depuis dix ans.

Bibliographie
BOLOGNE (J.-C.), *Histoire morale et universelle de nos boissons*, R. Laffont, Paris, 1991, pp. 92-97.
GHOZLAND (F.), *Un siècle de réclame : les boissons*, Éd. Milan, Toulouse, 1986.

PARTICULARITÉ : liqueur à base de cognac et d'oranges amères.

Historique

DATATION : après 1871.
Lapostolle est le nom de la distillerie installée en 1827 à Neauphle-le-Château, et développée jusqu'à la guerre de 1870 par le fils, Jean-Baptiste. Pendant celle-ci, fuyant l'invasion allemande, la famille se retire à Cognac où le fils Lapostolle, Eugène, acquiert un stock de cognac. De retour à Neauphle, après la guerre, les salons réapparaissent avec leur lot de liqueurs très à la mode. Le gendre d'Eugène, Louis-Alexandre Marnier, en quête de nouveauté, essaie, expérimente à partir des outils et produits de la famille. Il manipule oranges exotiques, cognacs de Grande et Petite Champagne. Il met au point la liqueur qui sera dégustée et testée par toute la famille réunie. Dès lors, le Grand Marnier est né. Il deviendra Cordon rouge avec l'anno-

LA REYNIÈRE (Grimod de), *Almanach des gourmands,* 6e année, Cellat, Paris, 1806.

tation «Triple orange» et recevra de nombreuses distinctions dont celles de l'Exposition universelle de Paris de 1889 (encore sous le nom de Curaçao-Marnier). Liqueur digestive utilisée par les couches aisées de la population et par les «dames allant au café», à la fin du XIXe et au début du XXe siècle. Comme le souligne Grimod de La Reynière, c'est une des liqueurs «de dame», c'est-à-dire sucrée et alcoolisée, comme toutes celles de la même époque.

Usages

Elle est employée comme digestif mais aussi pour parfumer certains desserts et plats, flambés ou non.

Description

Forme : liquide. Couleur : ambrée. Texture : sirupeuse.

COMPOSITION : proportions secrètes de cognacs, sucre, zestes d'oranges amères, extraits végétaux.

Savoir-faire

Les zestes séchés d'oranges amères sont importés d'Haïti (le zestage est effectué sur place sur les fruits frais) puis ils sont mis à macérer 1 mois dans de l'alcool. Après ce temps, le produit est distillé une fois, les tête et queue de la distillation étant éliminées. Le distillat est ensuite mis en cuve, mélangé avec des cognacs, de l'eau-de-vie, du sirop de sucre. Ce mélange subit ensuite un traitement thermique (choc), de $+35°$ à -6 °C, ayant pour objet de précipiter des composants néfastes avant la filtration. Au sortir de celle-ci, la liqueur est mise en fût de chêne pour vieillissement et stockage.

Conditionnement

Bouteille ventrue de 70 cl.

Noyau de Poissy à 30° et 40°

Production
À Poissy.
Toute l'année.
100 000 bouteilles
par an dans la
proportion de
2/3 pour la liqueur
à 40°.

PARTICULARITÉ : liqueur à base de cognac et d'infusion de noyaux d'abricots.

Historique

DATATION : 1698 (brochure du fabricant). La renommée de cette liqueur remonte à loin. Elle serait due à Mme Suzanne qui tenait, à la fin du XVIIe siècle, une hôtellerie auberge à Poissy. Elle était propriétaire de coteaux bien exposés, dont l'histoire ne dit pas si ces parcelles produisaient des fruits à noyaux. Toujours est-il que la maison faisait une liqueur familiale dont les clients du jeudi, jour de marché à Poissy, profitaient. Avec une succession de reprises et ventes, à commencer par sa propre fille, la liqueur survit et se maintint jusqu'en 1852, date à laquelle MM. Dumont et Duval, possédant les « secrets », firent cette potion séparément de leur côté, ce qui explique qu'il en existe deux. Cela dura jusqu'en 1955, moment où les familles arrêtèrent de se faire concurrence. M. Dumont céda à M. Duval. Depuis, cette société produit les deux spécialités. L'usine actuelle fut construite en 1910 par Joseph Duval et elle fut restaurée en 1979. En plein centre de Poissy, elle est ouverte au public.

Usages

A l'origine liqueur de famille, elle reste une liqueur à boire frappée à 10-12 °C. Liqueur digestive, elle sert aussi pour aromatiser desserts, confiseries, sorbets...

Description

Forme : liquide. Couleur : incolore (liqueur à 40°), jaune-brun (liqueur à 30°).

COMPOSITION : alcool de bouche à 96° Beaumé, cognac, sucre, extraits de noyaux d'abricots, extraits de plantes aromatiques (pour la liqueur à 40°), caramel pour la liqueur à 30° ainsi que le colorant E 150.

Savoir-faire

NOYAU DE POISSY À 40°
Macération des noyaux d'abricots sauvages non greffés du bassin méditerranéen dans du cognac pendant 3-4 jours. Distillation de la macération, puis, après refroidissement du distillat, introduction d'extraits de plantes aromatiques et de l'alcool à 96°. Dès réalisation du mélange, standardiser à l'eau pour obtenir une liqueur à 40 % d'alcool en volume.

NOYAU DE POISSY À 30°
Après la macération dans les mêmes conditions que ci-dessus, ajout de caramel, du colorant E 150, du sucre et de l'alcool. Il n'y a pas de distillation. La standardisation est faite à l'eau afin d'obtenir une liqueur à 30 % d'alcool en volume.

Conditionnement

Liqueur à 40° en bouteille brune de 50 à 70 cl, fermeture avec un capuchon rouge et étiquetage au blason de la ville de Poissy. Pour la liqueur à 30°, mêmes caractéristiques, mais le capuchon est noir et le ruban est violet.

Boulangerie-Viennoiserie

Baguette, pain parisien

Brioche parisienne

Pain au lait

Pain viennois

« Cadine, lorsqu'elle promenait toute seule ses bouquets de violet-
tes, poussait des pointes, rendait particulièrement visite à certains
magasins qu'elle aimait. Elle avait surtout une vive tendresse pour
la boulangerie Taboureau, où toute une vitrine était réservée à
la pâtisserie ; elle suivait la rue Turbigo, revenait dix fois, pour passer devant les gâteaux aux amandes, les saint-honoré, les savarins, les flans, les tartes aux fruits, les assiettes de babas, d'éclairs,
de choux à la crème ; et elle était encore attendrie par des bocaux
pleins de gâteaux secs, de macarons et de madeleines. La boulangerie, très claire, avec ses larges glaces, ses marbres, ses dorures,
ses casiers à pains de fer ouvragé, son autre vitrine, où des pains
longs et vernis s'inclinaient, la pointe sur une tablette de cristal,
retenus plus haut par une tringle de laiton, avait une bonne tié-
deur de pâte cuite, qui l'épanouissait, lorsque, cédant à la tenta-
tion, elle entrait acheter une brioche de deux sous. »

Zola, *Le Ventre de Paris*, 1875.

La vitrine parisienne décrite par Zola se retrouve aujourd'hui de
Perpignan à Nancy et de New York à Hong Kong car les spécialités parisiennes ne se cantonnent plus depuis longtemps à la seule
capitale française. Les fiches qui suivent ne présentent pas toutes celles
mentionnées par Zola, certaines étant des « reprises » de pâtisseries importées des provinces (les babas, les madeleines), d'autres ne présentant pas
de lien particulier avec l'Ile-de-France (flans ou tartes aux fruits), d'autres
encore ayant tout simplement disparu.

Le tri fut très difficile entre les produits rencontrés en Ile-de-France.
Guidés par des professionnels, nous avons sélectionné ceux jugés les plus
représentatifs des traditions de la région parisienne.

Qu'est-ce au juste qu'une pâtisserie « parisienne » ? D'abord, c'est une
pâtisserie de ville, de professionnel. La pâte à pain, si fréquente dans les
pâtisseries traditionnelles en province, a été abandonnée à Paris il y a longtemps en faveur des pâtes « légères » comme la pâte feuilletée ou la pâte
à choux. D'autre part, la pâtisserie parisienne est une pâtisserie riche en
beurre et en crèmes aromatisées. C'est aussi une pâtisserie d'exception,
voire de fête, souvent très fragile, qui ne se conserve pas. Enfin, elle est
une pâtisserie d'innovation, c'est-à-dire en mouvement, qui reflète les modes
ou qui les crée, comme en témoigne l'histoire du savarin au XIXe siècle ou
encore de l'opéra, plus près de nous.

Les produits de la boulangerie viennoiserie partagent avec les pâtisseries plusieurs des caractéristiques citées ci-dessus. Les croissants ou la
baguette, par exemple, sont des créations typiquement urbaines. Leur
consommation se renouvelle quotidiennement et le public laisse leur réa-

lisation aux professionnels qui, seuls, arrivent à en maîtriser parfaitement la fabrication.

Dans le domaine de la confiserie, la spécificité francilienne est plus difficile à cerner. Peu de produits répondent aux critères retenus dans le cadre de l'inventaire réalisé par le Conseil national des arts culinaires. La plupart d'entre eux sont soit des «gadgets» qui ne s'enracinent pas dans une pratique traditionnelle, soit des produits industriels qui ont perdu tout lien avec le produit d'origine. Toutefois, deux produits exceptionnels témoignent encore de l'importance des «confections» qui sont nées en Ile-de-France : le confit de roses de Provins et le sucre d'orge de Moret-sur-Loing, qui comptent parmi les produits les plus prestigieux et les plus anciens de toute l'Ile-de-France.

En 1803, Grimod de La Reynière déclarait déjà : «L'appétit des Parisiens est insatiable [...] n'est-il aucune ville dans le monde où les marchands et les fabricants de comestibles soient aussi multipliés. Vous y comptez cent restaurateurs pour un libraire, et mille pâtissiers pour un ingénieur en instruments de mathématiques.» La situation n'a guère changé depuis et les professionnels en pâtisserie, boulangerie et confiserie sont toujours très nombreux à Paris. Ils savent tous que leur public ne se limite pas à la région parisienne et que, comme par le passé, la capitale une fois conquise par leurs réalisations, celles-ci seront goûtées, copiées et diffusées partout où la cuisine française est appréciée.

BAGUETTE, PAIN PARISIEN

PAIN

Production
La baguette et le
pain parisien se
rencontrent partout
en France.
Production stable.
Le fabricant
rencontré fabrique
en moyenne par
jour : 800 à 1 200
baguettes et
200 pains.

Bibliographie
BONNEFONS (N. de),
*Les Délices de la
campagne*, Des-
Hayes, Paris, 1654,
pp. 6-7 et 13-14.
CHIRON (H.), *Le Pain
de 4 livres fendu dit
à grigne*,
communiqué par
l'auteur, 1992, pp. 2
et 5.
CHIRON (H.),
«L'histoire du pain
de l'antiquité à nos
jours», *Les Dossiers,
INRA* mensuel,
n° 2, 1990, p. 15.
DAVID (E.), *English
Bread and Yeast
Cookery*, Alan
Lane, Londres,
1977, pp. 369-382.
FURETIÈRE (A.),
*Dictionnaire
universel*,
3 volumes, Le
Robert, 1978 (fac-
similé de l'édition

PARTICULARITÉ : pain fait de farine pétrie avec de l'eau et du sel, fermentée, façonnée en un long cylindre et strié de marques obliques.

Historique

«On mange de bon pain en la plus-part de l'Europe, & notamment en France.» *Thrésor de Santé*, 1607. La renommée du pain français et sa spécificité existent depuis le Moyen Age. Élizabeth David nous explique que, dès le XIIIᵉ siècle, le pain de France se vendait à Londres et se différenciait des autres pains par sa légèreté.

Entre tous les pains de France, ceux de l'Ile-de-France sont les plus prisés. Parmi eux, le pain de Gonesse fut sans doute le plus célèbre de tous. Olivier de Serres dit qu'en 1600 à Paris, «le pain le plus délicat est celui qu'on appelle pain mollet; il est communément petit et rond, est fort léger, spongieux et savoureux...» Le pain de Gonesse lui ressemble («il est fort blanc et délicat»); toutefois il ne se conservait pas car Olivier de Serres insiste qu'il est bon «mangé frès, mais plus d'un jour n'est agréable».

Le pain de Gonesse est décrit en détail en 1654 par Nicolas de Bonnefons. Il est fait exclusivement de farine de blé et, à la différence des pains «communs», avec de la levure de bière au lieu de levain. En 1690, Furetière ajoute qu'il «a beaucoup d'yeux, qui sont les marques de sa bonté». Ce pain, plus léger, plus blanc et plus périssable que tout autre, est le pain que recherchent les Parisiens. En un mot, ses qualités et ses défauts sont les mêmes que ceux de notre baguette actuelle.

Cela étant, le pain parisien au XVIIᵉ siècle ne semble pas avoir eu la forme allongée que nous associons à la baguette. Ce n'est qu'au XVIIIᵉ siècle que nous voyons figurer ces pains longs dans les gravures qui

de 1690) article
«pain».
LA REYNIÈRE
(Grimod de) (A.-B.-
L.), *Almanach des
Gourmands*,
8ᵉ année (1803 à
1812), Paris.
Réimpression,
Valmer-Bibliophile,
Paris, 1984,
4ᵉ année, p. 267.
SERRES (O. de), *Le
Théâtre
d'agriculture*,
Édition critique,
Huzard, Paris,
2 volumes,
1804-1805
(1ʳᵉ édition, 1600).
Tome 2,
pp, 609-610.

nous montrent les intérieurs de boulangeries parisiennes. Cette forme présente certains avantages, d'après
H. Chiron : «pour les boulangers la forme longue permet de mieux utiliser la surface de cuisson, le pain cuit
plus vite et prend plus de croûte... Les Parisiens apprécient la croûte parfois jusqu'à l'excès... Parmentier [à
la fin du XVIIIᵉ siècle] le déplore en écrivant qu'on a
abusé de la forme longue en l'allongeant en flûte de
telle manière que ce n'est plus que de la croûte au lieu
de pain»!

Si le pain long s'impose dès le XVIIIᵉ siècle, la
«baguette» n'arrive que bien plus tardivement. Dans
un premier temps, elle se fabrique presque exclusivement en ville, et ce n'est qu'au cours du XXᵉ siècle
qu'elle se répand dans les campagnes. Chiron nous
raconte que c'est vers 1965 seulement que les «boulangeries rurales... commencent à fabriquer des pains
de plus en plus faible poids, dont la baguette». Il remarque que, curieusement à la même époque, les Parisiens
«se tournent vers les pains de campagne», que leurs
ancêtres dédaignaient. Il apparaît alors une nouvelle
invention des boulangers, la baguette de campagne,
synthèse de deux mondes qui, autrefois, se confron-
taient.

Description

Forme : long cylindre strié de marques obliques. Couleur : croûte : jaune et bien dorée ; mie : blanc crème.
Taille : baguette : 90 cm de long, 250 g ; pain : 60 cm
de long, 400 g. Texture : croûte craquante et mie
fondante.

COMPOSITION : pour 50 kg de farine de froment (de
type 55 soit une farine riche en gluten) : 62 % d'eau,
2 % de sel, 2 % de levure de boulanger, 18 % de pâte
fermentée (pâte prélevée sur la fournée précédente et
qui possède 3 à 5 heures de fermentation à température ambiante).

Usages

Accompagnements traditionnels de bien des plats, baguettes et pains peuvent être présents à tous les repas. Ils se consomment frais, coupés en petits tronçons taillés au dernier moment afin de leur conserver toute leur saveur.

Savoir-faire

Outre son rôle prééminent dans l'activité fermentaire, la température de la pâte a une incidence importante (et complexe) sur l'élaboration d'un bon pain. C'est pourquoi, avant toute autre opération, le boulanger va vérifier la température de la farine et du fournil. Ces deux températures connues, il pourra alors ajuster la température de l'eau à utiliser afin d'obtenir en fin de pétrissage, et sachant que ce dernier échauffe la pâte, une température idoine de 24-25 °C.

Le pétrissage, autrefois fait à la main, est dorénavant mécanique. Au cours de cette opération, on mélange à petite vitesse la farine et l'eau. Dès que le mélange est opéré, on arrête le pétrin et on laisse reposer la pâte dans la cuve pendant environ 15 minutes. Ce repos (appelé repos autolyse) effectué, on incorpore le sel, la levure et la pâte fermentée et on pétrit à nouveau, cette fois-ci à vitesse plus rapide. La durée de ce pétrissage, calculée en fonction de différents paramètres, doit être scrupuleusement respectée et varie selon le pétrin utilisé. (Le fabricant rencontré utilise un pétrin qui, en vitesse rapide, tourne à 200 tours/minute. Il pétrit donc sa pâte très exactement 5 minutes et demie.) A la fin du pétrissage, on contrôle la température de la pâte, qui doit être à 24-25 ° et on laisse pointer la pâte environ 30 minutes. Vient ensuite le moment du pesage de la pâte : elle est alors divisée en pâtons d'environ 5,6 kg (baguettes) ou 8,8 kg (pains). Ces pâtons, légèrement mis en boule, reposent ensuite 30 minutes avant de passer dans un appareil appelé diviseuse qui, comme son nom l'indique, va diviser chaque pâton en 16 morceaux calibrés de 350 g (baguette) ou 550 g (pain). Chacun de ces morceaux passera ensuite dans une « façonneuse » qui va le rouler en forme de pain ou de baguette. Le façonnage est encore un facteur important dans la fabrication du pain. De lui, en effet, dépendra, bien entendu, l'aspect du pain, mais aussi sa légèreté et son bon développement à la pousse et au four. On considère que le façonnage manuel est préférable mais les quantités sont telles que le façonnage mécanique est pratiquement indispensable et aujourd'hui, probablement, systématique. Ainsi façonnés, pains ou baguettes sont laissés à pousser à température ambiante pendant deux heures et demie environ. Avant cuisson, on « coupe » les baguettes et les pains. Cette opération, qui consiste à entailler la surface en oblique à l'aide d'une lame parfaitement aiguisée (généralement une lame de rasoir fixée sur un support servant de manche), n'est pas seulement un élément de décor, elle va aussi faciliter le développement du pain à la cuisson. Le nombre de coups de lame est variable d'un boulanger à l'autre ; on voit généralement 6 coups de lame pour les pains et 7 pour les baguettes. La cuisson dure 20 à 30 minutes à 250°. Au moment de l'enfournement, de l'eau envoyée dans le four va se transformer en buée sous l'effet de la chaleur. Cette buée va favoriser un meilleur développement du pain et une plus belle couleur, en donnant l'aspect brillant. Enfin, après vérification de la cuisson, les pains sont défournés et entreposés dans une pièce aérée où ils vont revenir à température ambiante, cette ultime opération appelée « ressuage » permet aux pains de perdre le reste de leur humidité.

En dehors des fours dits à l'ancienne dont l'usage est maintenant limité à quelques boulangers, il existe en boulangerie deux grandes catégories de fours : les fours à soles (les pains sont posés directement sur la sole du four à l'aide d'une pelle à enfourner) et les fours à chariots (les pains, dès leur mise en forme, sont posés sur des cadres équipés de filets en tissu métallique qui forment une série de logements alvéolaires longitudinaux au fond légèrement arrondi. Ces cadres sont étagés sur le chariot qui reposera à la cuisson sur la sole rotative du four). On considère que la cuisson réalisée à l'aide d'un four à soles est meilleure qu'avec un four à chariot, du fait du choc thermique produit par le contact direct des pains avec la sole du four (croûte plus épaisse, mie moins finement alvéolée).

BRIOCHE PARISIENNE

BRIOCHE

Production
La brioche parisienne se rencontre dans toute la France. Si les brioches parisiennes individuelles se rencontrent chez tous les boulangers et pâtissiers tout au long de la semaine, la fabrication des grosses brioches parisiennes est limitée aux weekends ; quant à celles de Nanterre, beaucoup moins fréquentes à l'étal des boulangers-pâtissiers, elles sont fabriquées essentiellement le week-end. Production stable. Exemples, Fauchon : par jour,

APPELLATION : la brioche parisienne est aussi appelée brioche à tête ; la brioche Nanterre, parfois appelée brioche de Nanterre, se rencontre souvent sous la seule appellation « Nanterre ».

PARTICULARITÉ : pâtisserie légère en pâte levée (farine, levure, beurre et œufs).

Historique

Quand Randle Cotgrave recense les mots français en usage au début du XVIIe siècle, il cite la « Brioche... a rowle or bunne, of spiced bread » (un petit pain aromatisé avec des épices). Il nous dit que c'est d'origine normande, origine également suggérée par l'auteur d'un article paru dans le Grandgousier en 1936 : « La qualité de la brioche dépendant surtout de celle du beurre employé pour sa fabrication, ce fut principalement dans les centres où se concentrait le marché du beurre que ce gâteau fut en honneur. La ville de Gisors était, entre toutes, renommée pour la qualité de ses brioches..., deux natifs de cette localité importèrent leurs produits à Paris et firent fortune ; Lion, le créateur des brioches de la Lune... et Père Coupe Toujours (sic !), fondateur de la Galette du Gymnase... »

250 brioches parisiennes individuelles et 3 brioches Nanterre. Maison Cosnuau : 10 brioches Nanterre fabriquées chaque week-end.

Bibliographie
COTGRAVE (R.), *A Dictionarie of the French and English Tongues*. U. of S. Carolina Press, Columbia, 1968 (réimpression de l'édition de Londres, 1611), article «brioche».
DU PRADEL (A.) (Nicolas de Blégny), *Le Livre commode des adresses de Paris pour 1692*, Éditions E. Fournier, 2 volumes, Paris, Daffis, 1878. Tome 1, p. 304.
FURETIÈRE (A.), *Dictionnaire universel*, 3 volumes, Le Robert, 1978 (fac-similé de l'édition de 1690), article «brioche».
LACAM (Pierre), *Le Mémorial historique et géographique de la pâtisserie*, chez l'auteur, Paris, 8e édition 1908 (1re édition 1890), p. 7, pp 21-22.
Suite des Dons

Qu'elle soit d'origine normande ou non, la brioche s'installe à Paris au XVIIe siècle. En 1690, Furetière la décrit ainsi : «Pâtisserie delicate qu'on fait avec de la farine tres-deliée, du beurre & des œufs.» Quelques années après, Du Pradel écrit que c'est ce type de brioche qui a fait la fortune du «sieur Flechmer» installé rue Saint-Antoine au coin de la rue Saint-Paul : «celuy-ci fait un grand débit de fines brioches que les dames prennent chez lui en allant au Cours de Vincennes».

Une première recette de brioche paraît en 1742 dans *Suite des Dons de Comus*. L'auteur préconise les proportions suivantes : pour «un boisseau de farine» (12 à 13 livres), «un quarteron (125 g) de levure de bierre», de l'eau, «un quarteron (125 g) de sel», quarante œufs, «quatre livres et demie de beurre». Ce qui surprend, c'est la faible quantité de beurre employée, mais ceci changera quand Viard nous donne sa recette en 1806 : pour 1 kilo et demi de farine il emploie 1 kilo de beurre — ce qui nous rapproche des proportions utilisées actuellement. Lacam, en 1890, donnera plusieurs recettes de brioches : une «brioche très commune» qui contenait 125 g de beurre pour 500 g de farine, une «brioche commune» avec 250 g de beurre pour 500 g de farine, une «brioche ordinaire» avec 375 g de beurre pour 500 g de farine, une «brioche des grands magasins» avec 500 g de beurre pour 500 g de farine et, enfin, une «brioche princière» qui contient 625 g de beurre pour 500 g de farine!

C'est Lacam qui signale aussi que «autrefois» on faisait des brioches partout en France mais que «il n'y avait que Paris ou à peu près qui faisait de la brioche à la levure. Les autres villes se servaient de levain de pain»... Voici donc la spécificité de la brioche parisienne. Pour ce pâtissier, «c'est toujours la brioche qui a eu et qui aura raison de tous les gâteaux : mauvaise brioche, mauvaise maison... C'est la pierre fondamentale d'une maison... ayez de la mauvaise brioche, votre maison est perdue dans l'estime des clients». Ayez de la bonne, votre fortune est assurée.

de Comus,
anonyme attribué à
Marin, 3 vol., Pissot,
Paris, 1742.
VIARD, *Le Cuisinier
royal,* Barba,
Paris, 16ᵉ édition
1838 (1ʳᵉ édition
1806), p. 412.

Description

Forme : la brioche parisienne est faite de deux boules superposées, une petite sur une plus grosse, la brioche Nanterre est parallélépipédique. Couleur : à l'extérieur, marron doré ; à l'intérieur, jaune clair. Taille : brioches Nanterre : de 15 à 30 cm de long et de 200 à 350 g ; brioches parisiennes : individuelles, 50 g environ ; grosses : de 14 à 20 cm de diamètre et de 200 à 600 g. Texture : moelleuse. Particularité organoleptique : goût de beurre.

COMPOSITION : pour 1 kg de farine (riche en gluten) : 50 à 75 % de beurre, 50 à 80 % d'œufs, 2 à 8 % de levure de boulanger, 8 à 20 % de sucre, 1,5 à 3 % de sel, eau ou lait pour délayer la levure.

Usages

La brioche, consommée surtout au petit déjeuner ou au goûter, se mange nature ou tartinée de confiture, tiède de préférence car alors sa saveur fondante et la finesse de sa mie sont mises en valeur. Les brioches parisiennes individuelles servent aussi de petites croûtes pour diverses préparations salées ou sucrées.

Savoir-faire

Dans la cuve d'un batteur-mélangeur, on mélange la farine, le sel, le sucre et la levure délayée dans un peu d'eau avec une partie des œufs, on commence à pétrir jusqu'à obtention d'une pâte lisse et très élastique. On continue alors de pétrir en incorporant petit à petit les œufs restants et ce jusqu'à ce que la pâte soit souple et se détache bien de la cuve. On incorpore alors rapidement le beurre en morceaux et on pétrit à nouveau en arrêtant aussitôt dès que le mélange est fait et que la pâte se décolle du bassin. La pâte couverte d'un linge est mise à pousser à température ambiante entre 1 et

2 heures selon la saison. Elle est alors rompue puis mise au frais jusqu'au lendemain. Le lendemain, au sortir de la chambre froide, la pâte à brioche est détaillée en morceaux façonnés en fonction de la fabrication recherchée.

Brioche parisienne : la pâte est découpée en morceaux du poids désiré (50 g pour les brioches individuelles, 200 à 300 g pour les grosses). Chaque morceau est alors divisé en deux parties (1/3 pour la tête et 2/3 pour le corps). La plus grosse partie est façonnée en boule, posée au fond du «moule à brioche» (évasé, rond et cannelé) et creusée au milieu du bout des doigts de manière à former une sorte d'entonnoir dans lequel on dépose la petite partie façonnée en poire, partie pointue enfoncée dans le creux. Avec les doigts, on appuie légèrement de façon à bien souder les deux boules.

Brioche Nanterre : la pâte est découpée en morceaux du poids désiré (200 à 300 g) et chaque morceau obtenu est divisé en 3 ou 4 parts égales. Chacune de ces parts est façonnée en boule et posée au fond du moule rectangulaire dit «moule à Nanterre». (Certains fabricants doublent le nombre de boules par moule, dans ce cas, on place les boules côte à côte par deux dans le sens de la largeur.)

Les moules sont alors mis en étuve jusqu'à ce que la pâte ait doublé de volume et dépasse nettement le moule (brioche parisienne) ou atteigne le bord du moule (brioche Nanterre). On dore les brioches à l'œuf battu, de préférence deux fois à quelques minutes d'intervalle (brioche Nanterre : à l'aide de ciseaux préalablement trempés dans l'eau froide, on incise chaque boule en croix) et on enfourne les brioches à four modéré pour 10 à 30 minutes de cuisson selon la taille.

VARIANTE : certains fabricants fabriquent les brioches Nanterre avec une pâte à brioche feuilletée. Comme son nom l'indique, cette pâte est obtenue à partir d'une pâte à brioche, moins riche en beurre au départ, à laquelle on incorpore le reste de beurre par feuilletage.

PAIN VIENNOIS, PAIN AU LAIT

PAIN AMÉLIORÉ

Production
Toute l'année,
stable. Pains
viennois et pains au
lait ne se
rencontrent pas
chez tous les
boulangers.
M. Tapiau fabrique
par jour environ
une douzaine de
baguettes
viennoises et
30 pains au lait.

Bibliographie
BONNEFONS (N. de),
*Les Délices de la
campagne*, Des-
Hayes, Paris, 1654,
pp. 15 et 16.
DU PRADEL (A.),
(Nicolas de Blégny),
*Le Livre commode
des adresses de
Paris pour 1692*,
Éditions E. Fournier,
2 volumes, Paris,
Daffis, 1878,
pp. 306-308.
FURETIÈRE (A.),
*Dictionnaire
universel*,
3 volumes,
Le Robert, 1978
(fac-similé de
l'édition de 1690),
article «pain».
KLEIN-REBOUR (F.),
«Histoire des
croissants et des
pains viennois»

PARTICULARITÉ : baguette ou petite viennoiserie légère faite d'une pâte à pain légèrement sucrée et enrichie par un apport en lait, beurre et œufs.

Historique

En 1654, Nicolas de Bonnefons décrit les meilleurs pains de la région parisienne. Entre autres se trouvent le «Pain à la Montoron» qui se fait avec de la farine «la plus blanche», de la «levure nouvelle», du sel, de l'eau et du lait. Le «Pain de Gentilly» se fait de même sauf que l'on y ajoute «un peu d'excellent Beurre frais». Les pains comme ceux-ci, enrichis de lait et/ou de beurre sont très recherchés à l'époque et certains boulangers en font déjà une spécialité. Abraham du Pradel, par exemple, dans son guide d'adresses à Paris en 1692 signale que «Le Sieur Verité, Boulanger près la Magdelaine, fournit Nos seigneurs du Parlement, et est fort renommé pour le Pain de Seigle et pour le Pain au lait».

Tout pain qui comportait du lait ou du beurre se classait alors parmi les pains de luxe. En 1690, Furetière nous en donne la liste complète : «[Les boulangers] mettent du lait au pain à la mode, à la montauron, de Ségovie... Ils mettent du sel & de la levure de bière au pain à la Reine ; du beurre au pain de Gentilli... & en tous ces pains la paste est plus molle & plus levée.» Au siècle suivant Savary Des Bruslons nous apprend que même le célèbre «pain mollet» (voir Baguette, pain parisien) pouvait bien être «enrichi» : «Sous le nom de pains mollets, sont compris toutes les sortes de pains délicats, qu'on fait avec du lait, du beurre, de la crême, des levures de bière.» Cela dit, pour F. Klein-Rebour, ce n'est que vers 1840 que «le vrai "pain viennois" fut fabriqué à Paris». Certes, le pain viennois diffère du pain au lait par la plus faible quantité de lait qu'il contient, mais il nous semble clair que cette «innovation»

dans *La Revue des grossistes et des détaillants,* novembre 1968, p. 32.
SAVARY DES BRUSLONS (J.), *Dictionnaire universel de commerce,* Copenhague (1759-1765). Tome 1, 1759, article « boulangerie ».

s'insère, elle aussi, dans la tradition parisienne de pains enrichis, bien établie et florissante depuis au moins le XVIIe siècle.

Description

Forme : le pain viennois se rencontre le plus souvent sous la forme de baguettes mais il existe aussi des petits pains et des ficelles ; pain au lait : petit pain long, boules, couronnes, tresses, nattes... Couleur : extérieur : marron doré, intérieur : crème. Taille : pain viennois (baguette) : 80 cm et 300 g ; pain au lait (petit pain long) : 20 cm et 40 g. Texture : croûte fine et plutôt molle, mie moelleuse.

COMPOSITION :
Pain viennois : pour 1 kg de farine riche en gluten : 60 % d'eau, 2 % de sel, 3 % de levure, 2 à 4 % de poudre de lait, 2,5 % de sucre, 2,5 % de beurre, 30 % de pâte fermentée (pâte prélevée sur la fournée précédente).
Pain au lait : pour 1 kg de farine riche en gluten : 40 % de lait, 4 % de sucre, 20 % d'œufs, 5 % de beurre, 2 % de sel, 3 % de levure, 20 % de pâte fermentée.

Usages

Produits très appréciés au petit déjeuner (et pour le goûter des enfants). Le pain viennois est considéré comme l'accompagnement parfait des œufs à la coque.

Savoir-faire

Dans un premier temps, on mélange à petite vitesse la farine, le lait (ou poudre de lait), le sel, la levure, le sucre, le beurre, (les œufs) et la pâte fermentée. Le mélange sitôt opéré, on pétrit à vitesse plus rapide pendant quelques minutes. A la fin du pétrissage, on contrôle la température de la pâte qui doit être à 25-26° et on laisse pointer la pâte environ 30 minutes (45 minutes pour la pâte à pains au lait). On divise ensuite la pâte en pâtons d'environ 350 g (pains viennois) ou 40 g (pains au lait) que l'on laisse reposer une vingtaine de minutes avant de les façonner, le plus fréquemment à la main, selon la forme voulue : le pain viennois est généralement façonné en baguettes ou en petits pains longs, la pâte à pains au lait est façonnée en petits pains longs ou en petites boules mais parfois aussi en couronnes, en tresses ou en nattes. Sitôt façonnés, les baguettes et les petits pains viennois sont posés sur des plaques alvéolées, coupe en saucisson, (26 coups de lame environ sur une baguette viennoise). Les pains au lait sont, quant à eux, posés sur des plaques et dorés au pinceau à l'œuf battu. On laisse ensuite pousser à température ambiante pendant 45 minutes (65 minutes pour les pains au lait). On dore une deuxième fois les pains au lait (certains fabricants font des incisions aux ciseaux le long des pains au lait afin de les décorer de petites pointes et saupoudrent de sucre grains). La cuisson dure 20 minutes environ à 215° (10 minutes à 240° pour les pains au lait).

REMARQUE : de nombreux boulangers fabriquent les pains viennois et au lait selon la méthode dite « directe », c'est-à-dire qu'ils n'utilisent pas de pâte fermentée dans l'élaboration de leurs pâtes et compensent cette absence par un apport plus important en levure. Cette méthode modifie, entre autres, au niveau du savoir-faire les temps de pointage. Quant au résultat, les détracteurs de la méthode en directe disent qu'en plus d'être un peu moins bons, les produits ainsi obtenus se conservent beaucoup moins bien.

CONFISERIE-PÂTISSERIE

AMANDINE

CHOUQUETTES, PETITS CHOUX

CONFIT DE PÉTALES DE ROSES

CROISSANT

GALETTE FEUILLETÉE SÈCHE OU FOURRÉE

MACARON LISSE

NIFLETTE

OPÉRA

PARIS-BREST

PUITS D'AMOUR

SAINT-HONORÉ

SAVARIN

SUCRE D'ORGE DES RELIGIEUSES DE MORET

TARTE BOURDALOUE

AMANDINE

TARTE

Production
Toute l'année.
Stable. Ragueneau
fabrique une
dizaine d'amandines
chaque jour.

Bibliographie
GAULT (H.) et MILLAU
(C.), *Guide
gourmand de la
France*, Hachette,
Paris, 1970, p. 60.
ROSTAND (E.),
«Comment on fait
des tartes
amandines» *in
Cyrano de
Bergerac*, acte II,
scène V. Cité dans
Meunier-Thouret,
*La Gourmandise en
poésie*, Gallimard,
Paris, 1982, p. 88.

PARTICULARITÉ : tartelette en pâte sucrée garnie d'une préparation moelleuse à base d'amandes et parsemée d'amandes effilées.

Historique

Cyprien Ragueneau doit sa notoriété actuelle à Edmond de Rostand qui l'immortalisa en 1897 dans *Cyrano de Bergerac*. Ce pâtissier, poète et comédien qui vécut au XVIIe siècle officiait à Paris, 149, rue Saint-Honoré sous l'enseigne, si l'on en croit Gault et Millau, «Aux amateurs de la haulte graisse» (rappelons qu'à cette époque les pâtissiers offraient à leurs clients des mets sucrés et salés). Ragueneau ne nous a laissé aucune trace de ses recettes mais, dans sa pièce, Rostand le fait réciter la manière de faire des tartelettes amandines qui sont restées étroitement associées à son nom :
— Battez, pour qu'ils soient mousseux, — Quelques œufs ; — Incorporez à leur mousse — Un jus de cédrat choisi ; — Versez-y — Un bon lait d'amandes douces ; — Mettez de la pâte à flanc — dans le flanc — De moules à tartelette ; — D'un doigt preste, abricotez — Les côtés ; — Versez goutte à gouttelette — Votre mousse en ces puits, puis — Que ces puits — Passent au four, et blondines, — Sortant en gais troupelets, — Ce sont les tartelettes amandines !
Malheureusement pour Rostand, nous ne trouvons aucune trace de pâtisserie appelée tartelette amandine dans la littérature gourmande des XVIIe et XVIIIe siècles. La maison Le Ragueneau, située actuellement au 202, rue Saint-Honoré, perpétue le mythe que leurs tartelettes remontent directement au grand pâtissier du même nom. Nous ne pouvons l'affirmer mais depuis le début de ce siècle, au moins, certains Parisiens entourent les tartelettes amandines d'un respect particulier, comparable à celui dont jouissent les madeleines si chères à Marcel Proust.

Description

Forme : ronde. Couleur : brun doré (et brillant si décor avec nappage ou blanc si décor avec sucre glace). Taille : 8 cm de diamètre, 2 cm de haut, 150 g (théoriquement l'amandine existe aussi sous forme de grandes tartes, cette version ne se rencontre cependant pratiquement jamais). Texture : moelleuse et légèrement craquante par la pâte.

COMPOSITION : pâte sucrée, crème d'amandes ou frangipane (2/3 crème d'amandes pour 1/3 crème pâtissière), amandes effilées, sucre glace ou nappage (gelée) abricot pour le décor, garniture au choix et facultative (confiture de framboises ou de cassis, cerises, myrtilles...).

Usages

Dessert. Les amandines sont encore meilleures si elles sont consommées encore à peine tièdes.

Savoir-faire

Ses moules à tartelettes garnis de pâte sucrée, le pâtissier de la maison Ragueneau applique tout d'abord sur la pâte une fine couche de confiture de framboises ou de cassis avant de finir de remplir ses moules, presque à ras bord, de crème frangipane. Les tartelettes, dont la surface a été couverte d'amandes effilées, cuisent à four moyen (200°) pendant 25 minutes environ. Avant d'être présentées à la vente, les amandines sont saupoudrées de sucre glace.
Il existe plusieurs variantes dans l'élaboration de l'amandine : si certains fabricants choisissent de mettre une garniture de confiture ou de fruits frais ou au sirop (cerises dénoyautées, myrtilles, cassis...) en plus de la préparation aux amandes, d'autres, en revanche, garnissent leur pâte uniquement de crème d'amandes

ou de crème frangipane. Quant au décor final, l'amandine n'est pas toujours saupoudrée de sucre glace ; certains préfèrent faire briller les tartelettes en les
couvrant au pinceau, après complet refroidissement,
d'une fine couche de nappage abricot et les décorent
d'une moitié de cerise confite.

CHOUQUETTES, PETITS CHOUX

PÂTE À CHOUX

Production
Très variable car il
s'agit d'employer la
pâte à choux qui
reste après la
fabrication des
pièces importantes
(Paris-Brest, éclairs,
etc.).
L'artisan contacté
réalise environ
400 chouquettes
par jour.

Bibliographie
COTGRAVE (R.),
A Dictionarie of the
French and English
Tongues. U. of S.
Carolina Press,
Columbia, 1968
(réimpression de
l'édition de
Londres, 1611),
article « tichous ».
FURETIÈRE (A.),
Dictionnaire
universel,
3 volumes,
réédition,

PARTICULARITÉ : petite pâtisserie soufflée très légère
faite de pâte à choux et parsemée de sucre en grains.

Historique

Le goût des Parisiens pour les « petits choux » est attesté
depuis au moins le XVIe siècle quand ils étaient vendus dans la rue par des marchands criant : « Choux,
petits choux tout chauds ! » En 1611, Randle Cotgrave
note dans son dictionnaire bilingue que les « Tichous »
sont des « *Little cakes made of eggs and flower (sic) with*
a little butter (and sometimes cheese among) eaten ordi-
narily with sugar and rosewater » [ce sont de petits
gâteaux faits avec des œufs, de la farine, un peu de
beurre (et quelquefois du fromage) qu'on mange habi-
tuellement avec du sucre et de l'eau de rose]. Ce sont
sans aucun doute les ancêtres de nos « chouquettes ».
Pour Cotgrave, le fromage n'était que facultatif dans
la confection de choux mais, pour l'auteur du *Thrésor*
de Santé de 1607 il est obligatoire : « Les petits choux
de Paris sont faits en broyant force fromage gras &
bien mollet avec peu d'œufs, à quoy on adjouste farine
à suffisance, afin que la paste soit assez ferme, laquelle
on doit fort battre. On les construit consequemment
en forme grosse ou petite ou ronde, comme une
pomme à mettre au four. Et quand ils sont à moitié
cuits, on fait des taillades en croix par dessus, ce faict,

Le Robert, 1978
(fac-similé de
l'édition de 1690),
article « choux ».
JANNEQUIN (C.),
« Voulez ouir les
cris de Paris », s.l.,
1550, dans
FRANKLIN (A.), *La
Vie privée
d'autrefois :
l'annonce et la
réclame : les cris de
Paris*, Plon, Nourrit,
1887.
MENON [attr.],
*Nouveau traité de
la cuisine*, Saugrain
fils, Paris,
3 volumes, 1739.
Tome 1, article
« choux ».
« Le Pastissier
françois » (1re éd.
1653), in *Le
Cuisinier françois*,
textes présenté par
J.-L. Flandrin,
P. Hyman et
M. Hyman,
Montalba, Paris,
1983, pp. 403-404.
Thrésor de Santé,
Hugueton, Lyon,
1607, p. 34.

on les remet au four jusques à tant qu'il soyent cuits. »
Au XVIIe siècle, il existait un fromage spécial destiné
à la fabrication de cette pâtisserie. Les « fromages à
petits choux » sont décrits dans *Le Pâtissier françois*
comme étant « des fromage (sic) non écresmez qui sont
faits du jour mesme ». Ce n'est qu'à l'extrême fin du
siècle que Furetière décrit dans son dictionnaire des
choux sans fromage qui correspondent à quelques
détails près aux « chouquettes » actuelles : « chou, est
aussi une espèce de pastisserie fort enflée, faite avec
des œufs, du beurre et de l'eau rose. Elle est semée
par dessus de nompareille de dragée... » Mais il faudra
attendre la publication du *Nouveau Traité de la cuisine* en 1739 avant de trouver une recette complète
de pâte à choux, sans fromage, réalisée selon la
méthode employée aujourd'hui.

Ainsi, depuis des siècles, cette pâtisserie se classe parmi
les friandises parisiennes les plus populaires, et l'emploi
tendre de « mon petit chou » pour désigner un être bien-
aimé nous fourni une preuve quotidienne que ces petits
gâteaux occupent une place à part entre toutes les
pâtisseries de la France.

Description

Forme : boule à fond plat. Couleur : blond doré et blanc
(grains de sucre). Taille : 5 cm de diamètre, 10-15 g.
Texture : moelleuse et croquante (grains de sucre).

COMPOSITION : pâte à choux, dorure (œuf battu),
sucre en grains.

Usages

Les chouquettes se consomment à l'heure du thé soit
encore tièdes et tendres (dans les trois heures qui suivent leur cuisson) soit demi-sèches (dans les 24 heures).

Savoir-faire

A l'aide d'une poche à douille ronde unie, on dresse des choux de la grosseur d'une noix sur une plaque à pâtisserie légèrement graissée. Au pinceau, on passe de la dorure sur les choux en faisant attention à ne pas la faire couler sur les côtés (ce qui aurait pour effet de freiner le bon développement des choux à la cuisson), on saupoudre largement de sucre en grains et on retourne vivement la plaque afin de faire tomber l'excédent de sucre. La cuisson se fait à four assez chaud (240°) pendant 20 minutes environ ; à mi-cuisson, on entrouvre légèrement la porte du four afin d'évacuer la vapeur pour que les chouquettes finissent de cuire correctement. Elles doivent être blondes et moelleuses.

Conditionnement

Les chouquettes sont vendues au poids.

CONFIT DE PÉTALES DE ROSES

CONFITURE
À BASE DE FLEURS

PARTICULARITÉ : gelée transparente contenant des pétales de roses.

Production
Provins, mais on trouve le confit en vente chez les traiteurs, épiceries fines et pâtisseries de la majeure partie de Seine-et-Marne. La fabrication a lieu une fois par an aussitôt après la cueillette des

Historique

La date exacte à laquelle des roses rouges furent plantées à Provins pour la première fois est fort contestée mais la tradition veut que ce soit Thibaut IV, comte de Champagne, qui les rapporta des croisades au milieu du XIIIe siècle. Cependant, d'autres roses fleurissaient déjà dans les environs ; comme nous l'apprend Guy Billat et André Eve, en 1017 Rozay-en-Brie était connu sous le nom de Rosetum, « rosier » et depuis fort long-

pétales de roses, soit entre le 15 septembre et le 15 octobre. Le produit est disponible toute l'année.

Bibliographie
BILLAT (G.) et ÈVE (A.), «La rose de Provins à Grisy-Suisnes» dans *Le Temps des jardins*, Comité départemental du Patrimoine (Seine-et-Marne), 1992, pp. 51-59.
BOIS (D.), *in* «Roses», *Les Plantes alimentaires chez tous les peuples et à travers les âges. Histoire, culture. Phanérogames légumières*, P. Lechevalier, Paris, 1927, pp. 552-553.
LAPOIX (F.), «Au pays de la rose» *in Seine-et-Marne*, Bonneton, Paris. s.d., p. 184-188.
Thrésor de Santé, Hugueton, Lyon, 1607, pp. 554-555.

temps, la rose de Provins est officiellement appelée Rosa gallica, ou «rose française».

Le commerce des roses de Provins et de ses environs prend des proportions impressionnantes dès le XIIIe siècle, et les pétales de roses séchées sont envoyées aux amateurs partout en Europe. Par ailleurs, il existait de nombreux produits à base de pétales de roses, et des «conserves de roses» auraient été parmi les cadeaux offerts à l'archevêque de Sens lors d'une visite à Provins en 1310. L'importance commerciale des roses de Provins nous surprend aujourd'hui puisque nous avons perdu l'habitude de consommer des sucreries aromatisées avec des pétales de roses, d'assaisonner nos plats avec du vinaigre «rosat» ou encore d'embaumer nos pâtisseries avec l'eau distillée de roses (l'eau de rose). Mais toutes ces pratiques étaient fort courantes autrefois, et chaque fois que le parfum de roses était sollicité, c'était surtout des produits à base de roses de Provins qui étaient recherchés.

Parmi toutes les spécialités à la rose, ce sont surtout les sucreries qui étaient tenues dans la plus grande estime. Au XVIe siècle, Charles Estienne décrit la fabrication de «conserves de roses» dans sa maison rustique et Olivier de Serres fera de même en l'an 1600. Selon qu'il est question de «conserves liquides» ou de «conserves sèches» il s'agit soit d'un sirop épais parfumé avec des pétales de roses fraîches «pilées» soit de tablettes de sucre parfumées avec des roses sèches pulvérisées. Faut-il conclure pour autant que la gelée aux pétales de roses, dit «confit de roses» vendue actuellement à Provins est de création récente? Non, car dans le *Thrésor de Santé* de 1607, on trouve une recette pour des «Roses confites ou en conserve» qui semble être l'ancêtre du confit de roses actuel. Elle se présente ainsi : «On prend deux fois autant de succre que de roses, les faisant ainsi cuire avec de l'eau rose, & quand le succre sera presque cuit, on le met avec les roses, len tenant sur le feu qui soit petit, & les mouvant avec une spatule de bois, tant que la confiture soit séche moyennement.»

De nos jours, si les roses restent un symbole de Provins, leur importance commerciale est faible. Toutefois, il se fabrique toujours des «douceurs» à la rose de Provins grâce à un Alsacien, M. Pfister, qui s'est installé à Provins en 1914 et qui a repris la fabrication du «confit» abandonnée alors sur place. M. Guy Pelé lui a succédé, et en 1991, M. Dominique Gaufillier a racheté le fonds de commerce avec le «secret de fabrication» de ses prédécesseurs. Ainsi, on trouve au moins un fabricant de «confit de roses» à Provins, ce qui nous permet encore d'acquérir cette friandise, rangée aujourd'hui avec des spécialités «exotiques» chez nos grands épiciers.

Description

Couleur : rose. Texture : gelée. Goût prononcé de rose.

COMPOSITION : eau, sucre, pectine, pétales de roses de Provins, acide tartrique, essence de rose, colorant à la rose.

Usages

Le confit de pétales de roses s'utilise comme n'importe quelle autre confiture.

Savoir-faire

La recette de M. Gaufillier est tenue secrète, toutefois, à titre d'exemple, nous présentons ici une synthèse de plusieurs recettes publiées dans des ouvrages spécialisés : les pétales de roses sont couverts du même poids d'eau bouillante ou d'eau froide (additionnée éventuellement d'un peu de jus de citron), laissés infuser quelques heures, puis égouttés. On prépare un sirop avec l'eau d'infusion et du sucre (généralement à poids égal) auquel est ajouté de la gelée de pommes ou de coings ou du jus de citron et les pétales égouttés. Le tout est cuit doucement comme une confiture jusqu'au «filet» (106 °C). On peut ajouter à la fin de la cuisson quelques gouttes d'essence de rose ou de colorant carmin. En ce qui concerne d'autres aspects de la préparation du «confit de roses», M. Gaufillier a bien voulu nous communiquer les renseignements suivants :

La cueillette des roses a lieu vers le 15 septembre dans les roseraies des environs de Provins. Les roses doivent être très épanouies, ce qui permet de cueillir uniquement les pétales en laissant le cœur de la rose. Les pétales sont triés, lavés et ébouillantés avant le commencement de la fabrication du confit proprement dit. La variété de rose utilisée est celle appelée rose de Provins, d'une belle couleur pourpre, cependant pour éviter une confiture trop foncée, le fabricant utilise parfois des pétales de roses blanches (variété indifférente) afin d'éclaircir la couleur de sa confiture. La couleur peut éventuellement être renforcée avec un «colorant à la rose» et le goût de rose accentué avec une essence de rose, tous deux de fabrication «maison».

Conditionnement

La confiture est versée encore bouillante dans les pots de 450 g stérilisés et aussitôt fermés.

CROISSANT

PÂTE
FEUILLETÉE LEVÉE

PARTICULARITÉ : petite pâtisserie de pâte levée-feuilletée en forme de croissant.

Production
Le croissant se rencontre dans toute la France.

Historique

Une légende est née en 1938 quand Alfred Gottshalk rédige l'article «Croissant» dans le premier Larousse

Exemple, Fauchon :
500 croissants
fabriqués chaque
jour.

Bibliographie
CIMBER et DANJOU,
Archives curieuses.
Tome 3, 1835.
«Festin donné à la
royne Catherine...
1549».
CALVEL (R.), *Le Goût
du pain*, éditions
Jérome Villette.
COLOMBIÉ (A.),
*Nouvelle
Encyclopédie
culainaire*, Réty,
Melun. Trois
volumes, s.d.
(1906-1907).
Tome 1, p. 76.
DARENNE (E.) et
DUVAL (E.), *Traité
de pâtisserie
moderne*, Darenne
et Duval, Paris, s.d.
(vers 1912,
1re édition vers
1910), p. 70.
GOTTSCHALK (A.),
*Histoire de
l'alimentation et de
la gastronomie.*
Éditions Hippocrate,
Paris, 2 volumes,
1948. Tome 2,
p. 115.
HUSSON (A.), *Les
Consommations de
Paris*, Paris,
Hachette, 2e édition
1875, p. 376.
KLEIN-REBOUR (F.),
«Histoire des
croissants et des
pains viennois»

gastronomique. Voici comment il la raconte : «L'origine de cette délicieuse pâtisserie — car plus qu'un pain, le croissant est une pâtisserie — est très ancienne : elle date de 1686 et c'est à Budapest qu'elle naquit. Cette année-là, les Turcs assiégeaient la ville. Pour parvenir au cœur de la cité, ils avaient creusé des galeries souterraines. Des boulangers, qui travaillaient la nuit, entendirent le bruit que faisaient les Turcs et donnèrent l'alarme. Les assaillants furent repoussés. Pour récompenser les boulangers qui, ainsi, avaient sauvé la ville, on leur octroya le privilège de faire une pâtisserie spéciale qui, en souvenir de l'emblème qui décore le drapeau ottoman, devait avoir la forme d'un croissant.» Dix ans plus tard, dans un ouvrage consacré à l'histoire de l'alimentation, ce même Gottshalk modifie son récit ; les croissants ne sont plus créés lors d'une attaque turque contre Budapest en 1686 mais «pendant le siège de Vienne» en 1683 !

C'est cette dernière version de l'histoire qui est le plus souvent répétée de nos jours. Mais quel rapport entre le siège de Vienne et la pâtisserie si chère aux Français ? Pour F. Klein-Rebour, les croissants avaient «suivi Marie-Antoinette» lors de son couronnement en 1770 et, dès 1780, ils se fabriquaient rue Dauphine à Paris. Tout cela semble très simple — trop simple, car un document datant du XVIe siècle jette un doute sur tous les historiques que nous venons de présenter. En effet, le 18 juin 1549, un banquet est offert à la reine par l'évêque de Paris. Sur la liste des achats, qui a été conservée, se trouvent «quarante gasteaulx en croissans» ! S'agit-il des croissants que nous connaissons ? Rien ne l'indique, mais l'existence de gâteaux en forme de croissant au XVIe siècle montre qu'on n'avait pas besoin d'attendre la fin du XVIIe siècle pour les inventer. Cela étant, ce type de gâteau a dû avoir une vie passagère car, en dehors de cette référence, nous ne trouvons pas trace de croissants dans les écrits culinaires des XVIIe et XVIIIe siècles. Ils ne figurent même pas chez Grimod de La Reynière, qui faisait l'inventaire des friandises parisiennes au début du XIXe siècle. Cependant,

dans *La Revue des grossistes et des détaillants*, novembre 1968, pp. 31-32.
LA REYNIÈRE (Grimod de) (A.-B.-L.), *Almanach des gourmands*, 8e année (1803 à 1812), Paris. Réimpression, Valmer-Bibliophile, Paris, 1984, 5e année, 1807, pp. 255-257.
LITTRÉ (E.), *Dictionnaire de la langue française*, 4 vol. Hachette, Paris, 1883.
MONTAGNÉ (P.) et GOTTSCHALK (A.), *Larousse gastronomique*, Larousse, Paris, 1938, article «croissant».

en 1807, l'un de ses correspondants l'interroge sur les «petits Pains, dits à café qui autrefois étoient si bons et qui actuellement ne sont fait que de la même pâte des pains de deux livres». Auquel Grimod répond : «Il n'est que trop notoire que ces petits pains à café, si délicieux autrefois, et pour lesquel plus d'un provincial, et même plus d'un étranger, ont fait le voyage de Paris, ne renferment plus de lait ni de levure, n'ont ni goût, ni saveur...» Ces petits pains-ci sont-ils les ancêtres de nos croissants?

Nous pensons que oui. Littré, dans son *Dictionnaire* paru pour la première fois en 1863, est le premier qui rompt le silence et parle, sans ambiguïté, de croissants. La douzième et dernière acception du mot «croissant» qu'il donne est «petit pain ou petit gâteau qui a la forme d'un croissant». Six ans plus tard, Pierre Larousse sera plus précis : «Petit pain dont la forme est celle d'un croissant : les croissants se font avec de la farine de première qualité travaillée avec une eau qui contient des œufs battus.» C'est donc un pain enrichi en forme de croissant. En 1875, Husson apporte l'ultime preuve que le croissant des lexicographes est un produit plus ou moins assimilable à nos croissants actuels car, parmi les produits vendus par les boulangers, il cite les «croissants pour café», qui nous rappellent des «petits Pains, dits à café» si chers à Grimod. Il semble donc clair que les Parisiens consommaient bel et bien des petits pains en forme de croissant avec leur café en 1875, néanmoins il faudra attendre encore un quart de siècle avant de trouver une recette pour la pâtisserie légère et feuilletée qui corresponde vraiment à nos «croissants au beurre» actuels. Elle paraît en 1906 dans la *Nouvelle Encyclopédie culinaire* de Colombié sous le titre «Croissants de Boulanger». Quelques années plus tard, Darenne et Duval nous apprennent que le beurre est facultatif puisque la pâte peut être enrichie «de beurre ou de margarine ou de beurre végétal malaxé» — les croissants «ordinaires» sont nés!

Pour conclure, nous ne voyons aucun lien direct entre notre croissant actuel et la pâtisserie austro-hongroise créée (?) au XVIIᵉ siècle. Par contre, il semble bien trouver ses origines dans les « petits pains dits à café » que les boulangers vendaient à la fin du XVIIIᵉ siècle mais dont nous ne connaissons pas la forme. Comme l'affirme Raymond Calvel avec vigueur : « Le croissant feuilleté est donc français d'origine et la fermentation de la pâte associée à son feuilletage représente un très gros progrès ; les croissants sont mieux levés, plus légers, plus savoureux, plus délicats. » Ce sont ces croissants-là qui ont fait le tour du monde, non pas en tant que spécialité parisienne mais, d'Ouest en Est, comme symbole de la France et comme représentants de la pâtisserie française.

Description

Forme : croissant de lune (forme traditionnelle) ou allongée. Couleur : doré à l'extérieur, jaune crème à l'intérieur. Taille : 50 g pièce. Texture : friable à l'extérieur et fondante à l'intérieur.

COMPOSITION : farine, sel, sucre, levure biologique, matière grasse (beurre ou matières grasses végétales), lait ou eau, ou eau + lait.

Usages

Le croissant peut être ordinaire (à base de matières grasses végétales et en forme de demi-lune) ou au beurre (sans aucune matière grasse végétale), il est alors façonné en long. Dans les maisons où l'on ne fabrique que des croissants au beurre, c'est la forme traditionnelle en demi-lune qui demeure.

Savoir-faire

La farine, le sel, le sucre et la levure sont mélangés dans la cuve du batteur, additionnés d'eau (ou d'eau

+ lait) progressivement et pétris jusqu'à obtention d'une pâte homogène et pas trop molle. On couvre la pâte ainsi obtenue et on la laisse reposer, suivant saison, à température ambiante ou en étuve, de 30 minutes à 2 heures. On rompt alors la pâte et on la réserve au frais jusqu'au lendemain (cette opération a pour but de freiner la fermentation). La pâte est ensuite abaissée et garnie au centre de la matière grasse assouplie. On emprisonne le corps gras dans la pâte et on donne, selon les fabricants, deux tours simples, deux tours doubles ou un tour simple et un tour double, en laissant un temps de repos au frais entre chaque tour. Le pâton est ensuite abaissé jusqu'à obtention d'un rectangle d'environ 3 mm d'épaisseur. Ce rectangle est alors coupé en deux dans sa longueur et chaque bande est détaillée en triangles d'une largeur à la base de 10-12 cm. Chaque triangle est enroulé sur lui-même en partant de sa base, incurvé en forme de croissant et posé sur une plaque. On laisse pousser à 30° pendant environ 2 heures. Les croissants sont dorés à l'œuf battu puis cuits pendant 15 à 20 minutes à 220-240°.

GALETTE FEUILLETÉE SÈCHE OU FOURRÉE

PÂTE FEUILLETÉE

Production
La maison Coquelin est probablement une des seules pâtisseries parisiennes à vendre des petites galettes sèches tout au long de l'année. Les autres

PARTICULARITÉ : gâteau de pâte feuilletée, rond et peu épais, de diamètre variable et qui peut être fourré d'une préparation aux amandes.

Historique

D'après Le Grand d'Aussy, des « gasteaux feuillés » sont cités dans une charte de Robert du Fouilloy, évêque d'Amiens, en 1311. Mais il faudra attendre la publication du *Thrésor de Santé* en 1607 avant de trouver une recette précise pour cette pâtisserie. L'auteur de ce

boulangers-pâtissiers d'Ile-de-France réservent cette fabrication au seul moment de l'Épiphanie, soit du premier dimanche de janvier à la fin du mois de janvier.

Bibliographie
LE GRAND D'AUSSY, *Histoire de la vie privée des François*, Paris, Laurent-Beaupré, 3 volumes, 1815 (1re édition 1782). Tome 2, p. 282.
«Le Pastissier françois», dans *Le Cuisinier françois*, textes présentés par J.-L. Flandrin, M. Hyman, P. Hyman, Montalba, Paris, 1983. Réimpression de l'édition de Raffle, Troyes, s.d. (1re éd. 1653), pp. 331-402.
Thrésor de Santé, Hugueton, Lyon, 1607, p. 31.

traité commence en disant : «On fait à Paris & autre villes signalées de ce Royaume plusieurs petites pas-tisseries, les unes de plus facile & les autres de plus difficile concoction.» Les gâteaux feuilletés se font avec une pâte «fort molle et bien batue avec œufs, beurre & un peu d'eau». On l'étend «fort mince & desliée, sur laquelle on seme par-cy par-là beaucoup de beurre frais en petits morceaux», on replie la pâte sur le beurre, on parsème de nouveau avec du beurre, on replie et on continue ainsi «jusques à trois ou quatre fois.» Une fois pliée pour la dernière fois, on étale la pâte «en forme ronde» et on la cuit au four. Voici l'ancêtre de notre galette feuilletée, pourtant la pâte n'est pas encore celle que nous connaissons.

La pâte feuilletée, telle qu'elle se pratique aujourd'hui, sera décrite en 1651 dans *Le Cuisinier françois* puis, deux ans plus tard, *Le Pâtissier françois* en donne non seulement une version beaucoup plus explicite mais inclut la recette d'un «gasteau feuilletée» : «Estendez de la paste feuilletée... l'époisseur du travers d'un doit ou d'un poûce, & coupez cette paste tout autour avec un cousteau ; afin de l'arondir en forme de gasteau : dorez le par dessus, & le mettés au four...»

Cette recette, comme celle de 1607, est celle d'un gâteau «ordinaire» et les «gasteaux» ou galettes com-posées exclusivement de pâte feuilletée seront vendus pendant des siècles à Paris en tant que pâtisserie cou-rante. Aujourd'hui, alors que peu de pâtissiers parisiens en proposent à longueur d'année, elle réapparaît à tous les coins de rue autour du 6 janvier, étant devenue par l'adjonction d'une petite fève notre «galette des rois».

Description

Forme : ronde. Couleur : brun doré. Taille : indivi-duelle : 9 cm de diamètre environ ; 30 cm de diamè-tre environ pour une galette pour 8 personnes. Texture : friable à l'extérieur et fondante à l'intérieur. Particularité organoleptique : goût de beurre (et d'amandes dans le cas d'une galette fourrée).

COMPOSITION : pâte feuilletée, crème d'amandes ou frangipane (crème d'amandes + crème pâtissière).

Usages

Hormis la maison Coquelin qui poursuit la tradition des petites galettes sèches vendues tout au long de l'année, la galette feuilletée est dorénavant consacrée gâteau des rois. Garnie d'une fève et accompagnée d'une couronne, elle n'est par conséquent plus fabriquée et vendue qu'à l'occasion de l'Épiphanie, soit du premier dimanche de janvier à la fin du mois de janvier.

Savoir-faire

Le pâton de pâte feuilletée est tout d'abord détaillé en morceaux, du poids désiré, mis en boule, aplati légèrement avec la paume de la main et abaissé en rond au rouleau jusqu'à 1/2 cm d'épaisseur environ. A l'aide d'un petit couteau (on pratique une petite entaille dans l'abaisse de pâte et on y glisse la fève si fève il y a), on chiquète le pourtour des galettes et on les place sur une plaque à pâtisserie légèrement mouillée. On dore une première fois au pinceau avec de l'œuf battu. On laisse reposer une vingtaine de minutes. On dore une deuxième fois et de la pointe d'un couteau, on procède au rayage (dessins de chevrons, étoiles, quadrillages...) de la galette. (Le rayage des galettes varie d'un fabricant à un autre, certaines maisons rayent toutes leurs galettes de la même façon, d'autres font deux rayages différents : l'un pour les galettes sèches, l'autre pour les galettes fourrées, d'autres encore rayent les galettes différemment suivant leur taille, d'autres enfin dessinent indifféremment sur leurs galettes au gré de leur humeur.) La cuisson, d'une durée de 25 à 40 minutes selon la taille des galettes, se fait à four vif pour commencer puis modéré. Certains fabricants saupoudrent les galettes de sucre glace en fin de cuisson et les repassent un instant au four vif afin de caraméliser le sucre glace et obtenir un beau glaçage.

Dans le cas de galettes fourrées, chaque morceau de feuilletage, coupé au poids désiré, est à nouveau coupé en deux et abaissé en rond de 2 mm d'épaisseur environ. La première abaisse est posée sur une plaque légèrement mouillée, garnie d'une couche de crème d'amandes ou de crème frangipane. On pose la fève sur la crème et on recouvre de la deuxième abaisse ronde en soudant bien les deux abaisses ensemble avec les doigts. La suite du processus de fabrication se poursuit comme pour la galette sèche.

REMARQUE : pour des raisons de rapidité, les petites galettes individuelles et les galettes fourrées sont souvent faites à l'aide d'un appareil appelé laminoir. Cette machine, qui remplace le rouleau à pâtisserie, permet d'étaler la totalité de la pâte feuilletée en une grande abaisse que l'on détaille à l'aide d'emporte-pièces en ronds de grandeur désirée.

MACARON LISSE

BISCUIT

Production

Le macaron lisse se fabrique maintenant partout en France. Toute l'année.
La maison Ladurée, réputée sur la place de Paris pour ses macarons, estime vendre aujourd'hui jusqu'à 1 200 gros macarons par jour contre 200 il y a

PARTICULARITÉ : petit gâteau rond, lisse et moelleux à base d'amandes, de sucre et de blancs d'œufs et aromatisé de nombreuses façons. Le macaron lisse parisien est en fait constitué de deux macarons accolés ensemble par une garniture en harmonie avec leur parfum.

Historique

C'est Rabelais qui, le premier, parle de macarons en France. Il les cite parmi d'autres friandises dans son *Quart Livre* en 1552 mais, au XVIe siècle, ce terme désigne aussi bien des petits gâteaux sucrés que des pâtes

quinze ans; chez Fauchon, il s'en vend environ 2 000... par semaine.

Bibliographie
DARENNE (E.) et DUVAL (E.), *Traité de pâtisserie moderne*, Darenne, Duval, Paris (vers 1912), p. 98. *Pot-au-Feu (Le)*, numéro 20, 21e année, 18 octobre 1913, pp. 317-320. RABELAIS (F.), *Le Quart Livre*, édition critique commentée par Robert Marichal, Droz, Genève, 1947 (1re édition 1548-1552), chap. LX, p. 241.

alimentaires. Ce n'est qu'au XVIIe siècle que le mot « macaron » sera réservé aux petits gâteaux (les pâtes étant devenues des « macaroni »). De nombreuses villes en France sont réputées pour leurs macarons craquelés et légèrement élastiques. Seuls les macarons parisiens sont mous et lisses. Dans le milieu professionnel, on les appelle « gerbets » en hommage au pâtissier du même nom qui, autrefois, en faisait une spécialité. Autre originalité, les macarons parisiens sont doubles, c'est-à-dire composés de deux macarons collés ensemble au moyen d'une crème aromatisée.

Cette présentation n'était pas toujours la règle car, encore au début de ce siècle, on trouve des recettes pour des macarons « genre Gerbet » individuels. Cependant, en 1913, l'auteur d'un article sur les macarons dans la revue *Le Pot-au-Feu* décrit la présentation double en précisant que c'est « ainsi qu'on les fait assez couramment ».

Deux maisons parisiennes ont pris le relais du célèbre Gerbet dans la fabrication et vente des macarons lisses, Coquelin Aîné et Ladurée. Les macarons fabriqués par cette dernière maison bénéficient d'une telle réputation et font l'objet d'une telle demande qu'il s'en vend plus de 1 000 par jour — soit 150 macarons doubles chaque heure ou encore un toutes les 25 secondes —, chaque jour de l'année dans leur seul et unique magasin situé rue Royale à Paris !

Description

Forme : ronde. Couleur : différente selon les parfums (marron, beige, ivoire, rose pâle, jaune pâle, vert pâle...). Taille : gros macarons, diamètre de 7 à 8 cm, poids : 50 g ; petits macarons : 4 cm, poids : 10 g. Texture : moelleuse.

COMPOSITION : 25 % d'amandes, 50 % de sucre (sucre glace et/ou sucre semoule selon fabricants), 25 % de blancs d'œufs, parfum ou colorant en quantité suffi-

sante (cacao en poudre, essence de café, vanille en poudre, pâte de pistache, praliné ou noisette en poudre,
colorant rose...).

Quant à la garniture, sa composition varie selon le parfum du macaron : ainsi, dans le cas de macarons chocolat, le fourrage consistera généralement en une
ganache (chocolat, crème fraîche et/ou lait) tandis que,
pour des macarons café, il s'agira d'une crème au
beurre café (beurre, sucre, œufs, essence de café)...

Usages

A consommer tel quel et à tout moment de la journée,
c'est un gâteau idéal à l'heure du thé ou au moment
du café.

Savoir-faire

Un macaron lisse réussi est sans craquelure et cet
aspect ne tient pas à la composition du macaron (pour
ainsi dire identique d'un fabricant à l'autre) mais à un
tour de main particulier et à une connaissance parfaite
des réactions du produit au cours des différentes éta-
pes de sa fabrication.

Les amandes entières mondées sont broyées avec du
sucre glace (ou simplement mélangées au sucre glace
lorsqu'elles sont déjà broyées), le parfum choisi est
ensuite ajouté et ce mélange est alors délicatement
incorporé aux blancs d'œufs préalablement montés en
neige ou à une meringue italienne.

L'appareil ainsi obtenu est alors dressé sous forme de
petits tas, à l'aide d'une poche à douille ronde unie,
sur une feuille de papier sulfurisé elle-même posée sur
deux plaques à pâtisserie empilée, l'une sur l'autre. Les
macarons sont ensuite cuits au four à 180° pendant
15 minutes environ. A la sortie du four, on verse de
l'eau entre le papier sulfurisé et la plaque de cuisson,
ce qui permet de décoller les macarons. Une fois refroidis, ils sont accolés deux par deux au moyen d'un four-

rage assorti à leur parfum (ganache, crème au beurre café, crème citron, confiture de framboises, crème au beurre vanille...).

Conditionnement

Les gros macarons sont vendus à la pièce, les petits au poids.

NIFLETTE

PÂTE FEUILLETÉE
GARNIE

Production
Provins et sa région (en fait, la niflette se rencontre dans la quasi-totalité de la Seine-et-Marne). Du 15 octobre au 15 novembre environ. Les différents boulangers-pâtissiers rencontrés pensent fabriquer entre 800 et 1 000 niflettes chaque samedi et dimanche de cette période ; la consommation (et la fabrication) est beaucoup moins importante durant la semaine.

Bibliographie
DIOT (A.), *Le Patois briard*, Société

PARTICULARITÉ : spécialité de la Seine-et-Marne, plus particulièrement de Provins, la niflette est une pâtisserie traditionnelle de la Toussaint. Elle est composée d'un rond de pâte feuilletée garnie de crème pâtissière plus ou moins aromatisée à la fleur d'oranger.

Historique

« — Voilà les p'tites — Voilà les grosses niflettes — Toutes chaudes. — C'est mon maître qui les fabrique — Pour contenter toutes ses pratiques. — Arrivez les petits et les grands — Elles sont toutes chaudes — Et toutes bouillantes », cri d'un marchand de niflettes à Provins au début du siècle, cité par Diot.

On ne crie plus les niflettes dans les rues de Provins, mais elles restent étroitement associées à cette ville. Toutefois, même si certains historiens locaux font remonter cette pâtisserie au Moyen Âge, nos niflettes actuelles n'existaient sans doute pas avant le XVIIe siècle, époque à laquelle la crème pâtissière dont elle est garnie semble avoir été créée. Comme bien d'autres spécialités régionales, les niflettes ont sans doute connu de multiples formes avant de se figer en celle qui correspond à la pâtisserie provinoise actuelle. Ainsi, les

d'histoire et
d'archéologie de
l'arrondissement de
Provins, vers 1930,
pp. 80, 135.

niflettes grosses et «toutes chaudes» vendues à la pièce dans la rue ont cédé le pas aux petites niflettes vendues froides «à la douzaine» qui se consomment de nos jours non seulement à Provins mais un peu partout en Seine-et-Marne.

Chaudes ou froides, grandes ou petites, les niflettes ne se consomment à Provins que pendant une courte période de l'année autour de la Toussaint. Ce qui a conduit certains à voir dans leur nom une déformation du latin *ne flete*, c'est-à-dire «ne pleure pas» car, suivant la tradition, cette pâtisserie était offerte aux orphelins pleurant devant la tombe de leurs parents. Aujourd'hui, toute note triste est bannie et la consommation des niflettes relève de la pure gourmandise. Le goût des Provinois pour cette pâtisserie est si prononcé que Diot avait déjà remarqué en 1930 que «beaucoup de personnes d'origine provinoise, ayant quitté le pays, en ont conservé la tradition et se font envoyer des niflettes de Provins, le jour de la Toussaint».

Description

Forme : ronde. Taille : de 5 à 9 cm de diamètre.

COMPOSITION : pâte feuilletée, crème pâtissière à la fleur d'oranger, sucre glace (facultatif) pour décor.

Usages

La fabrication et la consommation de la niflette ont lieu durant les quinze jours qui précèdent et les quinze jours qui suivent la Toussaint. Elles se mangent tièdes ou froides comme dessert à la fin du repas ou à n'importe quel moment de la journée comme n'importe quelle viennoiserie.

Savoir-faire

La pâte feuilletée (généralement à six tours) est découpée en ronds cannelés ou lisses de 5 à 9 cm de diamètre. Le pourtour des ronds de feuilletage est parfois doré à l'œuf et les ronds sont ensuite garnis de la valeur d'une cuillère à soupe de crème pâtissière aromatisée (au goût du fabricant) de fleur d'oranger. La cuisson a lieu durant 15 à 20 minutes dans un four à 220 °C. La cuisson achevée, certains fabricants vendent les niflettes telles quelles, d'autres les saupoudrent de sucre glace et les caramélisent rapidement au gril, d'autres encore saupoudrent les niflettes de sucre glace lorsqu'elles sont refroidies.

Conditionnement

Les niflettes se vendent à la douzaine, en vrac dans un sac en papier. Certains pâtissiers refusent catégoriquement de les vendre à l'unité.

PÉRA

ENTREMETS

Production
Stable.
Exemple, Paul
Bugat : une
trentaine de
«clichy» individuels
par jour.
Toute l'année.

PARTICULARITÉ : pâtisserie rectangulaire constituée d'une succession de couches de biscuit léger aux amandes, crème au beurre café et ganache chocolat.

Historique

Actuellement, deux grands pâtissiers parisiens se dispute la paternité de l'opéra. Pour M. Paul Bugat, propriétaire de la pâtisserie Clichy place de la Bastille, c'est le fondateur de la maison, M. Riss, qui inventa le gâteau dans les années 1920. Il l'appela alors du nom de son établissement, «Clichy», et c'est sous ce nom que M. Bugat continue à le vendre au numéro 5 du boulevard Beaumarchais. En 1955, la famille Bugat achète la pâtisserie Clichy et ce ne serait que vers la fin des années 1950 qu'un parent, M. Gavillon, alors propriétaire de la pâtisserie Dalloyau, aurait goûté au «clichy» et, l'ayant trouvé délicieux, commença à le vendre sous le nom d'«opéra». Mais la maison Dalloyau conteste cette version des faits, proclamant que c'est M. Gavillon lui-même qui inventa le gâteau en 1954, dont elle fêta les trente ans en 1984! Nous ne trancherons pas dans le débat qui oppose le clichy à l'opéra mais ce qui est certain c'est que ces deux gâteaux se ressemblent comme des frères. Si ces deux maisons proposaient jadis ce gâteau comme spécialité particulière, il y a longtemps déjà qu'elles ne sont plus les seules à le fabriquer et aujourd'hui, sous le nom de gâteau opéra, il compte parmi les spécialités parisiennes les plus réputées.

Description

Forme : rectangulaire. Couleur : dessus marron (et or sur les grands opéras), alternance de brun, marron et café sur les côtés. Taille : individuel, 8 cm de long et 4 cm de large sur 2,5 cm de haut, 60 g ; 17 cm de long et 12 cm de large sur 2,5 cm de haut pour un opéra pour huit personnes. Texture : moelleuse.

COMPOSITION : feuilles de biscuit joconde (préparation légère aux amandes, étalée en fine couche et cuite ainsi afin d'obtenir des feuilles de biscuit), crème au beurre café, ganache chocolat, sirop de sucre léger au café, glaçage chocolat, feuille or pour décor (uniquement sur les grands opéras).

Usages

Dessert. Il est conseillé de le manger à température ambiante.

Savoir-faire

Dans un grand cadre métallique de 3 cm de hauteur, on dépose une première feuille de biscuit joconde

imbibé de sirop au café (l'imbibage au café va permettre de conserver le moelleux du biscuit), on dresse dessus une fine couche de crème au beurre café, on pose
une nouvelle feuille de biscuit joconde imbibé au sirop
café, puis une fine couche de ganache au chocolat,
encore une feuille de biscuit joconde imbibé café, à
nouveau une fine couche de crème au beurre café, on
glace avec du chocolat, on démoule, on taille à la
dimension souhaitée. Décor : écriture en chocolat
«Opéra» en lettres anglaises et petits morceaux de
feuille or dessus.
Le «clichy» de M. Bugat possède une feuille de biscuit
joconde et une fine couche de crème au beurre café
supplémentaires. Sur le chocolat glacé, il est écrit en
chocolat «Clichy» en lettres anglaises.

PARIS-BREST

GÂTEAU

Production
Le Paris-Brest est
un classique de la
pâtisserie française
et se rencontre un
peu partout en
France.
Stable.
Exemple, Fauchon :
chaque jour,
25 Paris-Brest
individuels et 4 à
6 gros Paris-Brest.

Bibliographie
COURTINE (R.),
*Larousse
gastronomique*,
Larousse, Paris,

PARTICULARITÉ : gâteau, le plus souvent en forme
de couronne, fait de pâte à choux, fourré de crème
pralinée et parsemé d'amandes effilées.

Historique

Pour l'auteur du *Larousse gastronomique* de 1984, le
Paris-Brest fut créé en 1891 par un pâtissier «dans la
banlieue parisienne» à l'occasion d'une course cycliste
du même nom. D'après cette version des faits, la pâtisserie en question se trouvait sur le parcours de la
course, ce qui avait donné au pâtissier l'idée géniale
de faire des gâteaux en forme de roue et de les vendre à la foule. Mais de quelle banlieue s'agit-il? De quel
pâtissier?
D'après une tradition familiale, le créateur de ce gâteau
s'appelait Louis Durand et il exerçait son art avenue

1984. Voir aussi Montagné, article «Paris-Brest». DARENNE (E.) et DUVAL (E.), *Traité de pâtisserie moderne*, Darenne, Duval, Paris, s.d. (vers 1912, 1ʳᵉ éd. vers 1910), p. 196. GAULT (H.) et MILLAU (C.), *Guide gourmand de la France*, Hachette, Paris, 1970, p. 686.

de Longueil à Maisons-Laffitte. Ses fils et petit-fils affirment que c'est en 1909 (et non en 1891) que le célèbre gâteau fut créé. Est-ce alors une «coïncidence» que, en 1910, lors de la première publication de leur *Traité de pâtisserie moderne*, Darenne et Duval donnent la recette d'un gâteau qui correspond exactement au Paris-Brest mais qui s'appelle Paris-Nice?

Quoi qu'il en soit, c'est en tant que Paris-Brest que cette pâtisserie se diffuse au cours du premier quart de ce siècle — à tel point que, en 1930, quand Paul Durand, fils de Louis, décide de déposer un brevet pour le Paris-Brest, sa demande a été rejetée. Après l'Ile-de-France, le gâteau gagne tout le pays et, en 1970, Gault et Millau le trouvent à Brest. D'ailleurs, remarquent-ils, le Paris-Brest est tellement répandu dans cette ville qu'il «peut être tenu par les voyageurs et touristes pour typiquement armoricain»!

Depuis le début de ce siècle, cette roue est devenue un grand classique et a fait le tour de France maintes fois, dans les mains de pâtissiers habiles.

Description

Forme : couronne ou bâton. Couleur : brun. Taille : individuel, 10 cm de diamètre et 3-4 cm de haut, 150 g ; 20 cm environ pour un Paris-Brest pour 6 personnes. Texture : fondante et un peu craquante par la pâte.

COMPOSITION : pâte à choux, crème pâtissière pralinée (50 % de crème pâtissière + 50 % de pralin) ou crème Paris-Brest (50 % de crème pâtissière + 30 % de beurre + 15 % de pralin) ou crème au beurre pralinée, amandes hachées, sucre glace.

Usages

Dessert. La durée de conservation de la crème Paris-Brest est relativement courte, peut-être est-ce pour cela que de nombreux pâtissiers lui préfèrent la crème au beurre dont l'usage est plus fréquent en pâtisserie et la durée de conservation plus importante. Si le Paris-Brest en forme de couronne — symbole de la roue de vélo ou de la boucle de la course — est le plus fréquemment rencontré, il existe cependant aussi en forme de bandes (évocation d'une ligne droite) ou de S (route sinueuse).

Savoir-faire

Sur une plaque à pâtisserie beurrée, on dresse à l'aide d'une poche à douille ronde unie, des couronnes de pâte à choux de taille variable selon qu'il s'agit de Paris-Brest individuels ou de gros gâteaux. On parsème la surface des cercles d'amandes hachées et on fait cuire pendant environ 30 minutes à four moyen (200°). Une fois cuites et refroidies, les couronnes de pâte à choux sont coupées en deux horizontalement. La partie inférieure des cercles est garnie d'une grosse torsade de crème pâtissière pralinée (maison Durand) ou de crème Paris-Brest (ou de crème au beurre pralinée) faite à l'aide d'une poche à douille cannelée. La moitié supérieure des cercles est largement saupoudrée de sucre glace avant d'être replacée sur le gâteau.

PUITS D'AMOUR

GÂTEAU
PÂTE FEUILLETÉE

Production
Le puits d'amour se rencontre dans toute la France. Toute l'année. Les maisons Coquelin et Stohrer

PARTICULARITÉ : traditionnellement, petite pâtisserie ronde en forme de puits faite de feuilletage, garnie de gelée de groseilles ou, de nos jours, de crème pâtissière et caramélisée au fer rouge. Fréquemment, on commercialise sous le nom de puits d'amour une pâtisserie faite d'un fond de feuilletage surmonté d'une couronne de pâte à choux, garnie de crème pâtissière et caramélisée de même.

estiment fabriquer 500 à 600 puits d'amour individuels chaque semaine.

Bibliographie
COURTINE (R.), *Larousse gastronomique*, Larousse, Paris. 1984, article «puits d'amour».
Dictionnaire de l'Académie des gastronomes, Paris, Éd. Prisma, 2 vol. 1962, article «saint-honoré».
LA CHAPELLE (V.), *Le Cuisinier moderne*, 5 vol., La Haye, 1742. Réédition, D. Morcrette, Luzarches, 1984. 1re éd. française, 4 vol., tome 3, p. 179-180.
MONTAGNÉ (P.) et GOTTSCHALK (A.), *Larousse gastronomique*, Larousse, Paris, 1938 (voir aussi Courtine), article «puits d'amour».

Historique

Le très sérieux *Dictionnaire de l'Académie des gastronomes* tout comme le *Larousse gastronomique* affirment que le puits d'amour fut inventé en 1843, lors de la création à Paris d'un Opéra comique du même nom. Malheureusement pour les auteurs de ces ouvrages, la création de la pâtisserie a devancé de plus d'un siècle celle de l'Opéra.

Les premières recettes de puits d'amour sont présentées par Vincent La Chapelle en 1735 dans son *Cuisinier moderne*, l'une sous le titre de «gâteau de puits d'amour», l'autre sous celui de «petits puits d'amour». Dans le premier cas, il s'agit d'un grand vol-au-vent en pâte feuilletée, surmontée d'une anse de feuilletage, rempli de gelée de groseilles, le tout censé imiter un seau de puits. La seconde recette est pour des bouchées individuelles en pâte feuilletée, remplies également de gelée.

Jusqu'au début du XXe siècle, les puits d'amour parisiens sont conformes aux «petits puits d'amour» de La Chapelle ; seule la garniture varie, certains pâtissiers remplissant le puits de fruits entiers ou de marmelade à la place de la gelée. Un «bouleversement» se serait produit au cours des années 1930, puisque le *Larousse gastronomique* de 1938 donne une recette de petits puits d'amour remplis de crème pâtissière. Après la Seconde Guerre mondiale, on observe une seconde modification importante : au lieu de façonner le «puits» entièrement en pâte feuilletée, certains pâtissiers le font en couchant sur un fond de feuilletage une couronne en pâte à choux (toujours remplie de crème pâtissière). Aujourd'hui, la version «pâte à choux» est devenue de loin la plus pratiquée ; il ne reste que deux pâtissiers à Paris, Stohrer et Coquelin, qui façonnent leurs puits d'amour tout en feuilletage.

Ces deux maisons parisiennes furent au début du siècle la propriété d'un seul et même pâtissier, M. Paul Coquelin. Vers 1920, Coquelin fit fabriquer sur mesure par la maison Trottier (actuelle maison Mora) des moules à puits d'amour en vue de standardiser la contenance en crème pâtissière de chaque «puits». Ce sont ces moules que les maisons Coquelin et Stohrer utilisent encore pour la fabrication de leurs puits d'amour.

Description

Forme : ronde. Couleur : brun (pâte), jaune caramélisé (crème). Taille : 5 à 6 cm de diamètre et de 2,5 à 5 cm de haut, 80-100 g. Texture : craquante et moelleuse.

COMPOSITION : pâte feuilletée, pâte à choux (pour la version courante), crème pâtissière, sucre semoule pour caraméliser.

Savoir-faire

Version «traditionnelle» en pâte feuilletée : chez Stohrer et Coquelin, la pâte feuilletée est cuite «à blanc» (environ 20 minutes à 200 °C) dans de petits moules dits moules à puits d'amour. Démoulés, refroidis et garnis de crème pâtissière, ils sont ensuite saupoudrés de sucre semoule et caramélisés au fer rouge. Ces deux maisons font également de grands puits d'amour carrés ou de formes diverses.

Version en pâte feuilletée et pâte à choux : une abaisse de pâte feuilletée est découpée en ronds de 5 à 6 cm de diamètre. Ces ronds, piqués avec une fourchette, sont posés sur une plaque à pâtisserie à peine mouillée. Ensuite, à l'aide d'une poche à douille munie d'une petite douille unie, on dresse une couronne de pâte à choux sur le pourtour de chaque disque de pâte. Une fois la couronne dorée à l'œuf battu, les puits sont cuits au four (210° pendant 15 minutes environ), refroidis, garnis de crème pâtissière, saupoudrés de sucre semoule et caramélisés au fer rouge.

SAINT-HONORÉ

GÂTEAU

Production
France entière.
Toute l'année mais
de nombreux
pâtissiers
reconnaissent ne
faire de saint-honoré
que le dimanche.
Chez Fauchon, on
vend 20 à 25 saint-
honoré individuels
et 2 grands par jour.

Bibliographie
BILHEUX (R.) et
ESCOFFIER (A.), *Traité
de pâtisserie
artisanale*, tome 2.
Crème, confiserie,
entremets,
applications produits
finis. Éditions Saint-
Honoré, Paris, 1985,
pp. 49-50.
DARENNE (E.) et
DUVAL (E.), *Traité de
pâtisserie moderne*,
Darenne, Duval,
Paris, vers 1910,
p. 98.
*Dictionnaire de
l'Académie des
gastronomes*, Paris,
Éd. Prisma, 2 vol.
1962, article
« saint-honoré ».
GOUFFÉ (J.), *Le Livre
de pâtisserie*, 1873,
réimpression Jeanne
Laffite, Marseille,
1981, pp. 226-227,
recette de saint-

PARTICULARITÉ : gâteau fait d'une abaisse ronde de pâte brisée ou feuilletée couverte d'une couronne de pâte à choux, elle-même garnie de petits choux cara-mélisés. L'intérieur de la couronne est rempli d'une crème pâtissière allégée aux blancs d'œufs battus en neige (crème Chiboust) ou simplement d'une crème Chantilly.

Historique

En 1873, Jules Gouffé nous présente ce qui sont peut-être les premières recettes écrites de saint-honoré. Si nous en parlons au pluriel, c'est parce que, dans son *Livre de pâtisserie*, ses saint-honoré sont garnis d'une « crème cuite » parfumée à la vanille, au café, au choco-lat, ou d'un bavarois à l'orange, aux fraises, aux abri-cots, aux framboises ou à l'ananas ! Le saint-honoré que nous connaissons se fait exactement comme le saint-honoré à la vanille décrit par Gouffé, à la seule excep-tion d'un peu de gélatine qui entre actuellement pres-que systématiquement dans la confection de la crème de garniture. Gouffé n'est cependant pas l'inventeur de ce gâteau. Une tradition fait remonter sa création à 1846 en l'attribuant à un pâtissier du nom de Chiboust, ins-tallé dans la rue Saint-Honoré à Paris. C'est lui, dit-on, qui inventa la crème saint-honoré, appelée aussi crème Chiboust, qui sert à garnir cette pâtisserie.
Cette version des faits est cependant mise en doute par Darenne et Duval qui écrivent, vers 1910, que « à l'épo-que de leur création, les saint-honoré ne se garnissaient qu'à la crème Chantilly (crème de lait fouettée) ». Chi-boust aurait-il donc simplement « amélioré » un gâteau qui existait déjà de son temps en remplaçant la chan-tilly habituelle par la crème de son invention ? Cette der-nière hypothèse irait dans le sens d'une autre version de l'histoire selon laquelle le nom de ce gâteau ne doit rien à la rue Saint-Honoré. Cette seconde hypothèse est

honoré et p. 80, recette «crème saint-honoré». LENÔTRE (G.), *Desserts traditionnels de France*, Flammarion, Paris, 1991, p. 20.

retenue par les auteurs du *Dictionnaire de l'Académie des gastronomes* : «[Saint Honoré] est le patron des boulangers et pâtissiers. Le saint-honoré mérite ce patronage illustre, car c'est un des plus délicieux gâteaux qui soient.» Nous ne saurions les contredire. Cependant, pour nous, le véritable «pourquoi» de la dénomination «saint-honoré» reste un mystère.

Description

Forme : ronde. Couleur : brun (pâte), caramel (choux), blanc ou jaune (crème). Taille : 8 cm de diamètre, 8 cm de haut, 130-150 g pour des saint-honoré individuels ; 24 cm environ pour un saint-honoré pour 8 personnes. Texture : croquante et moelleuse.

COMPOSITION : crème Chiboust (crème pâtissière + blancs montés en neige) ou, plus fréquemment, crème Chantilly, pâte à choux, pâte feuilletée (rognures) ou pâte brisée, caramel.

Usages

Pâtisserie vendue surtout à l'occasion du déjeuner familial du dimanche.

Savoir-faire

Une abaisse de pâte feuilletée ou de pâte brisée est découpée en cercle et posée sur une plaque à pâtisserie. A l'aide d'une douille ronde unie de grosseur moyenne, une couronne de pâte à choux est dressée sur le pourtour puis, avec la même douille, des petits choux de la taille d'une noisette (ou d'une noix pour les grands saint-honoré) sont également dressés sur la plaque ; cuisson à 200° pendant 30 minutes (15-20 minutes pour petits choux) puis refroidissement. Les choux sont garnis de crème pâtissière (certains fabricants laissent les choux vides), le dessus de chacun est trempé dans un caramel, puis ils sont fixés sur la couronne avec quelques gouttes de caramel supplémentaires.

1) Version crème Chiboust : la crème pâtissière chaude est additionnée de gélatine, puis «allégée» avec des blancs d'œufs battus en neige ferme. Le centre du saint-honoré est garni avec cette crème à l'aide d'une douille large et plate afin d'obtenir des traits décoratifs particuliers. Les saint-honoré individuels sont généralement décorés en rosace à l'aide d'une douille cannelée.

2) Version crème Chantilly : le centre du saint-honoré est garni de crème Chantilly à l'aide d'une douille large et plate afin d'obtenir des traits décoratifs particuliers. Le saint-honoré individuel est généralement décoré en rosace à l'aide d'une douille cannelée.

Conditionnement

Le saint-honoré est vendu au détail dans de nombreuses pâtisseries parisiennes. Toutefois, ceux qui sont garnis d'une crème Chiboust doivent être consommés assez peu de temps après leur fabrication car, tous les ans, des cas d'intoxications alimentaires résultent de la consommation de crème Chiboust mal conservée. Ainsi Gaston Lenôtre note : «La crème Chiboust que l'on appelait alors crème saint-honoré est assez délicate à réaliser et ne se conserve guère. Il faut donc la préparer le jour même. Cela explique que de nombreux pâtissiers garnissent désormais leurs saint-honoré d'une simple crème Chantilly.»

SAVARIN

GÂTEAU

Production
Toute l'année.
Exemple, Fauchon :
18 savarins
individuels sont
vendus chaque jour,
les gros savarins ne
sont fabriqués que
le week-end.

Bibliographie
CHÂTILLON-PLESSIS, *La
Vie à table à la fin
du XIXᵉ siècle.*
Firmin-Didot, Paris,
1894, p. 301.
LACAM (P.), *Le
Mémorial historique
et géographique de
la pâtisserie*, chez
l'auteur, Paris,
8ᵉ édition 1908
(1ʳᵉ édition 1890),
pp. 568-571.

APPELLATION : le savarin est souvent, à tort, vendu sous l'appellation de baba.

PARTICULARITÉ : petit ou gros gâteau en pâte levée, ayant la forme d'une couronne, imbibé de sirop de sucre et d'alcool (généralement rhum ou kirsch) et garni de crème (pâtissière ou Chantilly) ou de fruits.

Historique

En 1894, Châtillon-Plessis reproduit une interview qu'il avait eue quelques années auparavant avec Narcisse Julien qui, avec ses deux frères, Arthur et Auguste, avait « révolutionné » la pâtisserie parisienne au cours de la seconde moitié du XIXᵉ siècle. Narcisse parle d'une de leurs « trouvailles » en ces termes : « Vers 1844, mes frères fondèrent la pâtisserie Julien frères, place de la Bourse, et mon frère cadet, qui revenait de travailler dans le Midi, y fit des créations qui remuèrent toute la pâtisserie ; il créa le savarin, tout d'abord, ensuite le gâteau des Trois-Frères, parce que nous étions trois frères, appareil tout nouveau à Paris. Ces deux spécialités eurent un énorme succès ; je ne veux citer ici que ces deux-là. »

Le savarin était inspiré d'un autre gâteau, le baba, spécialité depuis déjà un siècle de la maison Stohrer, rue Montorgueil, où Auguste Julien avait travaillé en tant qu'apprenti. Mais Stohrer ne « siropait » pas ses babas, et c'est ce siropage qui faisait toute l'originalité du gâteau créé par les frères, place de la Bourse. « Ce sont les trois frères Julien qui les premiers eurent l'idée de tremper un gâteau dans un sirop, écrit Lacam en 1890, cela est connu, cela se sait. »

D'après Lacam, cette innovation a fait la fortune de la maison Julien qui commandait « au moment de jour de l'An, jusqu'à 12 à 15 boisseaux de farine pour pâte à savarin ». Ce qui représente une production de près de dix mille savarins «au moment du jour de l'An» — une belle fournée!

Comme toute mode, la mode du savarin ne pouvait durer. Le dernier des frères Julien est mort en 1890; au début du XXᵉ siècle, Lacam observe que : «il n'y a guère de soirées où l'on ne serve un savarin», signe que le gâteau ne représentait plus une création exceptionnelle mais était passé dans le répertoire des pâtisseries «classiques» diffusées dans toute la France.

Description

Forme : couronne. Couleur : doré. Taille : 8 cm de diamètre, 3 à 5 cm de haut pour un savarin individuel; 20 cm de diamètre environ pour un savarin pour 8 à 12 personnes. Texture : moelleuse.

COMPOSITION : la composition de la pâte à savarin peut varier mais, à titre indicatif, voici les proportions généralement employées pour 1 kg de farine : 15 à 25 g de sel, 50 à 100 g de sucre, 40 à 80 g de levure de boulanger, 40 cl à 60 cl d'eau, 8 à 12 œufs, 200 g à 300 g de beurre, sirop (sucre, eau) aromatisé au choix (vanille, zestes d'orange et de citron...); alcool au choix (rhum ou kirsch); garniture (crème pâtissière, crème Chantilly, fruits frais ou au sirop).

Usages

Dessert vendu surtout à l'occasion du déjeuner familial du dimanche.

Savoir-faire

La farine, le sel, le sucre et la levure délayée dans un peu d'eau sont mélangés dans la cuve du batteur puis pétris avec les œufs ajoutés progressivement. Dès l'obtention d'une pâte homogène et assez molle, le pétrissage est conduit à une vitesse plus rapide jusqu'à ce que la pâte soit élastique et se détache bien des bords de la cuve. Après une pousse de 30 minutes à 1 heure à température ambiante, on incorpore le beurre tiédi et fondu par petites quantités et on pétrit à nouveau vivement jusqu'à obtention d'une pâte lisse. Les moules, légèrement graissés, sont alors garnis à mi-hauteur et placés en étuve. Lorsque la pâte déborde légèrement des moules, on procède à la cuisson à four moyen pendant 25 minutes environ.

Sitôt après cuisson, les savarins sont démoulés et plongés dans un sirop de sucre aromatisé au goût du fabricant. Lorsque les pièces sont bien imbibées de sirop, elles en sont retirées et laissées à égoutter sur une grille.

Chaque savarin est ensuite arrosé de l'alcool choisi, nappé d'abricot, déposé dans une caissette en plastique et garni de crème pâtissière, de chantilly ou de fruits (frais ou au sirop).

Sucre d'orge des religieuses de Moret

BONBON
DE SUCRE CUIT

Production
Moret-sur-Loing
(Seine-et-Marne).
Toute l'année.
Stable, environ
100 kg de sucre
d'orge fabriqués
chaque jour.

Bibliographie
CHOMEL (N.),
*Dictionnaire
œconomique*,
J. Estienne, Paris,

Historique

On ne peut imaginer une histoire plus « mouvementée » que celle du sucre d'orge de Moret-sur-Loing. Une étude consacrée à cette friandise en 1894 fait remonter sa création à 1638, date à laquelle un couvent de bénédictines est fondé à Moret. Malheureusement, aucun document n'atteste de l'existence de sucre d'orge à Moret à cette date et, selon l'auteur de cette étude lui-même, ce produit aurait acquis sa véritable notoriété sous le règne de Louis XIV (1643 à 1715).

C'est surtout au cours du XVIIIe siècle que le sucre d'orge de Moret-sur-Loing sera très demandé. Comme tous les fabricants de cette confiserie, les religieuses de Moret avaient leur « secret » qui rendait leur produit différent

2 volumes, 1732
(1re éd. 1709), article
«sucre».
MASSIALLOT, Nouvelle
Instruction pour les
confitures, Sercy,
Paris, 1692, p. 222.

des autres et non seulement agréable au goût mais salutaire. D'après Chomel, au début du XVIIIe siècle, les sucres d'orge étaient «en usage pour le rhume, pour adoucir les âcretés de la poitrine & pour détacher les phlegmes qui l'embarrassent. On en prend un petit morceau qu'on laisse fondre doucement dans la bouche». Le sucre d'orge de Moret était devenu un objet de commerce considérable quand, en 1782, l'Église décide de transférer les religieuses de Moret à Provins. Les autorités locales ont réagi violemment. «La suppression de ce monastère, peut-on lire dans un document de l'époque, est très préjudiciable à la ville et aux habitants. Le préjudice des habitants consiste en 25 ou 30 000 livres que le couvent, par ses revenus, par le débit du sucre d'orge et par le pensionnat dépendant du couvent, répandait annuellement dans Moret.»

Mais les religieuses sont parties. D'après une légende, c'est Napoléon Ier qui ramena à la ville sa spécialité. Il demanda qu'on lui envoie du sucre d'orge de Moret, mais personne dans la ville n'en fabriquait. Une ancienne religieuse nommée Félicité accepta d'en faire et l'empereur les acheta au prix d'une pièce d'or par boîte. Ainsi relancés, et après maintes péripéties, les sucres d'orge redeviennent une spécialité de Moret, ayant été repris par les Sœurs de la Charité à Moret qui continuèrent à les fabriquer jusqu'en 1970. Mais à ce moment, après le concile Vatican II, l'Église voyait d'un mauvais œil l'association entre religion et commerce et les sœurs ont décidé d'abandonner leurs célèbres sucres d'orge à quelqu'un d'autre.

Ainsi, en 1972, par acte notarié, M. Jean Rousseau devient le nouveau propriétaire de la marque déposée et de la recette des sucres d'orge des religieuses de Moret-sur-Loing. La même année, faute de place, il ouvre un laboratoire de fabrication à Mormant en Seine-et-Marne. Nouveau rebondissement, un inspecteur des fraudes donne à M. Rousseau un ultimatum : ou il appelle ses sucres d'orge «sucre d'orge de Mormant» ou, pour garder l'appellation, il retourne à Moret. Résultat, en 1980, le laboratoire est à nouveau démonté et déménage dans un nouveau local à Moret où il se trouve toujours — à cinquante mètres de l'ancien laboratoire des sœurs !

Description

Forme : berlingot légèrement aplati ou bâtonnet un peu renflé (les bâtons portent sur une face la mention sucre d'orge, encadré de deux croix, sur l'autre : des religieuses de Moret). Couleur : jaune ambre doré, les bâtonnets sont translucides, les berlingots légèrement opacifiés. Taille : bâtonnet : 10,5 cm de long sur 1 cm de large, poids : 10 g ; berlingot : chaque face fait environ 1,5 cm, 1 cm d'épaisseur, poids : 5 g. Texture : très croquante.

COMPOSITION : sucre et « poudre de perlimpinpin ». Trois analyses successives n'ont pu déterminer autre chose que le sucre et par conséquent les sucres d'orge de Moret ont pour seule mention de composition : sucre.

Savoir-faire

M. Rousseau a confié à son fils aîné, Michel, le secret de composition des sucres d'orge et à la femme de son fils Daniel le secret de fabrication des sucres d'orge. Michel fabrique la « poudre de perlimpinpin » et la remet à Mme Rousseau par petites bouteilles (chacune calculée pour 6 kg de sucre) et il ne sait pas à quel degré de cuisson du sucre la « poudre de perlimpinpin » est incorporée. Mme Daniel Rousseau ne connaît pas le contenu des petites bouteilles qu'elle incorpore à son sucre. En dehors du glaçage des berlingots (ajout de la maison Rousseau), le matériel utilisé et le processus de fabrication sont exactement ceux des religieuses.
Le sucre est mis à cuire dans une bassine en cuivre qui s'encastre parfaitement dans un four constitué d'un bloc de briques réfractaires. Ce four, auparavant chauffé au bois, marche dorénavant au gaz. Le degré de cuisson

(secret) atteint, Mme Rousseau, qui seule le connaît et qui, par conséquent, officie seule pour cette partie de l'élaboration des sucres d'orge, verse alors dans la bassine le contenu, calculé précisément par rapport à 6 kg de sucre, de petites bouteilles qui lui sont régulièrement remises par son beau-frère. Seul ce dernier connaît et fabrique le produit en question. Le mélange obtenu est alors versé sur une grande table en fonte sous laquelle circule, au choix, de l'eau froide ou chaude. A l'aide d'une spatule, Mme Rousseau amène sa pâte de sucre à la consistance voulue en la soulevant et en la repliant sur elle-même et cela, tout en utilisant ce système d'eau pour chauffer puis refroidir sa table. La bonne consistance atteinte, elle pose sa pâte façonnée en boudin sur une grande plaque de cuir (le cuir va garder la pâte souple et éviter qu'elle ne craque) et coupe alors des grands morceaux carrés de 3 cm d'épaisseur environ. Chacun de ces morceaux va passer entre deux cylindres de bronze qui impriment, sur la pâte, la forme et les motifs des berlingots ou des bâtons. Au fur et à mesure de leur sortie des cylindres, les plaques ainsi « imprimées » sont placées sur une table de marbre et elles restent là jusqu'à leur complet refroidissement. Lorsqu'elles sont froides et dures, on fait tomber chaque plaque de la table dans un tamis. Au contact du tamis, les plaques se cassent aux endroits marqués pour donner berlingots ou bâtons. Les bâtons sont prêts à être individuellement enveloppés de cellophane et mis en boîte. Les berlingots devront encore, avant leur conditionnement en boîte, passer dans une machine appelée turbine où ils seront enrobés d'une fine couche de sucre glace. Cette enveloppe de sucre glace, qui explique l'opacité des berlingots par rapport aux bâtons, va empêcher que les berlingots ne se collent les uns aux autres dans les boîtes où ils sont mis en vrac.

Conditionnement

Berlingots : en boîtes rondes de 250 g et 450 g (fond blanc avec en rouge et vert l'intitulé « sucre d'orge des religieuses de Moret», un historique des sucres d'orge de Moret figure au dos de la boîte) et en boîtes rectangulaires de 100, 250 et 500 g (le dessus des boîtes rectangulaires présente, en bleu sur fond blanc, une vue de Moret avec son église, sa tour et ses vieilles portes, le tout surmonté des armes de la ville et de l'intitulé «sucre d'orge des religieuses de Moret»).

Bâtons : enveloppés individuellement de cellophane avec une bague rouge et or, en boîte présentoir (contenance : 100 pièces).

TARTE BOURDALOUE

TARTE
_____

Production
Toute l'année.
Stable.
Exemple,
Bourdaloue :
20 tartelettes
individuelles
par jour.
Fauchon : par jour,
50 individuelles et
3 grandes tartes.

Bibliographie
FAVRE (J.),
*Dictionnaire
universel de cuisine*,
Paris, 4 volumes,
s.d. (vers 1890),
article
«bourdaloue».
LACAM (P.),
*Le Mémorial
historique et
géographique de
la pâtisserie*,

PARTICULARITÉ : tarte ou tartelette individuelle en pâte brisée ou sucrée garnie de demi-poires pochées au sirop, posées sur une préparation à base d'amandes.

Historique

La rue Bourdaloue fut ouverte en 1824 pour longer le côté ouest d'une nouvelle église, Notre-Dame de Lorette dans le neuvième arrondissement à Paris. D'après Favre, c'est vers 1850 que s'y installe un pâtissier nommé Fasquelle (Lesserteur pour Lacam) qui, ayant créé un nouveau gâteau, choisit de l'appeler «La Bourdaloue» d'après le nom de sa rue. Vers 1890, Favre donne la recette d'un gâteau à la Bourdaloue attribué à Fasquelle et composé d'un mélange de poudre de noisettes, sucre, jaune d'œuf auquel on incorpore de la farine et des blancs d'œufs battus en neige. Le tout est cuit «dans les moules cylindriques», puis «farci par tranches» d'une crème pâtissière aromatisée au kirsch avant d'être glacé au chocolat! La bourdaloue «créée par Lesserteur» que décrit Lacam nous étonne moins. Il s'agit simplement d'un mélange de poudre d'amandes, sucre,

chez l'auteur, Paris, 8ᵉ édition 1908 (1ʳᵉ édition 1890), p. 183. MONTAGNÉ (P.) et SALLES (P.), *Le Grand Livre de la cuisine*, Flammarion, Paris, 1929, p. 1266.

jaune d'œuf, fécule et blancs montés en neige, cuit au four, puis «glacé curaçao».

Par la suite, tout entremet employant une crème à base de poudre d'amandes ou noisettes, ou bien de macarons écrasés, est dit «à la Bourdaloue». Au début du siècle, témoin *Le Grand Livre de la cuisine* de Montagné et Salles de 1929, il existait de nombreux entremets «à la Bourdaloue». A cette époque les fruits pochés furent associés à une crème à base d'amandes/noisettes. Montagné et Salles donnent une importance toute particulière (quatre recettes!) aux abricots à la Bourdaloue. Mais c'est leur flan d'abricots à la Bourdaloue qui est l'ancêtre de la préparation actuelle : un moule à flan est garni avec une abaisse de pâte que l'on fait cuire «à blanc». On le remplit alors aux deux tiers avec une frangipane aux macarons, on pose les abricots pochés sur le dessus et on le fait gratiner au four.

Ce «flan» pouvait se préparer avec de nombreux fruits pochés, et nos deux auteurs en proposent à l'ananas, aux figues, aux marrons (!)... et aux poires. Au cours des années qui suivent, les poires deviennent le fruit de prédilection des pâtissiers dans leurs flans «à la Bourdaloue», à tel point que, de nos jours, on ne parle plus de «flan» mais simplement de poires à la Bourdaloue — préparation revendiquée actuellement comme spécialité de la pâtisserie qui se trouve toujours rue Bourdaloue, là où le premier bourdaloue fut créé.

Description

Forme : ronde. Couleur : jaune et brun doré. Taille : individuelle : 8 cm de diamètre, 2 cm de haut, 150 g ; 24 cm environ pour une tarte Bourdaloue pour 8 personnes. Texture : moelleuse et légèrement craquante par la pâte.

COMPOSITION : pâte brisée ou sucrée, crème d'amandes ou frangipane (2/3 crème d'amandes pour 1/3 crème pâtissière), poires au sirop, nappage (= gelée) abricot.

Savoir-faire

Les moules à tartes ou à tartelettes, préalablement beurrés et garnis de pâte sucrée, sont remplis aux 2/3 de leur hauteur de crème d'amandes. On dispose alors les demi-poires sur la crème en les enfonçant légèrement de sorte que, après cuisson, les poires soient en partie emprisonnées dans la crème mais leur moitié supérieure reste visible. On compte une demi-poire par tartelette individuelle. Les grandes tartes prennent en moyenne 6 à 8 demi-poires disposées en étoile (une au centre, les autres autour). La cuisson se fait à four moyen (200°) pendant 25 à 35 minutes selon la taille. Après complet refroidissement et afin de les faire briller, les tartes sont couvertes d'une fine couche de nappage abricot, étalé au pinceau.

Le savoir-faire décrit ci-dessus est celui de la maison Bourdaloue où l'ancêtre de ce dessert aurait vu le jour. Le chef-pâtissier de cette maison perpétue la recette telle qu'elle lui a été communiquée lors de son entrée chez Bourdaloue, il y a de cela plus de vingt-cinq ans.

On rencontre cependant des petites variantes dans l'élaboration de la tarte Bourdaloue : la pâte sucrée est souvent remplacée par une pâte brisée et la crème d'amandes par une crème frangipane. Quant aux demi-poires, avant d'être posées sur la crème elles sont émincées en fines lamelles et aplaties légèrement afin d'écarter les tranches les unes des autres. Enfin, il existe aussi des tartes Bourdaloue aux pêches ou aux abricots.

CHARCUTERIE

BOUDIN NOIR DE PARIS

HURE DE PORC À LA PARISIENNE

JAMBON DE PARIS

PÂTÉ DE VOLAILLE DE HOUDAN

SAUCISSON À L'AIL

L'occupation principale des charcutiers au Moyen Age était la préparation et la vente de la «chair cuite», et les statuts d'organisation et de réglementation du métier de «chaircuitier» existent depuis la fin du XVe siècle. Au moins une fois par an, les charcutiers parisiens se réunissaient à l'occasion d'une grande foire avec le concours de leurs confrères provinciaux. Olivier de Serres décrit cet événement en 1600 : «La veille de Pasques, il y a un marché de lard à Paris, qui se tient au parvis Nostre-Dame, où tous les maistres chaircuitiers de Paris y ont des estaux. De Chalons en Bourgogne, on apporte à Paris grand quantité de bons lards apprestés à la mode de Paris. De la Normandie et de la basse Bretaigne aussi...» Ce marché, dit aussi «Foire aux jambons», était très populaire et témoigne de l'appétit des Parisiens pour la bonne charcuterie.

Cependant, peu de secteurs ont connu un taux de disparition égal à celui de la charcuterie en Ile-de-France. Jusqu'aux années 1930, de nombreuses spécialités existaient qui ont, de nos jours, complètement disparu. Qui se souvient encore des andouillettes de Meaux, de Jouarre ou de Moret-sur-Loing ? Des pâtés d'alouettes d'Etampes, des pâtés au canard d'Orsay ou au faisan et alouettes de Dourdan ? Qui parmi nous a goûté au célèbre pâté d'anguille de Melun ? Et les petits pâtés, que l'on vendait dans les rues de Paris entre le XIIIe siècle et le nôtre, ne sont plus qu'un souvenir.

Quelques traces de la grandeur et de la diversité charcutières de la région parisienne subsistent. La hure à la parisienne préparée selon les règles de l'art est un monument d'ingéniosité et le pâté de volaille de Houdan, quand il est fait avec les mêmes soins qu'au siècle passé, se classe parmi les produits d'exception.

Mais, les réalisations des charcutiers parisiens ne se limitent pas aux créations de prestige, et si le jambon de Paris ou le boudin noir de Paris ont fait le tour de France, voire du monde, ce n'est pas en tant qu'œuvres exceptionnelles, mais comme représentants de la bonne charcuterie simplement et honnêtement exécutée.

Un chroniqueur gastronomique du début du siècle dernier reconnaît que la cochonaille est «beaucoup meilleure à Lyon et à Troyes qu'à Paris», mais ceci, poursuit-il, «tient à la personne de l'animal, plutôt qu'au talent de l'artiste». Il félicite les charcutiers de la capitale d'avoir réussi à «varier leurs compositions de manière à se placer au premier rang dans l'art de faire prendre au cochon les formes les plus multipliées, les plus savantes et les plus exquises». Nous le rejoignons dans cet éloge, même si les charcutiers ne proposent plus qu'un nombre restreint de spécialités franciliennes et s'orientent davantage vers des prestations style «traiteur» que vers un renouveau des traditions charcutières propres à l'Ile-de-France.

BOUDIN NOIR DE PARIS

CHARCUTERIE CUITE
À BASE DE SANG

Production
Toute l'année.
Production stable à
raison de 100 à
150 kg de boudin
noir par semaine
pour chaque
charcutier avec
cependant une
pointe au moment
des fêtes de fin
d'année.

Bibliographie
*Code de la
charcuterie de la
salaison et des
conserves de
viande*, C.T.C.S.C.V.,
Maisons-Alfort,
3e édition, janvier
1986.
*Ménagier de Paris
(Le)*, édition Pichon,
réédition Morcrette,
Luzarches
(1re édition Paris
1846), texte du
XIIe siècle, tome 2,
p. 125.

APPELLATIONS : boudin de Paris, boudin à l'oignon.

PARTICULARITÉ : boyau rempli d'une préparation cuite à base de sang, de gras de porc et d'oignons cuits, que l'on vend « au mètre » ou par portion calibrée fermée aux deux extrémités.

Historique

Parmi les recettes qu'un bourgeois de Paris copiait pour l'usage de sa jeune femme vers 1393 se trouve un boudin composé de sang, oignons et graisse de porc assaisonné avec sel, gingembre, clou de girofle et poivre. Des recettes semblables pour le boudin noir se retrouvent dans de nombreux livres de cuisine parus dans la capitale à partir de cette date, mais qu'est-ce qu'elles ont de particulièrement parisiennes ?

Pour le très officiel Code de la charcuterie, le « boudin de Paris » se caractérise par le fait qu'il est composé de parts égales de sang, de gras et d'oignons cuits (« avec ou sans addition de lait ou de crème »). Parmi les 14 « boudins » définis par ce Code, il n'y en a que deux, celui de Paris et celui de Strasbourg, qui font intervenir de l'oignon cuit ; par contre, seul le boudin de Paris emploie des proportions égales d'oignon, de sang et de gras.

Notre recette du XIVe siècle présente donc tous les éléments nécessaires à la confection d'un boudin « façon Paris » et, quoique les proportions des divers composants fluctuent avec le temps, dans toutes les recettes écrites par des Parisiens au cours des siècles, une chose semble indubitable : le boudin de Paris est un boudin aux oignons. Nous pouvons ainsi imaginer que les boudins noirs vendus à Paris par des « boudiniers » au XVIIIe siècle ressemblaient assez, mis à part les épices employées, à ceux qui garnissent actuellement les tables de la capitale.

Description

Forme : cylindrique, légèrement courbée et fermée aux deux bouts pour le boudin vendu en portions calibrées. Couleur : noirâtre. Taille 3-4 cm de diamètre, le boudin vendu en portions calibrées mesure environ 15 cm de long et pèse 130-150 g. Texture : moelleuse.

COMPOSITION : 1/3 de sang de porc très frais, 1/3 de gras de porc, 1/3 d'oignons, sel, poivre, épices, menus (intestins grêles) de porc. Il semble cependant que de nos jours les consommateurs soient dégoûtés par la présence de gras ; il en résulte une tendance à sa diminution pour une formulation plus proche d'un rapport : 1/2 de sang, 1/4 d'oignons, 1/4 de gras avec cependant de nombreuses variantes possibles selon les fabricants.

Usages

Réchauffé à la poêle, au four ou encore à l'eau, le boudin noir est consommé de préférence en hiver et traditionnellement accompagné de pommes fruits ou d'une purée de pommes de terre. A l'occasion des fêtes de fin d'année, on fabrique aussi des mini-boudins.

Savoir-faire

Les oignons, hachés plus ou moins fins selon les fabricants, cuisent dans un peu de graisse de porc jusqu'à être bien fondants. Ils sont alors mélangés au gras de porc cru ou légèrement fondu qui pourra être haché ou coupé en dés, puis on ajoute un mélange d'épices dont la combinaison est laissée à l'appréciation de chaque exécutant. C'est alors que l'on incorpore le sang en veillant bien à ce que la température du mélange gras/oignons n'excède pas 50°, ce qui aurait pour résultat d'entraîner une coagulation immédiate du sang. On goûte, afin de rectifier l'assaisonnement et on procède au remplissage des boyaux (préalablement rincés, trempés à l'eau tiède pour les assouplir, de nouveau rincés et coupés en brasses de 1,5 m environ). Chaque brasse, fermée par un nœud à une extrémité tandis que l'autre extrémité est montée sur un entonnoir, est alors remplie à la louche. Après vérification d'un bon remplissage, on noue l'extrémité du boyau (dans le cas de fabrication de boudins en portions calibrés, on ferme tous les 15 cm environ). Les boudins sont alors introduits, brasse par brasse, dans une grande quantité d'eau bouillante à température inférieure à 92°, pendant 15 à 25 minutes. La bonne cuisson vérifiée à l'aide d'une aiguille fine (il ne doit plus s'écouler de liquide rougeâtre), le boudin est égoutté et mis à refroidir, soit posé sur une surface place, soit accroché sur des perches.

Conditionnement

Le boudin noir se présente généralement en brasses mais peut être aussi vendu par morceaux de calibre et de poids réguliers.

Hure de porc à la parisienne

CHARCUTERIE CUITE
À BASE D'ABATS

PARTICULARITÉ : tête de porc farcie de langues cuites et liées par une farce à base de gelée.

Production
En régression.
D'une production systématique à l'occasion des fêtes de fin d'année, elle est passée à une production très épisodique.

Historique

Parmi les mets qu'un bourgeois de Paris note dans un menu à la fin du XIVe siècle se trouve « la teste de sanglier ». Il s'agit d'une pièce d'apparat très répandue dans les banquets de cette époque. On en trouve la recette dans un autre recueil médiéval, *Le Viandier* de Taille-

Il y a encore quelques années, M. Odeau fabriquait deux ou trois hures reconstituées à l'occasion des fêtes de fin d'année. Il ne réalise dorénavant cette préparation que sur commande.

Bibliographie
Ménagier de Paris (Le), édition Pichon, réédition Morcrette, Luzarches (1re édition, Paris, 1846), texte du XIVe siècle. Tome 2, p. 98.
TAILLEVENT (G. Tirel), *Le Viandier*, éditions J. Pichon et G. Vicaire, Techener, Paris 1892 (réédition D. Morcrette, Luzarches), p. 161.
Traité historique et pratique de la cuisine [attr. Menon], Bauche, Paris, 2 volumes, 1758. Tome 2, pp. 413-414.

vent, publié à la fin du XVe siècle. Sous le titre «Fromage de Sanglier», l'auteur nous explique qu'il faut d'abord cuire la tête, puis la désosser en gardant la chair que l'on assaisonne et que l'on remet dans la peau que l'on a pris soin de garder intacte. Le tout est enveloppé dans un linge, mis sous presse et présenté froid. Ce «fromage» est l'ancêtre de notre hure actuelle.

Au cours des siècles qui suivent, la préparation destinée à l'origine à la tête de sanglier sera adaptée à la tête de cochon. Au XVIIIe siècle, par exemple, l'auteur du *Traité historique et pratique de la cuisine* consacre un chapitre au «Ballon ou Globe» qu'il définit comme suit : «C'est la peau un peu charnue de quelques parties de viandes ou d'animaux que l'on désosse & dont on prend la peau pour la farcir, soit de filets, soit d'un salpicon.» Sa recette de *Ballon d'une hure de Cochon*, à la différence de celle du *Viandier*, demande à ce que la tête soit désossée à cru et la chair assaisonnée et enveloppée dans la peau *avant* cuisson.

Au début du XIXe siècle nous trouvons cette préparation sous la dénomination de «Hure de Cochon» mais vers la fin du siècle, dans les grandes maisons, la tête de sanglier se substitue à celle de cochon — exactement comme au Moyen Age !

De nos jours, les hures «traditionnelles» se rencontrent rarement et pour la plupart des charcutiers, la hure «à la parisienne» est une préparation moulée dans laquelle les langues de porc ont plus d'importance que la chair qui les entoure. La hure est rarement présentée dans la peau et la forme de la tête est encore plus rarement reconstituée.

Préparée suivant les règles de l'art, la hure à la parisienne est parmi les pièces les plus impressionnantes de la charcuterie française mais, à cause de sa taille et du travail qu'elle demande, elle n'est plus préparée que par quelques rares artisans qui l'exécutent sur commande pour une clientèle avertie.

Description

Forme : tête de porc. Couleur : dorée (gelée) pour le côté tête ; rose-rouge, blanc et vert en altenance côté garniture. Poids : une tête farcie pèse 7 à 8 kg.

COMPOSITION : tête de porc, langues de porc, pistaches mondées, lard gras, couennes cuites, bardes fines (minces tranches de lard gras), vin rouge, gélatine en poudre, poivre, muscade, sel, échalotes, persil.

Usages

La hure est vendue en tranches coupées au trancheur. Elle se consomme en entrée, nature ou avec des cornichons.
La fabrication de la hure reconstituée dans la tête, véritable pièce de concours, a pratiquement disparu des étalages. Cette préparation, qui demande de longues heures de travail, fait dorénavant partie des pièces de prestige réservées à des présentations haut de gamme de vitrine ou d'exposition. Pour des raisons évidentes de commercialisation et de rentabilité, la hure à la parisienne est dorénavant réalisée dans un moule spécial tronçonnique. Cette fabrication en moule se rencontre, en revanche, fréquemment chez les charcutiers.

Savoir-faire

Préparation de la tête : la tête — commandée spécialement à l'abattoir (coupe particulière nécessaire pour cette fabrication), sans hématomes — est débarrassée au rasoir des poils et soies, désossée totalement jusqu'au groin, dégraissée, mise en saumure pendant 12 heures, rincée et laissée à sécher pendant 12 nouvelles heures.
Préparation des langues : les langues sont débarrassées de leur peau blanche (après ébouillantage), mises en saumure pendant 12 heures, rincées, cuites dans un

bouillon, égouttées, taillées pour leur donner une forme bien régulière et laissées 12 heures dans un «moule à presse» afin de les rendre bien droites. Chaque langue est incisée en plein milieu jusqu'aux 3/4 de son épaisseur, on glisse dans la fente une rangée de pistaches mondées puis une lanière de lard gras et on enveloppe la langue dans une barde fine.

Confection de la farce : on fait cuire ensemble parures de langues et couennes cuites hachées finement (en quantités égales), vin rouge réduit, sel, poivre, muscade, persil haché et échalotes hachées (préalablement confites dans un peu de graisse d'oie). En fin de cuisson, on ajoute la gélatine en poudre. La gélatine va lier la farce et la pâte ainsi obtenue permettra de bien lier les langues les unes aux autres.

Montage : il s'agit, à l'aide des langues bardées et largement masquées de farce, de constituer un cône de deux étages (le deuxième étage plus étroit que le premier). Ce cône, complètement masqué de farce pour obtenir une surface complètement lisse et sans interstices entre les langues, va remplir la tête de porc. La tête, vide, est placée dans un seau, groin au fond. On retourne l'ensemble tête/seau sur le cône de langues et de farces, on retourne à nouveau le tout afin de bien tasser la garniture dans la tête, sans déformer celle-ci.

On ferme l'ouverture de la «gorge» par un morceau de couenne que l'on coud à la couenne de la tête, de façon à avoir un «couvercle» de couenne pour la cuisson. On retire le seau, on coud ensemble les «mâchoires» de la hure et on enveloppe la tête dans une toile en laissant passer les oreilles.

La tête cuit dans un bouillon avant d'être mise en chambre froide pendant 48 heures environ. On retire la toile et on décore la hure avec des motifs en légumes et de la gelée passée au pinceau.

JAMBON DE PARIS

Production
Toute l'année.
Production stable.
25 à 30 jambons
fabriqués chaque
semaine chez
M. Vignon.

Bibliographie
BUREN (R.), *Le
Jambon*, Glénat,
Grenoble, 1990,
pp. 83, 86.
*Code de la
charcuterie de la
salaison et des
conserves de
viande*, C.T.C.S.C.V.,
Maisons-Alfort,
3ᵉ édition janvier
1986, IV.12.
*Cuisine (La) et la
Table modernes*,
Larousse, Paris, s.d.
(vers 1900).
DRONNE (L.-F.),
*Traité de
charcuterie
ancienne et moderne*,
réimpression, Paris,
Erti, 1987
(1ʳᵉ édition 1869),
pp. 21, 25.
GOUFFÉ (J.), *Le livre
des conserves*, 1869,
réimpression Henri
Veyrier, 1988, p. 23.
LALOUE (P.), *La
Charcuterie*.
Garnier, Paris.
Nouvelle édition,
1942, p. 55.

AUTRE APPELLATION : jambon cuit supérieur.

PARTICULARITÉ : cuisse de porc désossée, salée, mise en moule rectangulaire et cuite dans un bouillon aromatisé.

Historique

Nous ne savons pas si notre jambon «blanc» figurait parmi les produits offerts à la «Foire au Jambon» qui se tenait annuellement à Paris au Moyen Age ; s'il se vendait, ce n'était certainement pas le jambon le plus recherché. Pendant des siècles les Parisiens préféraient à tout autre le jambon fumé, surtout celui «de Mayence» ou «façon Mayence», mais cela ne signifie pas que le jambon blanc ne se fabriquait pas ou qu'il n'avait pas d'amateurs. Déjà au XIVᵉ siècle, l'auteur d'un traité d'économie domestique donne une recette qui présente de fortes ressemblances avec notre jambon de Paris et nous savons qu'au XVIIIᵉ siècle on vendait des jambons cuits dans les environs de Paris, comme le témoigne le «Tableau du Maximum» (feuille officielle qui fixait les prix maximaux des denrées) poublié à Corbeil en 1793.

C'est peut-être la «banalité» de ce produit qui a fait que les gastronomes ne n'y attardent pas et, en fait, ce n'est qu'au XIXᵉ siècle que l'on commence à le décrire. En 1869, Jules Gouffé présente un «Jambon ordinaire» comme étant salé, cuit à l'eau, désossé, mis en terrine «couenne en dessous» et refroidi sous presse. «Lorsqu'il sera froid, poursuit-il, démoulez de la terrine, servez avec de la gelée ou sur une serviette garnie de persil en branches.» La même année Dronne donne une recette de «Jambon blanc de Paris» préparé de la même manière et l'image d'un «Jambon de Paris» entouré de gelée dans *La Cuisine et la Table modernes* nous confirme que le jambon qualifié par

Ménagier de Paris (Le), Éditions Pichon, réédition Morcrette, Luzarches (1ʳᵉ édition Paris, 1846), texte du XIVᵉ siècle. Tome 2, p. 127.

Gouffé d'«ordinaire» est bel et bien un jambon de Paris. Ce n'est pourtant pas la seule façon de faire et de servir un «jambon de Paris» car d'autres images le montrent sans gelée, et le «Jambon blanc» vendu par la maison Olida en 1905 est un jambon sur l'os, comme notre jambon «façon York» actuel. Le «jambon blanc de Paris» qui figure dans le catalogue Félix Potin en 1919 est désossé, roulé et entouré d'une épaisse couche de graisse et de couenne alors que le «jambon de Paris» de Laloue (1942) est un parfait cylindre désossé (encore avec sa couenne). Mais quelle que soit sa forme, le jambon de Paris est toujours un jambon cuit de consommation courante.

Aujourd'hui, pour le très officiel *Code de la charcuterie*, un Jambon de Paris doit être «parallélépipédique», c'est-à-dire ni roulé ni sur os quoique, historiquement comme dans les pratiques actuelles, d'autres présentations peuvent se côtoyer. Qu'importe sa présentation, pour Raymond Buren ce produit mis au point par les «chaircuitiers» parisiens est tout simplement «le jambon cuit français», une des gloires de la cuisine nationale : «coruscant, incontournable, inimitable», en somme «exceptionnel»... éloge surprenant pour un jambon «ordinaire».

Description

Forme : bloc parallélépipédique. Couleur : blanc/rose clair/rose plus foncé en alternance. Poids : 5 à 5,5 kg environ.

COMPOSITION : jambon (cuisse) de porc, saumure (mélange d'eau et de sel nitrité*) aromatisée avec genièvre, coriandre, clous de girofle et bouquet garni.

* Le taux de sel dans la saumure est très variable et certains charcutiers ajoutent du sucre, comme le témoigne la saumure cité par R. Buren : 1,2 kilo de sel pour 10 litres d'eau, 100 g de sucre, 7 g de thym, 3 g de laurier, 5 g de poivre en grains, 3 g de grains de genièvre, 3 clous de girofle, 35 g d'ail non épluché.

Usages

Le jambon est vendu en tranches — fines ou moyennes à la demande du client —, coupées à la machine. Il doit être vendu dans les dix jours qui suivent sa fabrication et être tranché le jour de la vente.

Savoir-faire

Avant toute chose, la fraîcheur de la matière première est capitale. Le jambon utilisé doit provenir d'un porc tué dans les 24 heures qui précèdent la fabrication. Le jambon est tout d'abord désossé (araignée, os du quasi et fémur), puis dénervé et paré au couteau (veines et artères, tissu conjonctif, cartilages, gras intermusculaires...). Il est ensuite saumuré par injection, c'est-à-dire qu'à l'aide d'aiguilles raccordées à une pompe, on fait pénétrer, par petits coups, de la saumure aromatisée dans l'ensemble du jambon. Après injection, le jambon est laissé jusqu'au lendemain dans une cuve remplie de la même saumure. Cette immersion va permettre une meilleure répartition de la saumure et un développement des arômes.
Ensuite, le jambon égoutté est déposé, en laissant le moins de vide possible, dans un moule rectangulaire en aluminium ou en inox, fermé par un couvercle à crémaillère et préalablement garni d'une feuille de polyéthylène (cela pour des raisons d'hygiène et de facilité du démoulage). On ferme bien la feuille de polyéthylène autour du jambon et on ferme le moule en serrant fortement le couvercle à crémaillère. La cuisson dure environ 6 heures dans un bouillon aromatisé, à une température de 70 °C. La cuisson terminée, les moules sont stockés en chambre froide pendant 48 heures puis démoulés et débarrassés de la feuille de polyéthylène. Chez l'artisan que nous avons contacté, le jambon est cuit avec sa couenne afin de lui conserver tout son moelleux. Avant d'être présenté à la vente et afin de satisfaire aux nouvelles exigences de la clientèle — plus guère amatrice de couenne —, le jambon est découenné.

Pâté de volaille de Houdan

PÂTÉ EN CROÛTE

Production
Houdan
exclusivement.
Le pâté, fabriqué
toute l'année, est
cependant
essentiellement
vendu durant le
week-end. Il y a
une augmentation
sensible de la
fabrication au cours
de l'été due au
passage de
touristes.
Aucun chiffre
communiqué par
M. Gallot (version
Tasserie) mais
M. Fourreau (qui
fabrique la nouvelle
version) produit
10-12 kg de pâté
par semaine.

Bibliographie
DRONNE (L.-F.),
*Traité de
charcuterie
ancienne et
moderne,*
réimpression Erti,
1987 (1ʳᵉ édition
1869), «pâté en
croûte», p. 229.

PARTICULARITÉ : pâté en croûte de foies et de chair de volaille.

Historique

Une affiche datant du début du siècle témoigne de l'estime dans laquelle étaient tenus autrefois les pâtés de volaille de Houdan. Sous un gros titre «Pâtés de volaille de Houdan», une jeune femme présente sur un plateau un pâté en croûte de forme ovale avec l'inscription «Prix d'honneur hors concours, Paris 1898-1900-1902». L'affiche annonce que M. V. Tasserie est «le seul fabricant à Houdan», et que son pâté bénéficie d'une «marque déposée».

Fils d'un charcutier installé à Houdan vers 1850, Victor Tasserie «invente» son célèbre pâté au cours des dernières décennies du XIXᵉ siècle. Sa réussite tient plus à la qualité des ingrédients utilisés qu'à sa nouveauté car Dronne, par exemple, dans son *Traité de charcuterie* (1ʳᵉ édition 1869) donne une recette de «Pâté de volaille truffé en croûte» qui ressemble comme un frère à celui de M. Tasserie. En fait, l'originalité de ce dernier avait été d'employer pour son pâté la chair de la célèbre volaille de Houdan, reconnue à la fin du siècle comme une des meilleures de France. A la mort de Victor c'est son fils, Maurice, qui reprend la direction de la maison Tasserie et poursuit la tradition du pâté de Houdan. Enfin, en 1957, sa veuve vend l'établissement à M. Gallot, ancien apprenti de la maison Tasserie, qui continue encore à réaliser ses pâtés suivant la recette Tasserie. En 1980, un groupe de charcutiers-traiteurs de Houdan, désireux de relancer, en parallèle avec le renouveau de la poularde de Houdan, le pâté de Houdan, met au point une «nouvelle» version du pâté. Composée de couches alternées d'une farce composée de blanc de volaille, crème et œufs et d'une mousse faite de foies de volaille, graisse d'oie ou de canard, œufs et crème fraîche. Aujourd'hui donc, deux pâtés de volaille sont proposés à Houdan mais malheureusement, ni l'héritier de M. Tasserie ni ses concurrents ne le fabriquent avec la volaille de Houdan qui avait contribué si fortement à la réussite et au prestige du pâté d'origine.

Description

Forme : ovale (soit 16 cm de long et 9 cm de large pour 3 personnes).

COMPOSITION : formule originale : pâte à pâté ; farce (foies de volaille, œufs, épices et aromates, gorge de porc), cuisses désossées de poulet fermier, jambon blanc, truffes et foie gras.

Usages

Le pâté Tasserie est à consommer froid, en entrée et surtout sans cornichons.

Savoir-faire

Les moules, ovales, en terre ou en métal, sont graissés, foncés de pâte à pâté, puis garnis en alternance de couches de farce (mélange d'un hachis de gorge de porc et d'un gratin réalisé avec des foies de volaille, des œufs et des épices), de lanières de jambon blanc et de morceaux de cuisses crues de poulet fermier jusqu'en haut du moule, en prenant soin de terminer par une couche de farce. Éventuellement, dans le respect de la recette originale et uniquement sur commande, on ajoute au centre du pâté un cordon de foie gras et de truffe. Le pâté est fermé par un couvercle de pâte à pâté, décoré de feuilles en chutes de feuilletage, doré à l'œuf battu, puis cuit au four à chaleur moyenne pendant 1 h 30 à 2 heures selon grosseur.

SAUCISSON À L'AIL

SAUCISSON CUIT

Production
Toute l'année.
Stable.
En charcuterie
artisanale, on peu
l'estimer à environ
25 kg de saucisson
à l'ail par semaine
en moyenne.

Bibliographie
*Code de la
charcuterie de la
salaison et des
conserves de
viande*, C.T.C.S.C.V.,
Maison-Alfort,
3ᵉ édition, janvier
1986, «Saucisson de
Paris», IV. 34.
FAVRE (J.),
*Dictionnaire
universel de cuisine*,
Paris. 4 volumes
(vers 1890), tome 4,
p. 1 787.
DRONNE (L.-F.),
*Traité de
charcuterie
ancienne et
moderne*, 1ʳᵉ édition
1869, réimpression
Erti, Paris 1987,
recette de Saucisson
de Paris par Jean-
Claude Frentz,
p. 366.
FURETIÈRE (A.),
*Dictionnaire
universel*,
3 volumes,
réédition, Le

APPELLATIONS : saucisson de Paris, Paris ail.

PARTICULARITÉ : boyau rempli de chair de porc hachée gros et aromatisée à l'ail, cuit et destiné à être mangé froid coupé en tranches.

Historique

Les Parisiens ont toujours aimé les saucissons mais, pendant des siècles, ils préféraient avant tout celui dit «de Boulogne» — quoique fabriqué à Paris. Le *Thrésor de Santé* de 1607 en donne une recette : chair de porc et chair de bœuf sont mélangées et aromatisées au safran, poivre, noix de muscade, clou de girofle, anis et fenouil. Comme le précise le *Dictionnaire* de Furetière publié en 1690, tout saucisson doit être «de haut goust», qualité atteinte jusqu'alors, comme nous venons de le constater, grâce aux épices. L'engouement pour les épices exotiques s'estompe au cours des XVIIᵉ et XVIIIᵉ siècles en faveur des assaisonnements à base d'herbes et de condiments indigènes. Ce changement affecte aussi bien la charcuterie que la cuisine et vers 1760 Savary des Bruslons décrit un saucisson pur porc aromatisé avec «quantité d'ail» qui, s'il n'est pas notre saucisson de Paris, en est certainement son ancêtre.

Au XIXᵉ siècle, les recettes de «saucissons à l'ail» se répandent dans les traités spécialisés; le terme se retrouve dès 1820 dans la 10ᵉ édition du célèbre *Cuisinier royal* de Viard. Mais il faudra attendre la fin du siècle pour trouver mention d'un «saucisson de Paris» dans le *Dictionnaire universel de cuisine* de Favre, qui indique, «Sur trois parties en employer deux de chair maigre de porc... et une de grasse», le tout étant assaisonné de sel, poivre, piment... et ail. Aujourd'hui, dans le Code de la charcuterie, un saucisson de Paris «est appelé Paris Ail lorsqu'il est aromatisé avec de l'ail», ce qui sous-entend que ce condiment n'est nullement obligatoire

Robert, 1978 (fac-similé de 1690), saucisson.
SAVARY DES BRUSLONS (J.), *Dictionnaire universel de commerce*, Copenhague (1759-1765); tome 4 1762, Saucissons.
Thrésor de Santé, Hugueton, Lyon. 1607, p. 140.
VIARD, *Le Cuisinier royal*, Barba, Paris. 16e édition 1838. (1re édition 1806, recette de Fouret incluse à partir de 1820), p. 214.

mais, pour beaucoup de Parisiens encore, un «Saucisson de Paris» sans ail n'est qu'un «saucisson» tout court.

Description

Forme : cylindrique. Couleur : rose pâle. Taille : 30 à 40 cm de long et 5-6 cm de diamètre. Texture : moelleuse. Particularité organoleptique : léger goût d'ail.

COMPOSITION : maigre de porc (70 %), gras ferme de porc (25 %), blanc d'œuf (5 %), ail, sel, poivre, épices, sel nitrité, polyphosphates, droit (côlon spiral) de bœuf (proportions indiquées par Frentz dans Dronne).

Usages

Le saucisson de Paris se mange coupé en rondelles d'environ 1 cm d'épaisseur, froid en entrée ou chaud en accompagnement d'un plat (choucroute, potée...).

Savoir-faire

Le gras et le maigre de porc, coupés en morceaux, sont salés séparément avec le sel nitrité et laissés en présalage 12 à 24 heures en chambre froide. Les viandes sont ensuite passées au hachoir muni d'une grille à gros trous et mélangées au blanc d'œuf, puis on ajoute l'ail frais dégermé et haché, le sel, le poivre, les épices et les polyphosphates. On remplit alors des boyaux coupés à une longueur d'environ 30-40 cm et fermés par une ficelle à une extrémité et on met les saucissons en étuve pour une durée qui varie de quelques heures à 24 heures selon le type d'étuve utilisée. Ensuite, les saucissons sont pochés dans un bouillon pendant environ 1 heure (le saucisson doit être ferme au toucher) puis refroidis dans le bouillon de cuisson.

Conditionnement

Les saucissons sont généralement vendus à la coupe.

FRUITS ET LÉGUMES

ARTICHAUT DE PARIS

ASPERGE D'ARGENTEUIL

CHAMPIGNON DE PARIS

CHOU MILAN

CRESSON DE MÉRÉVILLE

HARICOT CHEVRIER

NAVET DE LA RÉGION PARISIENNE

PISSENLIT DE MONTMAGNY

CERISE DE MONTMORENCY

CHASSELAS DE THOMERY

FRAISE DE PARIS

PÊCHE DE MONTREUIL

POIRE DE GROSLAY

POMME FARO

REINE-CLAUDE DE CHAMBOURCY

La proximité de Paris, abritant tout à la fois une population nombreuse et les consommateurs les plus aisés du pays, est à l'origine du développement d'un centre de production légumière et fruitière qui n'a pas eu son pareil ailleurs en France. Deux systèmes ont longtemps coexisté : les cultures de primeurs, surtout dans l'ancien département de la Seine, à proximité immédiate de Paris et le maraîchage, allant de la proche banlieue vers les départements de Seine-et-Marne et celui de l'ancienne Seine-et-Oise surtout. Les primeuristes d'Ile-de-France se sont spécialisés dans les fruits et légumes fins, de luxe, produits hors saison et faisant intervenir de très complexes techniques de forçage. La culture de primeurs sous châssis, utilisant la terre au maximum de ses possibilités, témoigna longtemps de la grande compétence de cette corporation. Les cultivateurs maraîchers faisaient pousser les «gros légumes», comme le chou ou le poireau. Bien des localités franciliennes se sont rendues célèbres par leurs productions potagères : haricots d'Arpajon, asperges d'Argenteuil, haricots verts de Massy, carottes de Croissy, navets de Viarmes, Freneuse, Croissy ou Montesson, choux-fleurs de Chambourcy, petits-pois de Clamart, poireaux de Mézières, pissenlits de Montmagny, choux de Bruxelles de Rosny, potirons de Montlhéry et bien d'autres, sans oublier, au nord de la capitale, la célèbre «plaine des Vertus», ses oignons et ses navets... Cet endroit fut d'ailleurs baptisé «le Royaume du pot-au-feu» par Ardouin-Dumazet dans son *Voyage en France* en 1907 ! Les champignons, quant à eux, sont produits dans les innombrables carrières — 3 000 en 1900 — de la banlieue parisienne.

Comme dans toutes les zones comportant une grande agglomération, on observe en Ile-de-France une tradition de sélection et d'obtention de variétés de fruits et de légumes. Celles-ci sont légion et bon nombre d'entre elles ont d'ailleurs connu une extension nationale. Il faut préciser que la présence de grandes maisons spécialisées dans les semences potagères ou les plants d'arbres fruitiers ont largement contribué à leur diffusion. Citons par exemple l'oignon «jaune paille des Vertus», le potiron rouge vif d'Étampes, l'artichaut de Paris ou l'asperge d'Argenteuil.

Une appellation locale ne renvoie pas forcément à une variété spécifique : si c'est le cas pour la pomme Belle de Pontoise ou la prune Reine-Claude tardive de Chambourcy, en revanche, la poire de Groslay, la pêche de Montreuil ou la fraise de la Bièvre correspondent à un assortiment variétal, choisi pour approvisionner le marché parisien sur une période assez longue, du plus précoce au plus tardif. La cerise de Montmorency désigne une population, un ensemble de variétés proches parentes, dont la diffusion originelle va jusqu'en Champagne. Quant à l'«abricot de Paris», très prisé des confiseurs, il désignait les fruits issus de variétés différentes et provenant essentiellement de Seine et Seine-et-Oise. Dans un autre registre, Poissy et Chambourcy ont développé une importante production de petits fruits rouges et Milly-la-Forêt a acquis une réputation mondiale dans le domaine des plantes aromatiques, médicinales et condimentaires. Quant à la Seine-et-Marne et spécialement la Brie, elle se distingua par ses pommes et son cidre. Mais n'oublions pas pour autant que Saint-Fiacre, patron des maraîchers, est le nom d'une commune du nord de ce département...

C'est surtout à travers les pratiques et les savoir-faire que les compétences se sont épanouies et distinguées. Certains villages comme Montreuil ou Thomery ont été véritablement modelés pour s'adapter à la culture de la pêche ou du chasselas. Les techniques de conduite de l'arbre ou de la vigne ont acquis une telle notoriété qu'elles ont intégré le nom de la localité dans laquelle elles ont été mises au point : formes de pêcher «à la Montreuil», chasselas «à la Thomery», conduite du figuier à la méthode d'Argenteuil, soigneusement enveloppé, voire même couché et enterré pendant l'hiver. Mises au point à Montreuil-aux-Pêches, les techniques de la culture en espalier ou du palissage «à la loque» étaient devenues quasiment universelles : elles ont profondément marqué l'histoire de l'arboriculture fruitière. Certains producteurs élevèrent leur métier au rang d'un art, tels Alexis Lepère, célèbre Montreuillois ou Rose Charmeux, Thomeryon réputé. Sans parler des fameuses «décalcomanies» très spectaculaires, que certains producteurs pratiquaient sur les fruits de luxe et d'apparat. Grâce à des caches, pochoirs ou même négatifs de photographies placés sur l'épiderme du fruit non cueilli, les rayons du soleil «imprimaient» des lettres ou des dessins, initiales de noms célèbres, voire portraits... qui épataient beaucoup dans les banquets et les expositions!

Quant aux maraîchers, ils ont toujours joui d'une réputation associée à un statut professionnel faisant référence à l'honorabilité, l'honnêteté et au travail bien fait. Cette population est «une des plus laborieuses, des plus économes, amie du travail et de la paix», écrit Charles Baltet en 1895, ne faisant que refléter le respect généralisé qui est éprouvé à l'endroit de cette profession.

L'après-guerre a marqué de profonds bouleversements qui n'ont fait que s'accroître avec le temps. Progressivement, les maraîchers ont dû céder le terrain, face à l'urbanisation galopante et aux charges foncières devenues exhorbitantes. La pêche de Montreuil, le chasselas de Thomery, véritables monuments à la gloire des arboriculteurs franciliens, subsistent à l'état de trace. Bon nombre de ces savoirs riches et diversifiés dont cette corporation se glorifiait et tirait son identité ont aujourd'hui disparu. Ils marquaient une forte spécificité qu'il nous a semblé important de souligner, même si aujourd'hui elle fait bien souvent partie du passé. Les compétences inhérentes à cette forte tradition de maraîchage et d'arboriculture fruitière se sont transmises aux professionnels d'aujourd'hui. Si la production fruitière et légumière s'est banalisée, elle reste de qualité. Les éléments ne sont-ils pas toujours présents pour que certains produits spécifiques puissent retrouver leur notoriété?

Artichaut de Paris

LÉGUME FLEUR

Production
Bessancourt et
Pierrelaye (Val-
d'Oise). Auparavant,
la culture se faisait
le long des boucles
inondables de la
Seine, là où la terre
était forte, ainsi que
dans les champs
d'épandage.
L'artichaut de Paris
n'est pas une
variété précoce : la
récolte commence
en juillet, bat son
plein en août et se
termine au mois de
septembre.
Encore cultivé mais
en baisse très nette,
avec une surface
minimale de 4 ha.
Le tonnage est
difficilement
estimable,
l'artichaut de Paris
se trouvant intégré
à la production
globale d'artichauts.

Bibliographie
FOURY (C.),
*Recherche sur
l'origine et l'histoire
de l'artichaut.* Étude
inédite,
dactylographiée
vers 1975.

AUTRE APPELLATION : gros vert de Laon.

PARTICULARITÉ : c'est la variété traditionnelle d'artichaut cultivée au nord de Paris, en particulier dans le Val-d'Oise. Les consommateurs avisés et les producteurs le jugent comme étant de qualité supérieure.

Historique

Les spécialistes ne savent pas si le « dardar » cité dans la Bible ou le « cardius » des Romains correspondent au cardon ou à une forme primitive d'artichaut. Mais, dans son excellente étude sur l'artichaut, Claude Foury indique que « la pratique courante du semis et des mutations opportunes aurait permis, vers le début de notre ère, la différenciation de deux légumes : le cardon à côtes, l'artichaut à capitules »...
Cela étant, précise Foury, il est généralement admis que la culture de l'artichaut reste cantonnée dans les pays méditerranéens jusqu'au XVIe siècle quand il arrive en France ; le mot « artichaut » apparaît en français pour la première fois en 1530. Dès les premières années du XVIe siècle, l'artichaut serait cultivé dans les environs de Paris, et c'est cet artichaut « parisien » qui nous intéresse plus particulièrement ici. C'est la variété la plus prisée au XVIIIe siècle et « celui dont on fait le plus d'usage et auquel nos maraîchers s'attachent uniquement » selon De Comble, l'auteur de *L'École du potager* (1749).
Au siècle suivant, il est toujours aussi apprécié, poursuit Foury : « Cet artichaut apparaît comme français et plus particulièrement parisien par excellence... Tous les auteurs du XIXe siècle insistent sur sa popularité et sa localisation dans la région parisienne. » Effectivement, en 1805, Philippe-Victoire Vilmorin, auteur d'un article sur l'artichaut, dans une édition savante du *Théâtre d'agriculture* d'Olivier de Serres, souligne qu'à

GIBAULT (G.),
*Histoire des
légumes*, Paris,
Librairie Horticole,
1912, pp. 13-23.
HUSSON (A.), *Les
Consommations de
Paris*, Paris,
Hachette, 2e éd.
1875, pp. 456, 460.
LA REYNIÈRE
(Grimod de) (A.-B.-
L.), *Almanach des
gourmands*, 8 tomes
(années 1803 à
1812), Paris.
Réimpression, Paris,
Valmer-Bibliophile,
1984, tome 1,
p. 128.
SERRES (O. de), *Le
Théâtre
d'agriculture*, Paris,
Huzard, 2 volumes.
1804-105. Édition
critique (1re édition,
1600), tome 2,
p. 444.

son époque, la variété «dite de Laon, qui est la même que l'on cultive dans les environs de Paris, est... généralement préférée».

Pour sa part, en 1803, Grimod de La Reynière avait déjà fait sentir l'importance de ce légume dans la cuisine de son époque : «On ne peut guère s'en passer, aussi lorsqu'il manque, c'est une véritable calamité.» À la fin du siècle dernier, Husson classe l'artichaut, en tonnage vendu, en cinquième position dans le «hit-parade» des légumes consommés à Paris (après la pomme de terre, le chou-fleur, les petits-pois et les haricots verts). Il confirme aussi le rôle prépondérant des producteurs des «environs de Paris, Épinay, Argenteuil, Herblay, Franconville, Suresnes, Puteaux, Montmorency, Saint-Denis, Meaux, et Orléans» qui fournissent la grande majorité des artichauts vendus sur les marchés de la capitale en 1875.

«L'Âge d'or» de l'artichaut parisien se poursuit au XXe siècle mais, après la Seconde Guerre mondiale, la production de ce légume dans le sud de l'Europe connaît un tel essor que les cultivateurs en Ile-de-France n'arrivent plus à la concurrencer. La production italienne passe de 100 000 tonnes en 1950 à 200 000 en 1955, double encore en 1960 pour culminer en 1970 à 700 000 tonnes par an! Pendant cette même période, la surface consacrée à la culture de l'artichaut dans la région parisienne passe d'environ 9 % de la surface nationale consacrée à ce légume en 1929 à 1 % à peine en 1975. Ce qui conduit Foury à conclure que l'artichaut de Paris «n'est plus, maintenant, qu'une relique dans les jardins d'amateurs du nord de la Loire»... en attendant sa redécouverte par ceux qui cherchent à apprécier encore les qualités qui l'avaient fait tant estimer par les gastronomes jusqu'aux premières décennies de notre siècle.

Description

Variété locale mise en œuvre : le gros vert de Laon ou artichaut de Paris.

Cette variété se distingue nettement des autres artichauts. La fleur immature ou « tête », partie consommée, se caractérise par son fond très développé, épais et charnu. Les écailles ou « feuilles » (bractées), très charnues à la base également, sont pointues et disposées tout autour en s'écartant, lui donnant l'aspect d'une fleur qui s'épanouit. Il est généralement moins gros que l'artichaut de Bretagne. Sur la plante, les pétioles des feuilles sont rougeâtres et sans épine. Production régulière et soutenue. Particularité organoleptique : selon l'avis des connaisseurs, beaucoup plus fin et goûteux que le Gros Camus de Bretagne.

Savoir-faire

La culture de l'artichaut de Paris n'est pas différente de celle des autres variétés de ce légume. La plante aime les sols profonds et frais et réagit fortement à l'azote. Il n'est donc pas étonnant qu'il ait été un des légumes de prédilection pour la culture dans les champs d'épandage comme Achères ou Précy. Cette variété craint le froid et les producteurs la couvrent avec de la paille pour la protéger l'hiver.

La multiplication s'opère par œilletonnage, comme pour les autres artichauts. Fin mars, le cultivateur passe dans le champ pour prélever les œilletons, qui formeront les futurs pieds. Il en profite pour éliminer les bourgeons qui sont en trop. Si cela n'était fait, la plante ne fournirait que des petites têtes. En Ile-de-France, ce travail d'élimination s'appelle « l'obtonnage ».

Les pieds sont espacés à 90 cm sur des rangs distants de 1 m à 1,50 m. La densité oscille entre 10 000 et 11 000 pieds par hectare. Les plantes produisent pendant plusieurs années avant de s'épuiser. Le rendement moyen se situe aux alentours de 80 000 têtes par hectare. Chaque plante produit plusieurs têtes de tailles différentes ; plus de la moitié sont des petites, appelées « poivrades ». Les tiges portant les têtes sont laissées plus ou moins longues selon les producteurs.

Asperge d'Argenteuil

LÉGUME TIGE

Production
L'asperge
d'Argenteuil n'est
plus produite dans
cette localité.
Toutefois une
cinquantaine de
producteurs
continue de la
cultiver dans le Val
d'Oise, en
particulier dans la
région de Cergy.
Elle est
commercialisée sur
les marchés de la
petite couronne
(Seine-Saint-Denis,
Hauts-de-Seine,
Essonne) et reste
très recherchée par
les consommateurs
avertis.

Bibliographie
BOIS (D.), *Les
Plantes alimentaires
chez tous les
peuples et à travers
les âges. Histoire,
utilisation, culture*,
4 volumes, Paris,
P. Lechevalier,
1927-37. Tome 1
(Phanérogames
légumières),
pp. 490-491.
DELPLACE (E.),
*Manuel de culture
potagère*, Paris,
Meyer, 1942,
pp. 308-324.

PARTICULARITÉ : deux variétés réputées, l'asperge rose hâtive d'Argenteuil et la rose ou violette tardive d'Argenteuil, associées à des techniques de culture particulières, sont à l'origine de la renommée de ce légume.

Historique

Au début du XVIIIe siècle, le savant Louis Lémery résume bien l'opinion des Français concernant le choix des asperges : «On les doit choisir grosses, tendres, vertes & cultivées dans les jardins.» Rien ne nous étonne de cette remarque si ce n'est la couleur verte — mais à l'époque où il écrit ceci, toutes les «bonnes» asperges présentes sur les tables parisiennes sont vertes. Un demi-siècle plus tard, quand Jacques-Jean Bruhier ajoute de nouvelles remarques au texte de Lémery, l'asperge blanche commence à être connue en tant que culture forcée, mais son heure de gloire est encore loin : «[Les asperges] que l'on mange à Paris dans l'hiver, qui ne sont venues qu'à force de fumier, sont toutes blanches & fort tendres, mais elles n'ont presque aucune saveur & point du tout de bonnes qualités. Elles servent plutôt de montre sur les grandes tables. Il n'y a que la sauce qui les fasse manger...» Les asperges vertes règnent donc toujours à Paris en 1755 et il faudra attendre la fin du siècle suivant pour les voir céder la place aux grosses asperges blanches qui ressemblent à celles que nous consommons aujourd'hui. Ce retournement s'est produit en grande partie grâce à un certain M. Lhérault-Salbœuf à Argenteuil qui, nous dit Gibault, «commença la culture de l'Asperge dans cette localité vers 1830 et y apporta beaucoup de perfectionnements. Il est en outre l'obtenteur d'une race sélectionnée, l'*Asperge améliorée tardive d'Argenteuil*, remarquable par ses énormes turions et sa productivité».

GUTTIN (J.), *La Culture des asperges d'après la méthode d'Argenteuil*, Argenteuil, Guttin, s.d. (vers 1936).

LÉMERY (L.), *Traité des aliments*, Paris, Durand, 2 volumes. 3ᵉ éd. augmentée par J.-J. Bruhier, 1755 (1ʳᵉ éd. 1702). Tome 1, pp. 388, 390.

VERCIER (J.), *La Culture potagère*, Paris, Hachette, s.d. (vers 1940), pp. 120-136.

A la différence des asperges vertes, les asperges blanches sont toutes revêtues d'une épaisse peau indigeste qu'il faut retirer. Pour cette raison, plus elle est grosse, plus il reste de chair tendre à consommer. Ceci, entre autres, poussa les agriculteurs à concourir pour produire des asperges de plus en plus énormes. Ainsi, en 1927, Bois parle d'asperges blanches qui pesaient jusqu'à 600 g pièce, et un dépliant publié par J. Guttin à Argenteuil dans les années 1930 nous montre des asperges d'une taille extraordinaire qui «atteignent de 16 à 18 centimètres de circonférence»!

Aujourd'hui, alors que la culture des asperges a totalement disparu d'Argenteuil, la variété à laquelle cette commune a donné son nom existe toujours et quelques agriculteurs poursuivent la tradition en Ile-de-France en produisant et en commercialisant ces asperges grosses, blanches et tendres comme les aiment les Parisiens.

Une rue Louis-Lhérault commémore le rôle que ce personnage joua dans le développement de la culture de ce légume. Près du centre-ville, sur le boulevard Jeanne-d'Arc, un beau fronton en céramique décoré d'asperges porte l'inscription «plants d'asperges d'Argenteuil Fleury et Gendre». Le Musée du Vieil Argenteuil possède de nombreux documents sur la culture de l'asperge.

Description

Couleur : blanche, extrémité faiblement rosée. Taille : grosse, environ 25 cm de long et 3 cm de diamètre.

Variétés locales mises en œuvre : l'argenteuil hâtive : turion gros, un peu pointu, dont le bourgeon terminal présente des écailles très serrées ; précoce et productive domine largement. L'argenteuil tardive : turion gros, écailles du bourgeon terminal plus écartées.

Savoir-faire

La culture des asperges « d'après la méthode d'Argenteuil » repose sur une série de pratiques culturales effectuées avec le plus grand soin. Le sol une fois bien préparé et enrichi de fumier à l'automne, on procède à la plantation en mars-avril. Des tranchées de 0,50 m de large sur 0,15 m de profondeur sont creusées, espacées de 1,20 m. La terre rejetée forme un billon régulier. Les griffes, systèmes racinaires qui produiront les turions (ou asperges), sont alors disposées à une distance de 1 m sur le fond de la tranchée, racines bien à plat et recouvertes de 5 à 6 cm de terre. La première, deuxième et troisième année de plantation, le sol est régulièrement entretenu et nettoyé. A l'automne, il est enrichi d'un fumier disposé sur les billons et enfoui avec soin ; les tiges desséchées sont coupées. On procède enfin en mars au buttage de chaque plant d'asperge ou buttage « à la touffe », en utilisant la terre des billons, pour protéger les bourgeons du soleil et faciliter leur croissance. Les asperges commencent à être récoltées à la fin du mois d'avril, en s'aidant d'une gouge, dont la lame tranchante permet de sectionner le turion à la base. En novembre, la terre des buttes est enlevée et remise sur le billon qui sera à nouveau fumé et le cycle recommence. Une aspergerie peut produire pendant dix à quinze ans avant d'être arrachée.

Des techniques de forçage sur couches chaudes étaient également mises à profit par certains maraîchers pour obtenir des asperges dès le mois de février.

Les dernières aspergeries d'Argenteuil ont été abandonnées il y a 3 ans, le maraîchage ne faisant décidément pas bon ménage avec l'urbanisation. Toutefois, l'asperge d'Argenteuil continue d'être cultivée dans la région de Cergy. Le buttage individuel des touffes a été remplacé par un buttage sur toute la longueur de la tranchée ; la plantation est plus dense : 3 griffes au mètre, mais les tranchées sont plus espacées pour une mécanisation plus aisée. L'aspergerie actuelle produit pendant 5 à 10 ans, à raison de 3,5 t/ha environ.

Conditionnement

Les asperges sont vendues en botte de 500 grammes ou d'un kilo.

CHAMPIGNON DE PARIS

CHAMPIGNON
DE COUCHE
AGARICUS BISPORUS
(LANGE) SING

PARTICULARITÉ : la culture du champignon de Paris est étroitement liée à la présence de carrières désaffectées de pierre à bâtir, matériau largement utilisé à Paris.

Production

Les deux zones principales de concentration des champignonnières se trouvent dans la vallée de l'Oise (95), autour de Méry-sur-Oise et, en suivant la vallée de la Seine, de Carrières-sur-Seine jusqu'à Poissy. Il existe aussi un centre de production à Gagny (93) dans l'est Parisien.
La production se fait de manière régulière sur huit mois de l'année (entre les mois d'octobre et de mai). Elle baisse légèrement à partir du mois de juin et peut même s'arrêter au mois d'août avant de reprendre

Historique

Ce n'est qu'à partir du XVIe siècle que les champignons commencent à faire l'objet d'une culture en France. Quand Olivier de Serres en parle en 1600, il s'agit clairement d'une production expérimentale, toutefois Gibault recense de nombreuses références à cette culture au cours du XVIIe siècle. Il remarque même qu'à la fin du siècle, « la consommation du Champignon de couche était déjà assez grande dans la ville de Paris pour que le voyageur anglais Lister qui visita notre capitale en 1698 consacre un long passage de son *Journal* à cette culture inconnue en Angleterre ». Lister cite, entre autres, des champignons cultivés « en dehors de la barrière de Vaugirard » que l'on faisait pousser dans des tranchées remplies de fumier de cheval.
Au cours du XVIIIe siècle, les scientifiques cernent de mieux en mieux les conditions favorisant cette culture qui n'en est qu'à ses débuts, car les champignonnistes cultivent alors leurs champignons à l'air libre. Ce ne sera que lorsqu'ils s'installeront dans les carrières autour de Paris que leur production deviendra réellement importante et que la consommation des champignons de couche se généralisera.

en septembre. La consommation est plus importante en hiver qu'en été. Elle est en forte baisse. En 1973, la part de l'Ile-de-France dans la production nationale de champignons de Paris était de 7,6 %. En 1985 elle n'était plus que de 3 % et n'a cessé depuis de diminuer.

Bibliographie
BROSSARD (D.) et LAM QUANG (B.), *Le Mémento fruits légumes*, Paris, CTIFL, 1990, p. 181.
Dictionnaire du commerce, sous la direction de M. Guillaumin, Paris, Guillaumin, 2 volumes, tome 1, 1839, tome 2, 1841. Tome 1, art. Champignons.
Fédération nationale des syndicats agricoles de cultivateurs de champignons, *Centième Anniversaire (1892-1992)*, Paris, FNSACC. s.d. (1992).
GIBAULT (G.), *Histoire des légumes*, Paris, Lib. Horticole, 1912, pp. 37-40.

Une tradition citée par Gibault attribue «l'invention» de la culture du champignon en carrière à un jardinier parisien du nom de Chambry, point sur lequel les auteurs d'une brochure éditée à l'occasion du centenaire du Syndicat des cultivateurs de champignons de France sont formels : «C'est vers 1810 que Chambry eut l'idée de cultiver des champignons dans des carrières abandonnées, probablement à la limite du XIVe arrondissement et de Malakoff.» Gibault, lui, pense que «les premières carrières... sont celles de Passy, probablement même sous l'emplacement du Palais du Trocadéro, et celles de Montrouge dans les Catacombes (13e et 14e arrondissement)».

Même si la date exacte et le lieu d'emplacement des premières carrières peuvent être sujets à débat, personne ne conteste la rapidité avec laquelle ce nouveau mode de culture s'est répandu. Les champignonnistes s'établirent dans des carrières à Nanterre, Saint-Denis, Livry, Montesson, Romainville, Noisy-le-sec, Bagneux... en somme, dans la grande banlieue et plus particulièrement dans la banlieue nord.

En 1839, l'auteur d'un *Dictionnaire du commerce* remarque que cette industrie était toujours en plein essor autour de la capitale : «la culture des champignons est devenue l'objet d'une industrie qui prend chaque année une nouvelle extension...». Vers 1875, les carrières de la région parisienne fournissaient mille tonnes de champignons de couche par an, et en 1883 il y avait 296 carrières en activité dans la région parisienne : 274 dans l'arrondissement de Sceaux, 17 dans l'arrondissement de Saint-Denis et 5 dans Paris «intra-muros»! Pourtant, la grande époque du champignon parisien tire à sa fin.

En 1890, d'après la FNSACC, Fédération nationale des syndicats agricoles de cultivateurs de champignons, les premières carrières sont aménagées pour la culture de champignons dans la vallée de la Loire et en 1903 les 15 champignonnistes qui les exploitaient produisaient 1 500 kilos par jour, l'équivalent de la moitié de ce qu'avaient produit toutes les exploitations parisiennes

Husson (A.), *Les Consommations de Paris*, Paris, Hachette, 2ᵉ édition 1875, p. 400.

Lachaume (J.), *Le Champignon de couche, culture bourgeoise et commerciale*, Paris, La maison rustique, 1912, 108 p.

Serres (O. de), *Le Théâtre d'agriculture*, Édition critique, Paris, Huzard, 2 volumes, 1804-1805 (1ʳᵉ édition, 1600). Tome 2, p. 467.

Service régional d'économie agricole d'Ile-de-France, *Les Exploitations spécialisées en Ile-de-France*, Paris, Direction régionale de l'agriculture et de la forêt, 1988, pp, 141-144.

depuis vingt ans... D'une production de 4 000 tonnes de champignons de couche en 1896, la France est passée à 10 000 en 1920, à 20 000 en 1940 et, après un bond dans les années 1970, à 231 000 tonnes en 1991, pour occuper la deuxième position derrière les États-Unis sur l'échelle mondiale.

Les champignonnistes de l'Ile-de-France n'ont pas pu profiter de ce nouvel essor, ayant cédé depuis longtemps leur place aux producteurs de la Loire. Ils ne sont plus qu'une trentaine, et moins de 5 % des champignons français viennent de leurs carrières. Aujourd'hui, la majorité de nos «champignons de Paris» n'ont de parisien que leur nom... hormis quelques-uns qui croissent encore dans les carrières, non loin des endroits où l'industrie champignonnière est née.

Description

Couleur : blanc ou crème. Particularité organoleptique : la fermeté de la chair des champignons varie en fonction du temps de croissance, lié à la température de la carrière.

Usages

La production d'Ile-de-France est essentiellement consommée en frais.

Savoir-faire

Les champignons nécessitent des conditions très particulières pour pousser : obscurité, température constante et taux d'humidité élevé. Ces facteurs se trouvent réunis dans les anciennes carrières de pierre désaffectées, aménagées de manière à être correctement aérées.

Le support cultural de cette production est le fumier de cheval, qui nécessite une importante préparation préalable pour le rendre apte à être utilisé. «Première retourne» ou «abattage» après avoir été mouillé, «mise au gabarit» douze jours plus tard, puis «deuxième retourne» suivie d'une pasteurisation : un soin extrême est apporté à cette phase préparatoire. Elle est destinée à accélérer la fermentation, éliminer les micro-organismes indésirables et le succès de la culture en dépend pour partie.

La plupart des producteurs de la région parisienne continuent à cultiver les champignons dans des sacs. L'ensachage et l'ensemencement en mycélium se font à la sortie de la salle de pasteurisation. Les sacs pleins, qui pèsent un peu plus de 30 kg, sont transportés à l'intérieur de la champignonnière. Dix à quinze jours plus tard, le mycélium une fois développé dans le compost, les sacs sont «gobetés» ou recouverts de calcaire broyé : le «cron», qui est peu de temps après largement humidifié. Environ quinze jours après cette opération, les premiers champignons apparaissent.

Un sac produit environ 7 kg de champignons sur une période de six semaines de récoltes successives ou «volées». Les champignons sont ramassés à la main. Un seul impératif : ne pas avoir les mains chaudes sous peine d'abîmer le champignon en le cueillant.

Le nombre de termes spécifiques à cette culture montre assez l'originalité de celle-ci et les savoir-faire particuliers qu'elle met en œuvre. Salles de culture, larges galeries... l'organisation souterraine des champignonnières est impressionnante, elle nécessite un matériel particulier, jusqu'aux véhicules, appelés «clarks», qui sont adaptés pour pouvoir circuler dans les galeries!

Conditionnement

En cagettes de bois placées en chambre froide jusqu'à la vente.

CHOU MILAN

Production
Chou Milan de
Pontoise : Jouy-les-
Moutiers (95) ; chou
Milan des Vertus :
La Courneuve
(champs à
Bonneuil) ;
Aubervilliers
(champs à Bobigny).
Milan de Pontoise,
du 1er octobre
jusqu'au 1er mars.
Milan des Vertus,
du mois d'octobre
jusqu'au mois de
janvier (il est plus
délicat et moins
robuste que celui
de Pontoise).
En voie de
disparition (2 à 3 ha
pour le Pontoise et
à peine 1/2 ha
pour celui des
Vertus).

Bibliographie
BOIS (D.), *Les
Plantes alimentaires
chez tous les
peuples et à travers
les âges. Histoire,
utilisation, culture*,
4 volumes, Paris,
P. Lechevalier,
1927-1937, tome 1
(Phanérogames
légumières),
pp. 32-38.

APPELLATIONS : chou Milan de Pontoise, race de Cergy et race de Jouy ; chou Milan des Vertus ou chou Milan d'Aubervilliers.

PARTICULARITÉ : ces deux types de choux correspondent à des variétés issues d'un travail de sélection très ancien, encore maintenu aujourd'hui. Chaque famille produit sa propre semence, véritable patrimoine qui se transmet à travers les générations. C'est cette semence, jamais échangée ni vendue, qui produit traditionnellement les fameux choux Milan, réputés et jalousement cultivés.

Historique

« De tout temps, écrit Bois, les Celtes et les Germains ont fait une grande consommation de choux et c'est encore le légume le plus usité chez les peuples de l'Europe... En France, au Moyen Âge, le chou entrait pour une large part dans l'alimentation du peuple... [À cette époque] on ne connaissait encore en France... que trois sortes de choux : les blancs, les verts et les frisés. » Une autre précision est fournie par Gibault : d'après un médecin du XIIIe siècle, « choulx blanc et choulx cabus est tout un », ce qui lui permet de dire que « notre gros chou *de Saint-Denis*, dit aussi *de Bonneuil* ou *d'Aubervilliers*, représente le chou blanc du Moyen Âge ». Mais, toujours d'après ce même auteur, au XVIe siècle un nouveau chou prend place dans la région parisienne : le chou dit de Milan ou de Savoie.
À la différence des choux cabus à feuilles lisses, le chou de Milan avait des feuilles « cloquées » ou « frisées ». Selon un botaniste du XVIe siècle, « ils ne s'arrondissent pas si fort comme le chou cabus et n'ont pas la feuille si bien enroulée au milieu, toutefois elles y sont blanches. Au reste, ils sont forts tendres et doux et sont

Chomel (N.),
*Dictionnaire
œconomique*, Paris,
J. Estienne,
2 volumes, 1732
(1re édition 1709).
Tome 1, article
Choux.
Gibault (G.),
*Histoire des
légumes*, Paris, Lib.
Horticole, 1912,
pp. 41-48.
Serres (O. de), *Le
Théâtre
d'agriculture*, Paris,
Huzard, 2 volumes,
1804-1805. Édition
critique (1re édition,
1600), tome 2,
p. 232.

tenus pour les meilleurs aujourd'hui». C'est sans doute de ce «nouveau» chou dont parle Olivier de Serres quand il écrit en 1600 : «Presque par toutes les provinces de ce royaume ces choux sont familiers; par sus (sic) toutes les autres, l'Isle-de-France en produit des plus gros, vers Aubervilliers près de Sainct-Denys, d'où la semence se treuve très bonne en Languedoc, ainsi que je l'ai expérimenté.»

La réputation des choux cultivés dans les environs de Paris, et plus particulièrement à Aubervilliers, ne se cantonne pas aux époques lointaines. Au XVIIIe siècle, par exemple, Chomel note, à propos de ceux-ci, «on les estime parce qu'il sont fort délicats à manger & qu'ils sont extrêmement francs». Au début du XXe siècle, cette culture était encore considérable, car en 1912, Gibault écrit : «Pour la consommation ordinaire, Gennevilliers, Versailles, Palaiseau, Pontoise, Le Bourget, Saint-Denis, La Courneuve sont les principales localités de la banlieue qui alimentent les marchés parisiens.»

Aujourd'hui, une seule exploitation commerciale, parmi celles qui produisent des choux autour de Pontoise au sens strict, continue à cultiver le chou Milan de Pontoise et il ne reste plus que deux exploitations encore basées dans la Plaine des Vertus, c'est-à-dire entre Aubervilliers et La Courneuve. Dans les années à venir, le «Chou des Vertus» risque de n'être plus qu'un souvenir dans le lieu qui lui a donné naissance. Les communes autrefois célèbres pour leurs choux perdront leurs derniers liens avec ce légume qui, pendant trois siècles, s'est placé parmi les meilleures productions de l'Ile-de-France.

Description

Variétés locales mise en œuvre :
Chou Milan de Pontoise (chou d'hiver). Forme : pomme aplatie. Couleur : verte, ni trop rouge ni trop bleue (couleur ardoise). Poids : 3 kg en moyenne. Texture :

feuille lisse. Particularité organoleptique : savoureux. Chou Milan des Vertus (chou d'automne). Forme : pomme aplatie. Couleur : verte, sans rouge ni bleu. Poids : 3 à 4 kg en moyenne. Texture : feuille frisottée. Particularité organoleptique : légume très tendre et doux.

Savoir-faire

Les techniques de culture sont pratiquement identiques pour le chou Milan de Pontoise et celui des Vertus. C'est surtout par le procédé de sélection qu'ils se distinguent des autres variétés du commerce. Il s'agit en effet d'une sélection massale de type familial, et nous pouvons réellement parler là du maintien d'un patrimoine végétal vivant unique.

Après les premiers grands froids de l'hiver (fin décembre, courant janvier), le cultivateur passe dans le champ de choux pour choisir ceux qui semblent le mieux résister au froid, aux maladies et aux parasites. Il choisit les plantes qui ont une jolie pomme bien plate avec 3 feuilles qui s'entrecroisent pour la couvrir.

La couleur joue un rôle important dans ce processus de sélection empirique. Ainsi, pour le chou Milan de Pontoise, trop de bleu indique une tendance à «s'envoler» ou à faire la «lanterne». Ces deux termes décrivent un chou qui ne pomme pas ou qui posssède une pomme légère ou creuse. Les feuilles ne doivent pas être trop rouges non plus, sinon le chou aura tendance à produire une pomme petite et dure, lui donnant un goût amer et une consistance cotonneuse. Les feuilles doivent être lisses entre les veines.

Pour le chou Milan des Vertus, la pomme doit être verte sans trop de blanc ni de vert foncé, les feuilles doivent être «frisottées».

Les pieds ainsi sélectionnés sont ensuite arrachés et replantés en jardin pour la production des graines. Il faut 15 de ces porte-graines pour ensemencer un hectare de choux. Ceux-ci doivent être soigneusement isolés par un filet afin d'éviter la pollinisation par d'autres plantes du même genre Brassica (navets, colza, moutardes et autres choux de variétés différentes). Ces graines sont jalousement gardées : «Pas un collègue qui vous cède un verre de choux!» s'exclame un informateur de La Courneuve. Le semis se fait au jardin, puis les plants sont repiqués au champ de mai à fin juillet. Cette longue période permet d'étendre la saison de récolte et d'approvisionner le marché parisien durant plusieurs mois consécutifs.

Sur les 20 à 22 000 pieds plantés par hectare, environ 15 000 seront récoltés.

Les exploitants de la Plaine des Vertus connaissent et utilisent encore une «hachette à choux», instrument tranchant à lame arrondie utilisé pour couper les trognons. Ceux de Jouy emploient simplement un couteau long proche de la machette.

L'exploitant de Jouy-les-Moutiers «épluche» les choux. Il coupe toutes les feuilles extérieures et donne ainsi une forme régulière à la pomme. Les exploitants de la Plaine des Vertus ne coupent pas ces feuilles.

Cresson de Méréville

CRESSON DE FONTAINE

Production
La grande majorité des exploitations se trouve dans les vallées de l'École, de l'Essonne et de la Juine (en Essonne).
Deux périodes de pointe : septembre-octobre et mars-

APPELLATIONS : cresson de Maisse, cresson d'Ile-de-France.

PARTICULARITÉ : c'est une production de spécialiste, étroitement liée à la présence de sources d'eau très pure.

Historique

Au XIIᵉ siècle, on avait le choix entre le «cresson Orlenois» et le «cresson de fontaine», tous deux vendus par les marchands ambulants dans les rues de Paris.

début mai. Les autres mois, la production est déficitaire par rapport à la demande. Janvier est le plus petit mois.
La baisse de production s'explique par la diminution constante du nombre de producteurs, mais aussi par une volonté d'améliorer la qualité du cresson en produisant de façon moins intensive.
Rendement : 200 000 bottes/ha ; surface cultivée en Ile-de-France en 1991 : 35 ha, soit une production de 7 000 000 de bottes (39 ha en 1970, 33,5 ha en 1980).

Bibliographie
Bois (D.), *Les Plantes alimentaires chez tous les peuples et à travers les âges. Histoire, utilisation, culture,* 4 volumes, Paris, P. Lechevalier, 1927-1937, tome 1 (Phanérogames légumières), pp. 20-22.
Gibault (G.), *Histoire des légumes,* Paris, Librairie horticole, 1912, pp. 121-127.

Le « cresson Orlenois » (ou plutôt « alénois », le *Lepidium sativum* de Linné) poussait dans les jardins alors que le « cresson de fontaine » (*Nasturtium officinale* R. Br.) ne se trouvait que dans les lieux semi-inondés. La facilité de culture du premier le rendait assez accessible ; le cresson de fontaine, quoique cultivé, faisait souvent l'objet de ramassage autour de Paris. Jusqu'au XIXᵉ siècle, nous raconte Gibault, « on allait jusqu'à 30 ou 40 lieues de Paris chercher dans les ruisseaux et les fossés le cresson sauvage pour l'approvisionnement de la capitale ».

La culture en grand du cresson de fontaine commence au XVIIᵉ siècle en Allemagne quand Nicolas Meissner crée de grands fossés remplis d'eau courante à cette intention. Mais il faudra attendre 1811 pour qu'une telle culture soit entreprise en France. Elle débute dans la vallée de la Nonette près de Senlis et connaît un tel succès que des installations rivales sont rapidement aménagées à Saint-Firmin, près de Chantilly.

Au cours des premières décennies du XIXᵉ siècle, de nombreuses fosses à cresson sont établies dans la région parisienne (on en compte 200 en 1843). Mais la demande semble insatiable et les plantations s'agrandissent. En 1899, d'après Gibault, la ville de Gonesse à elle seule possédait 4 300 fosses et envoyait 14 400 bottes de cresson sur les marchés de la capitale tous les jours. Toutefois une telle production ne suffisait pas à satisfaire l'appétit des Parisiens qui déjà, en 1866, consommaient un million trente-quatre mille douzaines de bottes par an !

Un certain ralentissement se constate dès le début de ce siècle car en 1909, selon Bois, on ne dénombrait plus que 3 000 fosses à cresson « dans les trois départements qui approvisionnaient Paris ». Ceci représentait tout de même des plantations considérables car, pour concrétiser ses chiffres, Bois les traduit ainsi : « En assignant à ces fosses une longueur moyenne de 70 mètres, la longueur totale des fosses à cresson des environs de la capitale pouvait atteindre 200 kilomètres. Le département de Seine-et-Oise venait

PONCE (I.), *La Culture maraîchère pratique des environs de Paris*, Paris, Librairie agricole de la maison rustique, 1869.

Service régional d'économie agricole d'Ile-de-France, *Les Exploitations spécialisées en Ile-de-France*, Paris, Direction régionale de l'agriculture et de la forêt, 1988.

Feuille (La) du ménage, première année, n° 14, 15 février 1866, pp. 220-222.

SIROY, «Note sur la culture du cresson», dans *Journal de la société centrale d'horticulture de France*, 3e série, tome 1, 1879, pp. 87-95.

VILLENEUVE (G.), «Les crieries de Paris», dans Alfred Franklin, *Rues et cris de Paris au XIIIe siècle*, Paris, Plon, 1874.

en tête, avec un total de 1 403 fosses ; puis le département de l'Oise, avec 1 380 fosses et, au 3e rang, le département de Seine-et-Marne, avec 265 fosses.» Malgré la diminution de l'étendue de cette culture, Bois ne voyait pas l'ombre qui planait sur les grandes cressonnières de la région parisienne : entre 1927 et 1991 elles ont presque toutes disparu. Une enquête réalisée en 1991 révèle qu'il n'en restait plus qu'une soixantaine dans l'Ile-de-France. Actuellement, en région parisienne, le cresson ne se cultive que dans un seul département, l'Essonne, et plus particulièrement à Méréville, où des efforts municipaux, départementaux et privés ont été entrepris pour promouvoir cette vieille crucifère devenue depuis peu un «légume de l'Essonne». Mieux encore, les sites des cressonnières de l'Essonne viennent d'obtenir le label «paysage de reconquête», délivré par le ministère de l'Environnement, qui associe une production locale à un paysage spécifique.

Le panneau touristique de Méréville, dans l'Essonne, placé non loin de la mairie, annonce cette commune comme la capitale mondiale du cresson. Depuis 1987, il s'y tient une foire au cresson, le week-end de Pâques ; mais des peintures de cressonnières sont présentes depuis bien plus longtemps dans le collège de cette ville et des «bouquets» de cresson sont traditionnellement offerts aux dignitaires de passage.

Description

Variété locale mise en œuvre : le Gros vert et le Gros blond amélioré.

Forme : feuille ronde. Couleur : vert foncé. Taille : la plante mesure 2 mètres de long au printemps et environ 30 cm pendant l'hiver. Texture : la feuille, croquante, ne doit pas être épaisse (plus fine qu'une feuille de laitue). Particularité organoleptique : la saveur piquante est moins prononcée l'hiver que l'été.

Usages

Le plus souvent consommé en salade et en potage, le cresson est aussi servi en sauce d'accompagnement pour les poissons.

En 1869, Ponce, auteur d'un manuel de maraîchage, écrit : «Outre son emploi comme aliment, le cresson est la base de toute préparation anti-scorbutique.»

Savoir-faire

La condition essentielle pour produire du cresson de fontaine est de pouvoir bénéficier d'une source à proximité. En effet, la nature du sol compte peu au regard de la température, de la composition et du débit de l'eau (1 litre d'eau par seconde et par are cultivé). La lumière joue aussi un rôle important.

Le cresson est cultivé dans des fosses parallèles en contrebas de la source. Leurs forme et dimension, 50 m×2,50 à 3 m sur 0,20 à 0,40 m de profondeur, est propre à la région Ile-de-France. Creusées dans la terre, elles nécessitent un gros travail d'entretien.

Chaque année, entre le 5 et le 25 juillet, on procède au semis dans les différentes fosses de l'exploitation, à raison d'environ 40 kg de graines par hectare. Comme par le passé, les producteurs achètent des semences originaires de cressonnières situées plus au nord qu'eux. Une fois les graines levées et les mauvaises herbes arrachées, une dizaine de jours plus tard, la fosse est recouverte de 6 à 7 cm d'eau. La «coupe» a lieu 5 à 6 semaines après le semis. Des «recoupes» sont pratiquées tous les 25 jours environ. La récolte se fait à la main, poignée par poignée pour une mise en botte plus aisée. Cette opération se fait à l'intérieur des fosses.

Après chaque coupe, l'exploitant, à l'aide de la *schuelle* (planche emmanchée), s'assure du bon enracinement des plantes.

A la fin de la saison, en juin, les fosses sont vidées pour être nettoyées et remises en état avant d'être resemées.

Le cresson est présenté sous la forme de bottes. Un bon travailleur récolte environ 60 bottes par heure. Un hectare en produit 200 000 par an. Celles de la région d'Ile-de-France pèsent entre 400 et 450 g. Les bottes sont lavées, trempées dans un lavoir et mises en chambre froide avant d'être commercialisées. Le numéro d'agrément sanitaire de l'eau, délivré par la Direction de l'action sanitaire et sociale (DDASS), doit être inscrit sur les emballages et les attaches.

Ailleurs, elles peuvent avoir un poids différent et sont parfois présentées «en chignon», avec les racines, comme en Seine-Maritime. Les «anciens» utilisaient un couteau spécial, la «pointe de faux» et récoltaient le cresson à genoux sur une planche mise en travers de la fosse pour ne pas abîmer les plantes. Ils nouaient les bottes et les disposaient dans les paniers de manière à ne pas les flétrir, selon des techniques qui leur étaient propres. Aujourd'hui, les pratiques ont évolué mais cette production garde toute son originalité.

Haricot chevrier

HARICOT FLAGEOLET

APPELLATIONS : haricot d'Arpajon, haricot flageolet nain très hâtif d'Étampes.

Production
Deux communes de l'Essonne : Breux-Jouy et Souzy-la-Brêche au sud-ouest d'Arpajon.
D'autres producteurs sont présents en dehors de l'Ile-de-France, en particulier dans le Loiret.
Disponible à partir d'octobre.
Il reste trois

PARTICULARITÉ : une technique particulière de séchage donne à ce haricot-grain une couleur verte plus intense que celle des autres flageolets.

Historique

La date exacte à laquelle le haricot américain (*Phaseolus vulgaris* de Linné) remplace les fèves et les doliques sur les tables françaises est difficile à préciser. Certes, cette légumineuse arrive en Europe à partir du XVIᵉ siècle mais, suivant la région concernée, elle met

producteurs en Ile-de-France. Ensemble, leur production n'atteint pas 20 tonnes.

Bibliographie
BONNEFONS (N. de), *Le Jardinier françois*, Paris, Cellier, 7e édition 1659 (1re édition 1651), pp. 215-219.
BROSSARD (D.) et LAM QUANG (B.), *Le Mémento fruits légumes*, Paris, CTIFL, 1990, p. 227.
DENAIFFE, *Les Haricots*, Paris, Baillière, Lib. Horticole et Carignan, Denaiffe, s.d. (v. 1910), pp. 187, 367.
LITTRÉ (E.), *Dictionnaire de la langue française*, 4 volumes, Paris, Hachette, 1883 (1re édition 1863-1872), article Flageolet.
SAVARY DES BRUSLONS (J.), *Dictionnaire universel de commerce*, Copenhague, (1759-1765), tome 3, 1761, article Haricot.
SERRES (O. de), *Le Théâtre d'agriculture*. Édition critique, Paris, Huzard, 2 volumes, 1804-1805 (1re édition 1600). Tome 2, p. 461.

plus ou moins longtemps à s'imposer. Sa culture dans la région parisienne remonte au XVIIe siècle au moins car, en 1651, l'auteur du *Jardinier françois* nous parle de «petites feves de haricot ou caillicot ou bien feves rottes» parmi lesquelles on dénombre «des blanches et des colorées». Les Parisiens avaient un penchant pour les «fèves de haricot» blanches, mais cet auteur leur donne tort et conseille à ses lecteurs plutôt les colorées. («Vous ferez estat des rouges par dessus toutes les autres, à cause de leur délicatesse; surpassant de beaucoup les blanches, quoy qu'à Paris elles soient le plus en estime.»)

Un siècle plus tard, Savary des Bruslons confirme le goût des Parisiens pour les haricots, particulièrement ceux qui poussent autour de la capitale : «... Les haricots sont du nombre des légumes qui se vendent à Paris par les marchands épîciers & grainiers. Ils en tirent beaucoup de Picardie & de Normandie, particulièrement de Ducler près Rouen : cependant ceux des environs de Paris sont estimés les meilleurs...»

Parmi toutes les variétés proposées, c'est le petit haricot blanc, dit *haricot nain*, qui est le plus en faveur chez les Parisiens. A partir de 1805, ils le désignent du nom ancien de *flageolet*. La popularité du flageolet est telle que, vers 1865, Littré l'indique dans son grand *Dictionnaire* comme étant la variété «la plus répandue aux environs de Paris».

Peu de temps après, un agriculteur nommé Chevrier à Brétigny-sur-Orge (Seine-et-Oise) fait une découverte qui vient bouleverser le petit monde des haricots et lui permettra d'inscrire son patronyme dans la langue française. Denaiffe décrit la scène historique comme suit : «Un beau matin, [Chevrier] déposa de la paille sur une parcelle de champ où étaient encore des flageolets arrachés. Cinq ou six jours après, il vient pour enlever cette couche : les plantes avaient résisté à la privation d'air et de lumière et des cosses ouvertes montrèrent des grains d'un beau vert.»

A partir de 1880, le «chevrier» part à la conquête de Paris et devient rapidement, d'après Denaiffe, «l'objet

de cultures très importantes dans certains départements, et tout particulièrement en Seine-et-Oise, principalement dans les cantons de Dourdan, de Limours
et d'Arpajon».

Aujourd'hui, le «flageolet vert» représente les trois
quarts de la superficie nationale plantée en haricots
à écosser et, si la production n'est plus un monopole
francilien, le goût des Parisiens pour ce légume n'a
guère diminué depuis sa «création» il y a à peine cent
ans.

A Brétigny-sur-Orge, il existe une rue, une place, un
établissement scolaire et une plaque, tous commémo-
rant M. Chevrier. Lors de la fête annuelle du haricot,
ou «Foire au haricot d'Arpajon», le maire de Brétigny-
sur-Orge et le maire d'Arpajon se rencontrent pour
célébrer la découverte de M. Chevrier.

Description

Forme : rein arrondi. Couleur : vert foncé. Taille :
variable, assez petite. Particularité organoleptique :
une saveur plus marquée que les flageolets ordinaires.

Usages

Ce haricot se marie particulièrement bien avec le gigot
d'agneau.

Savoir-faire

Le haricot Chevrier est cultivé en plein champ. Le
labour et la préparation de la terre se font à
l'automne, le semis au mois de mai. La distance entre
les raies est communément de 60 cm. La distinction
entre les haricots ordinaires et les Chevrier repose
sur l'arrachage et le séchage. Les pieds doivent être
sortis de terre avant que la plante ne commence à
se dessécher.

Deux méthodes de séchage sont alors pratiquées : « en perroquet » et « en moyettes ». La première consiste à former une armature autour de laquelle les pieds sont disposés. Le tout est ensuite recouvert de paille. Ce dispositif est laissé en place le temps nécessaire pour que les plantes encore vertes se dessèchent. Deux types de perroquet sont utilisés : pyramide de bois ou pieu fiché dans le sol. Ils répondent à un savoir-faire très élaboré. C'est la paille de seigle, très longue, qui, coupée en vert et séchée, est utilisée ; elle facilite le séchage. Ainsi est évité le blanchiment du grain.

Le séchage « en moyettes » consiste à répandre de la paille sur le sol et à placer plusieurs « poignées » de pieds de haricot avant de les recouvrir de paille de seigle. C'est la méthode originale découverte par M. Chevrier. Perroquets et moyettes peuvent coexister.

Le triage était un travail fastidieux. Il y a environ trente ans, certains utilisaient encore des fléaux pour éviter de casser les grains. Aujourd'hui, compte tenu des coûts de main-d'œuvre et du manque de demande, les cultivateurs ne séparent plus les grosses graines des petites et les blanches ou tachées des vertes.

Par ailleurs, les variétés d'origine locale ne sont plus commercialisées.

NAVET DE LA RÉGION PARISIENNE

LÉGUME RACINE

APPELLATIONS : navets de Viarmes, de Croissy, de Montesson, des Vertus, de Freneuse.

Production
Aujourd'hui, le département des Yvelines, Croissy entre autres,

PARTICULARITÉ : la tradition forte de production de navets en Ile-de-France, qui a plusieurs siècles de profondeur historique, repose sur une grande diversification des variétés et des saveurs.

maintient la tradition de culture du navet avec plus de la moitié du tonnage d'Ile-de-France. Toutefois cette production est diffuse tout autour de la capitale.

Les cultures de navets en Ile-de-France peuvent être de primeur (vente en bottes au début du printemps), d'été, d'automne ou d'hiver. C'est dire que ce légume continue d'être très présent sur le marché.

L'Ile-de-France a produit en 1992 2 532 tonnes de navets sur 101 hectares ensemencés (80 000 tonnes sur 3 500 hectares pour la France entière). La seule production pour les Yvelines est de 1 593 tonnes sur 59 hectares.

Bibliographie
ARDOUIN-DUMAZET, *Voyage en France,* Paris et Nancy, Berger-Levrault, 47ᵉ série, 1987, pp. 305-321.
BOIS (D.), *Les Plantes alimentaires chez tous les peuples et à travers les âges. Histoire,*

Historique

Comme le souligne Gibault : « Au Moyen-Âge, le navet a été une nourriture des plus ordinaires. Comme ce légume se marie bien avec les viandes, surtout le mouton, avant l'introduction de la Pomme-de-terre et du Haricot, il entrait dans tous les ragoûts et fricassées. » Estienne et Liébaut, en 1641, soulignent le très fort penchant des Parisiens pour ce légume et parlent déjà des navets de Maisons, de Saint-Germain, de Vaugirard et d'Aubervilliers, associés à des lieux de production. À cette époque, les villages d'Aubervilliers et de Vaugirard étaient déjà consacrés à la culture maraîchère. Ces auteurs distinguent les *naveaux* et les *navets* : « les naveaux sont plus gros tirans sur le jaunastre, de gout moins plaisant, les navets sont moindres, blancs & beaucoup plus savoureux ». Ces observations correspondent à la distinction populaire que l'on retrouve encore couramment aujourd'hui entre les raves, de forme sphérique, et les navets, allongés. Au XVIIIᵉ siècle, les deux navets les plus réputés pour la table restent celui de Freneuse, navet sec à chair douce et sucrée, et celui des Vertus, à chair blanche, tendre et sucrée. Suivent le navet de Meaux, qui arrive sur le marché à la fin de l'hiver, celui de Montesson, celui de Montmagny, à chair jaune et le navet rond des Vertus ou navet de Croissy.

Description

Selon les variétés, on distinguait les navets secs, à chair fine, serrée, qui ne se défont pas à la cuisson, et les navets tendres, à chair plus aqueuse, qui ont un goût moins fin mais réussissent mieux dans tous les types de terrain. Les formes sont : rond, demi-long, long.

Usages

Le navet était considéré comme un légume à part entière. Les navets secs en particulier, comme le Freneuse ou le Meaux, étaient très recherchés pour les ragoûts. Aujourd'hui, ce légume est un allié fidèle du pot-au-feu, au même titre que la carotte ou le poireau, ces trois compères ayant été à l'origine de la fameuse appellation du «Royaume du pot-au-feu», attribuée à la plaine des Vertus par le célèbre voyageur Ardouin-Dumaret au début du siècle. Toutefois, carottes et poireaux ont perdu toute caractéristique propre à la région.

Savoir-faire

Il n'y a pas réellement de savoir-faire spécifique concernant les navets d'Ile-de-France aujourd'hui. Toutefois, le milieu cultural garde une certaine importance en ce qui concerne la qualité gustative du légume. Plusieurs maraîchers d'Ile-de-France continuent de cultiver des navets «type Croissy», demi-long blanc, surtout dans les Yvelines. Ils ne font plus leur propre semence mais s'approvisionnent auprès de maisons spécialisées. Dans le Val-d'Oise, le navet de Viarmes, d'automne et d'hiver, semble bien cultivé encore pour la vente, mais de façon quasiment relictuelle.

PISSENLIT DE MONTMAGNY

LÉGUME FEUILLE

Production
La grande majorité des producteurs se trouvent à Montmagny et dans la région avoisinante. Quelques-uns sont disséminés en Ile-de-France comme à Meaux par exemple.

PARTICULARITÉ : le pissenlit de Montmagny est une forme améliorée de la plante qui pousse à l'état sauvage. Cette variété a été obtenue vers la fin du XIXe siècle dans cette localité où elle continue d'être cultivée.

Historique

Longtemps connu sous le nom de «dent de lion» (d'où l'anglais dandelion), le pissenlit ne faisait l'objet d'aucune culture. Après tout, comme le dira Olivier de

utilisation, culture, 4 volumes, P. Lechevalier, Paris, 1927-1937, tome 1 (Phanérogames légumières), pp. 42-43. ESTIENNE (C.) et LIÉBAULT (J.), L'Agriculture et Maison rustique. Rouen, J. Berthelin, 1641, p. 174. GIBAULT (G.), Histoire des légumes, Librairie Horticole, Paris, 1912, pp. 199-209.

Cueilli de janvier-février à mars-avril le pissenlit produit environ 800 kilos par hectare. Cette culture est très «ouvrageante». Certains maraîchers la pratiquent en complément d'autres cultures, nécessitant elles aussi beaucoup de main-d'œuvre, telles que celle des radis. Les autres abandonnent peu à peu cette production.

Bibliographie
BOIS (D.), *Les Plantes alimentaires chez tous les peuples et à travers les âges. Histoire, utilisation, culture*, 4 volumes, Paris, P. Lechevalier, 1927-1937, tome 1 (Phanérogames légumières), pp. 293-294.
DELPLACE (E.), *Manuel de culture potagère*, Paris, Meyer, 1942, pp. 239-255.
GIBAULT (G.), *Histoire des légumes*, Paris, Lib. Horticole, 1912, pp. 143-144.
HUSSON (A.), *Les Consommations de Paris*, Paris, Hachette, 2e éd. 1875, p. 456.

Serres en 1600, «cest herbe croist d'elle-mesme à l'entour des maisons». De Serres ne propose aucun usage alimentaire mais suggère que «les fleurs de ceste plante, prinses en bruvage, sont bonne contre la jaunisse». En fait, si de nombreux remèdes anciens emploient les fleurs, feuilles ou racines du pissenlit, il ne sera cité que tardivement par les auteurs culinaires. Alors que son emploi en salade est vraisemblablement très ancien, ce n'est qu'au XVIIIe siècle que le pissenlit commence à paraître dans les livres de cuisine et l'auteur du *Dictionnaire des alimens* de 1750 le propose même cuit «au beurre». Vers cette même époque, les premiers essais de culture de pissenlit furent entrepris en France, mais ce n'est qu'en 1857 à Montmagny (Seine-et-Oise), nous dit Gibault, «que la culture maraîchère du pissenlit pour les marchés a commencé».

Le «père» de cette culture en grand s'appelait Joseph Châtelain et, au cours des années 1860, d'autres cultivateurs suivront son exemple. À la fin du siècle, la culture du pissenlit dans la région parisienne est en pleine expansion. Husson nous apprend qu'en 1875, il se vendait aux Halles de Paris autant de kilos de pissenlits que de tomates et que cette plante représentait le tiers de toutes les salades mises en vente dans la capitale! On comprend donc la motivation des maraîchers de se «mettre en pissenlit».

En 1886, l'auteur d'un article dans la *Revue horticole* écrit que «c'est par centaines d'arpents que, dans la commune de Montmagny, sont cultivés les Pissenlits» et que, d'après l'exemple de cette communauté, «une progression analogue se produisit dans les communes voisines». Mais cet «âge d'or» ne durera pas. Dès 1927, Bois note que «les départements de Vendée, des Deux-Sèvres, de la Mayenne, de la Nièvre font des envois considérables de pissenlit vers la capitale».

Aujourd'hui, le pissenlit ne compte plus parmi les salades importantes. Les tomates l'ont depuis longtemps dépassé en tonnage... et peu de Parisiens savent que sa mise en culture fut réalisée dans leur région. À Paris, il se consomme exclusivement «aux lardons» et se

Serres (O. de), *Le Théâtre d'agriculture*, Édition critique, Paris, Huzard, 2 volumes, 1804-1805 (1ʳᵉ édition, 1600). Tome 2, p. 308.

classe actuellement parmi les salades d'«amateur», prisé pour son amertume, plus ou moins prononcée selon le degré d'étiolement, et associé aux plaisirs «simples» de la vie rustique.

Description

La variété de Montmagny possède un cœur plus fourni et une feuille d'un vert plus soutenu que le pissenlit ordinaire ; elle est plus vigoureuse, d'une production plus abondante et se prête bien à l'étiolement.
Saveur : légère amertume recherchée par les connaisseurs. Couleur : les extrémités des feuilles sont vertes, le cœur est blanc.

Usages

Se consomme en salade au milieu de l'hiver, le plus souvent accompagné de lardons, de croûtons voire d'œufs durs.
Le pissenlit, dépuratif, avait la réputation de «nettoyer le sang» à la fin de l'hiver.

Savoir-faire

Le pissenlit se cultive en pleine terre. Le semis se pratique en avril-mai. Il doit être effectué au bon moment, dans un sol encore humide, car la levée des graines est capricieuse. La plante, rustique, nécessite peu de soins jusqu'à la fin de l'automne, époque à laquelle est pratiqué l'étiolement. Cette opération consiste à recouvrir le pissenlit, autrefois de terre, aujourd'hui de paille.
La plante, privée de lumière, blanchit et devient plus tendre ; elle peut être cueillie dès la fin du mois de janvier.
La récolte a lieu tous les jours et se fait manuellement.
La paille une fois tirée au crochet, la plante est coupée à hauteur du collet avec le hoyau, petite houe à

lame courbe taillée en biseau et tranchante. Les pissenlits sont alors transportés dans le bâtiment d'exploitation et « épluchés », débarassés de leurs imperfections : terre, feuilles sèches, etc. : ils sont prêts pour la vente.

La récolte se prolonge jusqu'en mars, voire avril, époque à laquelle le pissenlit « monte à fleurs ». Les plants restaient parfois en place deux ans ; aujourd'hui le semis a lieu chaque année. La variété « Géant amélioré » côtoie de plus en plus le « Montmagny ».

Des techniques très élaborées de forçage, en terre ou en cave, existaient au siècle dernier. Il ne faut pas confondre toutefois le pissenlit forcé en cave avec la barbe de capucin : les techniques sont les mêmes (mise en jauge des racines et forçage en cave, amenant le développement des feuilles étiolées) mais il s'agit de deux espèces différentes. La barbe de capucin est en effet une chicorée sauvage.

CERISE DE MONTMORENCY

CERISE

Production
Aujourd'hui, seules
les communes de
Saint-Prix et de
Soisy, dans le Val-
d'Oise, possèdent
encore un verger
commercial.
La récolte se fait
entre le 15 juin et
le 15 juillet.
L'urbanisation a fait
disparaître la
presque totalité des
vergers situés en
bordure de la forêt
de Montmorency. Il
n'existe plus que
600 arbres (environ
2 ha) en production
commerciale à
notre connaissance.
En revanche,
nombreux sont les
particuliers qui
possèdent encore
des arbres pour
leur propre
consommation dans
toute la région
autour de
Montmorency.

Bibliographie
BOIS (D.), *Les
Plantes alimentaires
chez tous les
peuples et à travers
les âges. Histoire,
utilisation, culture,*
4 volumes, Paris,

APPELLATIONS : Gros gobet, Gobet à courte queue, Coularde à courte queue pour la Montmorency à courte queue ; Petit gobet à longue queue, Coularde à longue queue pour la Montmorency à longue queue.

PARTICULARITÉ : parmi les anciennes variétés de cerises, la Montmorency à longue queue et la Montmorency à courte queue sont les deux variétés les plus estimées des amateurs de cerises acidulées.

Historique

« Dans aucun pays on ne s'étend à cultiver le cerisier comme aux environs de Paris. À l'époque de la floraison, le paysage en est tout blanc. À l'époque des fruits, il est tout rouge... Châtenay, Verrières, Robinson revendiquent la "grosse cerise" aux couleurs éclatantes. Sèvres, Clamart, Meudon sont fiers de leur tardive "Madeleine". À Puteaux, à Nanterre et à Suresnes appartient l'excellente "cerise de Pin" ; à Montmorency, la fameuse cerise de ce nom... ». Ainsi parle Fulbert Dumonteil en 1905. Parmi toutes les cerises qu'il cite, celle de Montmorency est la plus « fameuse » et ce, depuis longtemps.

Pour Bois, la cerise de Montmorency, qui se classe parmi les « griottes acides », est « d'origine ancienne » mais sa première description date de 1613. À la fin du XVIIᵉ siècle, Antoine Furetière annonce que « la cerise de Monmorency [sic] est grosse & tardive, est à courte queuë, & la plus estimée ». Tout au long du XVIIIᵉ siècle, la réputation de cette cerise va grandissant et en 1782, Le Grand d'Aussy écrit : « Les cerises qu'aujourd'hui les Parisiens estiment le plus, sont celles de Montmorency. »

Malgré leur succès, dans la première décennie du XIXᵉ siècle, les producteurs de Montmorency changent de cap, non sans attirer la critique des amateurs. « Les

P. Lechevalier, 1927-1937, tome 2 (Phanérogames fruitières), p. 205.

CAUBERT (S.) (rapporteur), «Rapport d'une commission sur les cultures de cerisiers de la vallée de Montmorency», *Journal de la Société d'horticulture de Seine-et-Oise*, 1845, pp. 137-140.

COUVERCHEL, *Traité des fruits*, Paris, Bouchard-Huzard, 1839, p. 347.

DUMONTEIL (F.), *La France gourmande*, Paris, Lib. universelle, s.d. (1905), p. 205.

FURETIÈRE (A.), *Dictionnaire universel*, 3 volumes, réédition, Paris, Le Robert, 1978 (facsimilé de l'édition de 1690), art. Cerise.

LA REYNIÈRE (Grimod de) (A.-B.-L.), *Almanach des gourmands*, 8 années (1803 à 1812). Réimpression, Paris, Valmer-Bibliophile, 1984, 3e année, 1805-1806, p. 27.

LE GRAND D'AUSSY, *Histoire de la vie privée des François*, Paris, Laurent-

meilleures cerises viennent à Paris de la vallée de Montmorency, écrit Grimod de La Reynière en 1805, mais on remarque que, depuis quelques années, la bonne espèce est sensiblement moins abondante. On a planté beaucoup de cerisiers dits anglais, qui donnent des cerises plutôt brunes que rouges, plutôt amères qu'acides.» La «crise» que signale Grimod semble passagère, car l'auteur d'un *Almanach du commerce* publié quelques années plus tard évoque de façon élogieuse les productions de Montmorency («Cerises et fruits délicieux»). Pourtant, elle a eu des effets certains : «C'est à tort qu'on a cru cette espèce perdue, confirme Couverchel en 1839, elle semble, il est vrai, dégénérée sur certains arbres trop vieux, mais il suffit, comme nous nous en sommes assurés, de la greffer sur de jeunes sujets et principalement sur merisier, pour la voir reproduite avec ses avantages.»

Variété de tout temps très recherchée pour la préparation des conserves et des confitures, la cerise de Montmorency perd du terrain devant les bigarreaux à consommer frais, qui dominent largement le marché actuel (90 % des plantations françaises produisent soit le Burlat soit le Reverchon). Par conséquent, la cerise de Montmorency occupe une place de plus en plus réduite dans le paysage de l'Ile-de-France. Aujourd'hui, cette célèbre spécialité est devenue plutôt un produit de luxe recherché par des amateurs «avertis» en quête d'une bonne cerise à mettre «à l'eau-de-vie» ou «à confire».

Description

Forme : ronde. Couleur : rouge vif, jus abondant peu coloré ou incolore. Texture : la chair est tendre et fond dans la bouche ; peau mince.
Particularités organoleptiques : peu sucrée, «possédant une saveur acide fort agréable et des plus rafraîchissantes» selon Leroy.

Beaupré, 3 volumes, 1815 (1ʳᵉ édition 1782), tome 1, p. 265.

LEROY (A.), *Dictionnaire de pomologie*, Paris, Angers, l'Auteur, tome 5, 1877, pp. 361-367.

Société nationale d'horticulture de France, *Les Meilleurs Fruits au début du XXᵉ siècle*, Paris, S.N.H.F., 1907, pp. 117, 123.

TYNNA (J. de La), *Almanach du commerce de Paris et des départements*, Paris, Capelle & Renand, 1807, p. 716.

Usages

Les variétés de Montmorency ont longtemps été destinées essentiellement à la confiserie et à la conserverie. Une fête de la Cerise se tient chaque année à Montmorency.

Savoir-faire

Ces cerises passent pour des «fruits de luxe par leur excellence, et surtout par leur rareté, qui tient au manque de fertilité de leurs arbres», écrit Leroy en 1877. De fait, le rendement de cette variété est faible, car le fruit a des difficultés à «nouer» et a tendance à «couler»; le qualificatif de coulard qu'on lui attribue parfois est là pour en témoigner. Cette particularité explique en partie la désaffection actuelle pour la culture de cet arbre dont le fruit continue par ailleurs de jouir d'une excellente réputation.

En 1945, plus d'une vingtaine de variétés de Montmorency étaient encore cultivées dans la région : Montmorency à queue courte, à queue longue, à gros noyau, à petit noyau, à épiderme fin, épais, de Chambourcy, pour ne citer que celles-ci.

Aujourd'hui, ce sont essentiellement les Montmorency royale et de Saint-Aignan qui sont cultivées, greffées sur merisier, comme par le passé. L'arrivée d'un merisier porte-greffe à effet nanisant, appelé *colt*, a grandement facilité la cueillette. Associé à un greffage de la variété effectué plus près du sol, il a permis un temps d'obtenir des arbres au port moins élevé. La réintroduction de chevreuils dans la forêt de Montmorency a malheureusement forcé les arboriculteurs à revenir aux anciennes pratiques.

Les cerisiers en général, le Montmorency en particulier, se prêtent assez mal à la taille. L'arbre est simplement rabattu, autrefois à la serpe ou à la scie, aujourd'hui avec des outils plus perfectionnés, voire taillé en gobelet, pour augmenter la fructification et faciliter la cueillette. Le rabattage, autrefois effectué à l'automne, se pratique immédiatement après la récolte.

Les fruits doivent être cueillis avec la queue — sous peine de ne pas se conserver — au fur et à mesure de leur maturité, tous les jours s'il le faut. C'est donc une opération longue et délicate. Un cueilleur habile récolte 50 à 60 kg de fruits dans la journée. Les queues se détachent assez difficilement de la branche, le fruit est fragile et peu abondant : toutes choses qui expliquent ce rendement assez faible et plus généralement le désintérêt dont est victime cette variété.

Les arbres acquièrent leur pleine maturité à 20 ans et peuvent produire jusqu'à 45 ans. Dans le passé, groseillers et cassissiers occupaient l'espace situé entre les arbres nouvellement plantés et fournissaient quelques récoltes de petits fruits, le temps que la plantation entre en fructification. Les 12 années d'attente se sont limitées à 3 ou 4 aujourd'hui, avec les progrès de l'arboriculture fruitière, rendant caduques ces pratiques.

Deux autres variétés ont acquis une certaine notoriété en Ile-de-France : la cerise de Villers-en-Arthies et celle de Guernes dans le Vexin, où se tient une fête des cerises très connue alentour.

CHASSELAS DE THOMERY

RAISIN DE TABLE
« DE LUXE »

AUTRE APPELLATION : chasselas doré de Fontainebleau.

Production
Département de
Seine-et-Marne :
Thomery, ainsi que
les communes très
voisines de By,
Moret-sur-Loing,

PARTICULARITÉ : la réputation du chasselas de Thomery, raisin de luxe, repose avant tout sur la méthode de conservation des grappes «à rafle fraîche», qui en permet la consommation jusqu'en avril/mai de l'année suivant la récolte. Elle est également liée aux techniques particulières de conduite de la vigne.

Veneux-les-Sablons. Les grappes conservées à rafle fraîche se vendent de décembre jusqu'en avril, voire mai, de l'année qui suit la récolte. Alors qu'en 1853, Thomery expédiait 1 000 tonnes de chasselas à Paris, la commercialisation est devenue quasiment nulle aujourd'hui. Quelques particuliers perpétuent cette production à une échelle familiale. La maison Fauchon est acheteur lorsque de petites quantités sont disponibles. Une association replante actuellement du chasselas à Thomery et cherche à relancer cette production.

Bibliographie
BARON (E.) et PONS (M.), « Des cultures spécialisées », *in Le Temps des jardins*, Comité départemental du Patrimoine de Seine-et-Marne, document non paginé, 1992.
CHARMEUX (F.), *L'Art de conserver les raisins de table*, 2ᵉ édition, Paris,

Historique

Le chasselas de Thomery aurait pour origine la treille du roi. Ces ceps plantés le long d'un mur de 1,400 km sur 5 m de haut dans le parc de Fontainebleau seraient eux-mêmes originaires de Cahors puisque, d'après Charmeux (1917), c'est en 1531 qu'un certain Jehan de Rival transporte « un grand nombre de plants de vigne de Cahors... au dit Fontainebleau près de Paris ». François Charmeux fait construire vers 1730 le premier mur à Thomery (rue Gambetta) ; c'est à partir de cette époque que la culture du chasselas sur espalier est attestée à Thomery et que les liens entre ce lieu et le cépage seront définitivement noués.

Au XVIIIᵉ siècle, le chasselas doré est parmi les raisins de table les plus estimés, ceux provenant des environs de Fontainebleau étant particulièrement recherchés. En 1806, le célèbre gastronome Grimod de la Reynière écrit dans la troisième année de son *Almanach des gourmands* que « le meilleur (raisin) qu'on mange à Paris, c'est le chasselas de Fontainebleau, qui y arrive en grande quantité pendant tout l'automne et qui présente plus que tout autre chasselas cette belle couleur dorée qui atteste en même temps sa douceur et sa maturité »...

Le chasselas de Thomery fut d'abord cultivé pour être vendu immédiatement. L'aptitude à la conservation de cette variété fut cependant renforcée par une technique de garde dite « à rafle sèche » qui consistait à étaler les grappes avec leur sarment sur des claies garnies de fougères.

Ce n'est qu'au cours de la première moitié du XIXᵉ siècle que l'on découvre un nouveau moyen de conserver dans un état de fraîcheur parfaite les grappes cueillies en automne jusqu'au printemps suivant. Ainsi fut consacrée la notoriété du chasselas, qui fit la fortune de la viticulture thomeryonne. Mieux encore, les grappes étaient ainsi « bonifiées » par ce procédé de conservation, en concentrant les sucres et les arômes dans les grains. Dans *L'Art de conserver les raisins de*

Librairie et imprimerie horticoles, 1904, p. 29.
CHARMEUX (F.), Étude sur l'origine du chasselas doré dit de Fontainebleau, *Journal de la société nationale d'horticulture de France*, 4ᵉ série. Tome XVIII, 1917, mars, pp. 50-52 ; avril, pp. 65-68.
CHARMEUX (R.), *La Culture du chasselas à Thomery*, Paris, Masson et fils, 1863, 99 p.
GUILLAUMIN, *Dictionnaire du commerce et des marchandises*, Paris, Guillaumin, 1841, tome 2, p. 1909.
HUET (A.-F.), *L'Année viticole. Thomery*. Fac-similé d'un cours manuscrit, écrit par l'instituteur de Thomery à la fin du XIXᵉ siècle, non daté. Publié par la municipalité de Thomery. Non paginé, 1979, 70 p. environ.
HUSSON (A.), *Les Consommations de Paris*, Paris, Lib. Hachette, 2ᵉ édition, 1875, p. 431.
LAPOIX (F.), « Un raisin prestigieux, le

table François Charmeux rapporte en 1842 l'anecdote suivante :

« Il y avait... à Thomery un homme qui s'arrêtait à toutes sortes de fantaisies originales... Un jour, il eut l'idée de remplir d'eau une grande coupe qui était sur sa commode et de plonger dans cette eau des sarments munis de grappes de raisins. Au mois de février, il vit passer devant sa porte, dans la rue d'Effondré, deux hommes qu'il savait avoir l'amour de leur profession, cherchant tous les moyens de l'améliorer. Il les fit entrer chez lui et d'un air fier et narquois leur montra ces raisins pendant autour de la coupe, aussi charnus, aussi fondants et aussi sucrés que lorsqu'ils étaient encore à la treille. Le procédé de conservation des raisins à rafles vertes était découvert. »

Selon le *Dictionnaire du commerce et des marchandises* paru en 1841, « le fruit conservé vaut, pendant l'hiver et au printemps, depuis 1,50 F jusqu'à 3 F le 1/2 kilo. On l'expédie à Paris, par bateau, à partir du port de Thomery, puis par chemin de fer, mais aussi dans les principales villes de France, en Angleterre, en Belgique et jusqu'en Hollande »...

Ainsi, dès avant la moitié du XIXᵉ siècle, les raisins de Thomery frais et « de conserve » bénéficient d'une très grande notoriété. Jusqu'à la fin du siècle, la demande pour ce produit ne cesse de croître. « Dans les grands dîners qui ont lieu pendant la saison rigoureuse, on ne sert plus que le chasselas conservé... », témoigne Husson en 1875.

La Première Guerre mondiale portera un coup dur à cette production. En mars 1917, François Charmeux constate avec regret que le « chasselas de Fontainebleau » n'a pas été « crié » en 1916 sur les marchés de Paris ni dans ses faubourgs... Ce raisin fameux a même disparu, dès novembre, des mercuriales officielles des Halles centrales, qui ne mentionnent plus que les arrivages réguliers et les cours relativement élevés des « chasselas du Sud-Ouest ». Outre l'épuisement du sol, les ravages des maladies cryptogamiques, le manque de main d'œuvre, il faut vraisemblablement compter

Chasselas de Thomery», in Seine-et-Marne, Paris, C. Bonneton, 1989, pp. 154-167.

LA REYNIÈRE (Grimod de), Almanach des gourmands, Paris, chez Madaran, 1806, réédition Paris, Valmer-Bibliophile, 3e année, 2e édition, 1984, p. 45.

aussi avec le manque de combativité commerciale des producteurs. La grande époque du raisin de Thomery est révolue et aujourd'hui, seuls les murs témoignent de l'étendue de cette culture exceptionnelle et de son passé glorieux. Il y en aurait eu jusqu'à 350 km durant la période de production maximale. François Lapoix raconte qu'en 1870, les troupes des Uhlans allemands, arrivées sur les hauteurs voisines, n'osèrent pas attaquer le village de Thomery et rebroussèrent chemin, tant ils furent impressionnés par ce qu'ils pensèrent être un astucieux et complexe système de défense !

À partir de 1820, la Saint-Vincent, fête des vignerons, est célébrée le 22 janvier, par la confrérie des viticulteurs de Thomery.

Description

Forme : par grappes individuellement enveloppées dans du papier kraft ou de soie. Couleur : dorée. Texture : craquante, grains à peau fine, contenant peu de pépins. Particularités organoleptiques : grains sucrés et parfumés. Variété utilisée : chasselas doré de Thomery.

Savoir-faire

La spécificité du savoir-faire repose d'une part sur les techniques de conduite de la vigne, d'autre part sur les techniques de conservation des grappes. Les pieds de Chasselas sont conduits le long de murs spécialement construits à cet effet, hauts de 2 à 2,30 m, sur lesquels courent des fils de fer horizontaux : c'est l'espalier. La technique employée est celle du cordon vertical, palissé sur toute la hauteur du mur, ou horizontal, les pieds voisins occupant des hauteurs différentes et se trouvant palissés et étagés horizontalement. Ces deux systèmes se déclinent eux-mêmes en variantes. Alors que les grappes sont déjà formées, le ciselage ou cisellement consiste à éliminer les grains trop petits ou mal formés avec une paire de ciseaux pointus et fins. Cette opération a pour but d'augmenter le volume des grappes et d'activer la maturation des baies restantes ; elle est pratiquée par les femmes.

Plus tard, on supprime par l'effeuillage un certain nombre de feuilles, de manière à favoriser le développement du raisin tout en le protégeant du soleil, puis en le découvrant partiellement à l'automne, afin d'obtenir sa couleur dorée caractéristique.

La cueillette des grappes destinées à la garde commence sur les étages supérieurs des treilles. Les feuilles sont ôtées, seul un morceau de sarment est gardé. On utilise des paniers spéciaux pour la récolte et le transport au fruitier, appelé ici « chambre à raisins ». C'est alors que se pratique un dernier ciselage des grappes.

Le procédé de conservation à rafle fraîche consiste à plonger l'extrémité du sarment dans une fiole d'eau additionnée de charbon de bois en poudre et suspendue sur des étagères. Un vigneron possédant 5 ha de vignes utilisait de 20 à 40 000 bouteilles. Ainsi traitées, les grappes se conservent sans se flétrir et les grains s'enrichissent en sucre. Ce procédé nécessite une attention constante et un soin tout particulier.

Murs, chambre à raisins : les murs, qui jouent un rôle déterminant pour la conduite en espalier et le stockage de la chaleur, sont faits de pierre de Veneux-lès-Sablons et de terre. Orientés est-ouest, ils emmagasinent la chaleur durant la journée et la restituent la nuit. Leur sommet est recouvert d'un chaperon de tuiles plates surmontées de tuiles faîtières rondes. Un auvent de verre protège les grappes de la pluie.

La conservation de la rafle se fait dans la chambre à raisins. Tous les producteurs en possédaient une. Il s'agit en réalité d'un fruitier situé à l'étage de la maison ou de plain-pied. Il doit être clos, pas trop humide et à température constante.

La multiplication se fait par marcottage ou par bouturage. La production de boutures est à l'origine de la construction de nombreuses serres.

REMARQUE : un réseau important de ces murs, parfaitement conservés peut être visité chemin des Longs-Sillons. Il a été inscrit à l'inventaire supplémentaire des monuments historiques au début de l'année 1993. Par ailleurs, une procédure de classement des serres est également à l'étude.

FRAISE DE PARIS

FRAISE

Production
Cueillette à la ferme : le long de la vallée de la Bièvre (Jouy-en-Josas, Vauhallan) et le long de la vallée de l'Yvette (Orsay...). Pour la cueillette professionnelle, la zone principale se situe en Essonne le long de la vallée de l'Orge (surtout entre Breuillet et Saint-Chéron).
Une petite partie de la production est forcée sous tunnel : la récolte commence alors vers le 15 mai. Pour étaler au mieux la saison, des fraises remontantes sont cultivées : la récolte se termine avec les premières gelées.
La production est

APPELLATIONS : fraises de la vallée de la Bièvre, de la vallée de l'Yvette, de Marcoussis et de Linas.

PARTICULARITÉ : quelques exploitants continuent de cultiver des fraises dans la banlieue sud de la capitale. A la fin du XIXe siècle, la réputation des « fraises de Paris » était internationale. Cette notoriété devait beaucoup à la qualité des variétés produites, mais aussi aux quantités impressionnantes mises alors sur le marché parisien.
Les variétés de fraises cultivées aujourd'hui suivent les aléas de la culture maraîchère intensive et peuvent varier d'une saison à l'autre.

Historique

«Fraize, fraize, douce fraize!
Approchez, petit bouche,
Gardez bien qu'on ne les froisse;
Et garde qu'on ne vous touche.»

Les Cris de Paris, Paris, chez Jean Bonfons, 1545.

Pendant trois siècles, les marchands ambulants vendirent des fraises cueillies en Ile-de-France dans les rues de Paris. Dans un premier temps, seule la *Fragaria vesca* de Linné (notre fraise des bois) remplissait leurs

en extension pour la cueillette à la ferme, mais en forte régression en ce qui concerne la cueillette professionnelle.

Bibliographie
Bois (D.), *Les Plantes alimentaires chez tous les peuples et à travers les âges. Histoire, utilisation, culture*, 4 volumes, Paris, P. Lechevalier. 1927-1937, tome 2 (Phanérogames fruitières) pp. 239-254.
Husson (A.), *Les Consommations de Paris*, Paris, Hachette, 2e édition 1875, p. 431.
Le Grand d'Aussy, *Histoire de la vie privée des François*, Paris, Laurent-Beaupré, 3 volumes, 1815 (1re édition 1782), tome 1, p. 288.
Vilmorin-Andrieux, *Les Plantes potagères*, Paris, Vilmorin-Andrieux, 4e édition, 1925, «Fraisier», p. 262 et suivantes.

paniers mais, dès le XVIIIe siècle, une nouvelle fraise, venue des Amériques, lui fit concurrence. La taille de celle-ci surprenait les consommateurs européens, habitués aux petits fruits (en 1782, Le Grand d'Aussy note que celui de la variété américaine «devient ordinairement gros comme une forte noix, et souvent comme un œuf de poule»).

La fraise américaine poussait bien en Bretagne, mais les producteurs d'Ile-de-France ne pouvaient guère la proposer car elle s'accommodait mal du climat de Paris. Ainsi, au cours du XVIIIe siècle, ils commencèrent à orienter leur production vers une fraise des bois «améliorée» connue sous le nom de «fraise de Montreuil». Plus petites que les fraises américaines, les fraises de Montreuil étaient néanmoins de «grosses fraises» et leur culture s'étendit rapidement de Montreuil à Bagnolet, puis à Montlhéry.

La culture intensive du fraisier se poursuivit en Ile-de-France au cours de la première moitié du XIXe siècle et d'autres fraises, telles la «Belle de Meaux» et «La Meudonnaise» seront développées. Cependant les producteurs parisiens ne dominent plus alors le marché. Vers 1875, Husson rassure ses lecteurs, en leur indiquant que «malgré l'abondance des arrivages du Midi, la culture des fraises n'est pas abandonnée dans le voisinage de la capitale» en précisant que les fraises de Sceaux, Fontenay-aux-Roses, Châtillon, Palaiseau, Orsay, La Verrière, Sannois et Argenteuil «font l'objet de nombreux apports».

En dépit de l'optimisme de Husson, les «arrivages du Midi» auront bientôt raison de la production locale et les «douces fraizes» proposées aujourd'hui ne sont que rarement celles des environs de Paris.

Une fête de la fraise se déroule à Bièvres et une autre à Marcoussis, dans l'Essonne, au mois de juin.

Savoir-faire

Les premières fraises arrivaient sur la halle de Paris dès la mi-avril grâce à des techniques de forçage réputées et diversifiées : châssis sur couche chaude ou froide, culture sous serre ou sous bâche. En 1942, 20 000 des 35 000 châssis employés en France pour la culture de ce fruit se situent dans les environs de Paris. Le choix des variétés faisait succéder les tardives aux précoces pour une production étalée dans l'année. Les techniques de culture en plein champ étaient elles aussi parfaitement maîtrisées. Là encore, un conditionnement attentif, en paniers d'osier, des fruits arrangés avec soin et couverts de feuilles de châtaigniers, traduisait l'attachement que les primeuristes et maraîchers portaient à cette culture. Aujourd'hui, les problèmes de main-d'œuvre conjugués au développement des transports ont bien évidemment totalement bouleversé la donne. Quelques exploitants continuent de produire ce fruit délicat. Certains se sont orientés vers la cueillette à la ferme ; les fraises sont alors plantées en double rangée sur buttes recouvertes de plastique. D'autres continuent de pratiquer la cueillette professionnelle et cultivent les fraises en plein champ, sur rangées simples et paillées. Les techniques, adaptées à ces formes de production, ne présentent plus de spécificités propres.

Un hectare est planté de 30 à 33 000 pieds de fraisiers et peut produire jusqu'à 30 tonnes de fruits. Seules 5 à 6 tonnes par hectare sont cueillies par les acheteurs particuliers, les pertes sont alors comprises entre 40 et 60 %.

PÊCHE DE MONTREUIL

PÊCHE «DE LUXE»

Production
Montreuil, en Seine-Saint-Denis et quelques communes alentour (productions non commerciales). Maturité : de juillet

PARTICULARITÉ : fruit de luxe dont la finesse de goût, alliée à une présentation parfaite, repose sur un ensemble de pratiques d'arboriculture fruitière, complexes et parfaitement maîtrisées. Production quasiment disparue.

Historique

Qu'elle soit originaire de la Chine (comme le pensent les spécialistes actuels) ou de la Perse (comme le

à septembre, selon les variétés.

Les rares arbres survivants du verger commercial de Montreuil vont bientôt disparaître en raison d'une expropriation annoncée. La Société d'horticulture de Montreuil projette d'augmenter le nombre de pêchers dans son verger au Jardin-École. Son président espère relancer la production, même à très petite échelle.

Bibliographie
BALTET (C.), *L'Arboriculture fruitière commerciale et bourgeoise*, Paris, Masson, 1889, pp. 221-224.
BOIS (D.), *Les Plantes alimentaires chez tous les peuples et à travers les âges. Histoire, utilisation, culture*, 4 volumes, Paris, P. Lechevalier, 1927-1937, tome 2 (Phanérogames fruitières) p. 189.
CARRIÈRE (E.-A.), *Montreuil-aux-Pêches, historique et pratique de quelques communes de sa banlieue : Bagnolet, Rosny-*

disaient les anciens), la pêche est bien connue en Europe depuis l'Antiquité. On la rencontre en France dès le XIIe siècle et, assez tôt, les pêches des environs de Paris sont classées parmi les meilleures.

Dans un premier temps, ce sont les pêches de Corbeil qui sont recherchées avant tout autre. Rabelais les cite vers 1550 et on les retrouve parmi les produits vendus dans les rues de Paris par les marchands ambulants à la même époque. Il s'agissait alors d'une pêche de vigne, si l'on en croit Le Grand d'Aussy qui affirme en 1782 : « Pendant plusieurs siècles, on n'a connu à Paris que les seules pêches de vigne... quoi qu'il n'y ait plus maintenant que le bas peuple qui en achète. » Et les gens aisés qui pouvaient s'offrir autre chose que les pêches rougeâtres, qu'achetaient-ils ? Les pêches de Montreuil.

Le Grand d'Aussy fait remonter l'origine de la culture de pêches à Montreuil au XVIIe siècle. Leur qualité semble directement liée au mode de culture employé — la conduite des arbres sur espalier. Décrite en détail par La Quintinye en 1690, Le Grand d'Aussy attribue le succès commercial de cette pratique à un certain Girardot qui avait « servi Louis XIV dans ses Mousquetaires »... « Après avoir, comme beaucoup d'autres, consumé au service presque tout son bien, » Girardot transforme son petit jardin à Bagnolet en créant de petits enclos séparés par des murs sur lesquels il multiplie les espaliers. « Ainsi divisé, poursuit Le Grand d'Aussy, le terrain de Bagnolet forma soixante et dix-sept jardins qui, pendant la vie de leur maître lui rapportèrent, année commune, 12 000 livres. »

Girardot parvenait à obtenir des fruits « meilleurs, plus beaux et surtout, plus hâtifs » que ses concurrents et s'attachait en particulier à la culture des pêches. « Tant d'éclat devoit à coup sûr éveiller l'émulation des cantons voisins, poursuit Le Grand d'Aussy. Animé par l'exemple, celui de Montreuil se livra tout entier à la culture des fruits ; et les personnes qui savent avec quel succès, depuis cette époque, s'y sont appliqués les habitants de ce village, avoueront que c'est là la véritable gloire de Girardot. »

sous-Bois, Fontenay-
sous-Bois,
Vincennes,
Romainville, etc.,
Paris, s.e., 1890.
DUMONTEIL (F.), La
France gourmande,
Paris, Lib.
Universelle, s.d.
(1905), p. 220.
LA REYNIÈRE
(Grimod de)
(A.-B.-L.), Almanach
des gourmands,
8e année (1803 à
1812), Paris.
Réimpression,
Valmer-Bibliophile,
1984, 3e année,
p. 35.
LANGLOIS (H.), Le
Livre de Montreuil-
aux-Pêches, Théorie
et pratique de la
culture de ses
arbres, Paris,
Firmin Didot, 1875.
LECLERC (H.),
Les Fruits de
France : histoire,
diététique et
thérapeutique,
Paris, Masson, 1925,
p. 69.
LE GRAND D'AUSSY,
Histoire de la vie
privée des François,
Paris, Laurent-
Beaupré, 3 volumes,
1815 (1re édition
1782). Tome 1,
pp. 228-232.
PEYRE (P.), Les
Pêchers, Foulon,
Paris, 1946.
RABELAIS (F.),
Le Quart Livre.
Édition critique

Les jardiniers de Montreuil pousseront les méthodes de Girardot à l'extrême. Toujours d'après Le Grand d'Aussy, alors que « La Quintinye lui-même n'accordoit annuellement qu'environ cent-vingt pêches par pieds, les habitants de Montreuil ont trouvé le secret d'en faire un arbre vigoureux et vivace qui, sur leurs espaliers, couvre huit à neuf toises [48 à 54 pieds] de murailles, et produit un millier de fruits, sans que l'année suivant, il paroisse aucunement fatigué ». Cette production intense ne nuisit point à la qualité des fruits et au cours du XVIIIe siècle la réputation des pêches de Montreuil devient mondiale.

En 1805, Grimod de la Reynière affirme que « le village de Montreuil, près de Paris, est en possession de nous envoyer les meilleures pêches qui se mangent en France, et probablement en Europe ». Il note l'existence de plusieurs variétés : « La mignonne est la première pêche qui paroit à Paris, ordinairement vers la fin de juillet ; mais celle connue sous le nom de téton de Vénus, qui mûrit vers la fin d'août, est regardée à bon droit comme la meilleure de toutes. » C'est principalement cette dernière qui sera associée à Montreuil et, d'après Bois, elle fut même obtenue à cet endroit.

Avec l'apparition de nouveaux modes de transport, d'autres pêches viendront les concurrencer sur le marché parisien. Mais les pêches de Montreuil avaient leurs fidèles qui, comme Émile Zola, admiraient leur « peau fine et claire comme les filles du Nord » et qui offraient tant de contrastes avec les pêches du Midi, « jaunes et brûlées, ayant le hâle des filles de Provence ». Vers 1905, écrit Fulbert Dumonteil, il y avait à Montreuil « 600 000 mètres de murs d'espalier » consacrés aux pêches et la ville se vantait toujours d'une production qui atteignait « 10 à 12 millions de pêches par an »...

Avec l'arrivée du chemin de fer, les producteurs abandonnèrent la production précoce et continuèrent de se consacrer aux fruits de très haute qualité et emballés à la main avec le plus grand soin, qui ont fait la réputation mondiale des pêches de Montreuil. Malgré cela, le déclin fut inexorable. Aujourd'hui, il ne

commentée par
Robert Marichal,
Genève, Droz. 1947
(1ʳᵉ édition
1548-1552),
chap. LIX, p. 241.
ZOLA (E.), *Le Ventre
de Paris*,
33ᵉ édition, Paris,
Charpentier, 1892
(1ʳᵉ édition 1875),
p. 269.

subsiste plus à Montreuil qu'une seule arboricultrice qui, de temps à autre, offre ce fruit à la vente. Pour la majorité des habitants, les pêches ne sont plus qu'un ornement qui figure sur le blason de leur ville...

Description

La pêche de Montreuil correspond à un assortiment de plusieurs variétés. Toutefois, la plus célèbre est l'Admirable tardive, connue aussi sous le nom de Téton de Vénus, en raison de sa forme mamelonnée. Henri Leclerc, dans *Les Fruits de France* (1925), la décrit ainsi : « sa peau garnie d'un duvet soyeux, jaune à maturité, lavée et fardée de rouge foncé à l'insolation, enveloppe une pulpe d'un blanc verdâtre, à saveur sucrée et relevée ». Il faut aussi mentionner la Grosse Noire de Montreuil (dite Galande ou Bellegarde) et la Bonouvrier. « Les plantations créées devront comprendre quelques variétés généreuses et belles, mais d'une époque de maturité différente, afin d'éviter l'encombrement d'un fruit délicat aux manipulations et prompt à se ternir ou à se gâter », écrit Charles Baltet en 1889.

Usages

La pêche figure en bonne place sur les blasons de Bagnolet et de Montreuil. Aujourd'hui encore, les personnes qui en cultivent dans leur jardin aiment à les offrir comme un souvenir, une spécialité de Montreuil. C'est un fruit de luxe, voire d'apparat.

Savoir-faire

La renommée des pêches de Montreuil provient d'une double innovation : le palissage à la loque et la conduite des arbres en espalier. Ces deux techniques, associées à un emballage extrêmement soigné, ont conduit à proposer au marché parisien des fruits de luxe précoces et de haute qualité.

Le «palissage à la loque» consiste à rapprocher les rameaux le plus près possible d'un mur en les fixant individuellement à l'aide d'une petite bande de tissu, appelée loquette, et d'un clou. Cette pratique évite la création de bourrelets sur les rameaux du pêcher, tout en les maintenant fortement contre le mur.

Le pêcher est un arbre qui a besoin de beaucoup de lumière ; c'est la raison pour laquelle taille et palissage sont aussi importants. La forme en éventail, qui est propre à Montreuil, a été créée pour permettre d'exposer au soleil de façon optimale les rameaux qui vont fructifier. La taille du pêcher a été portée au rang d'un véritable art à Montreuil. Très complexe, elle représente un élément stratégique pour la fructification des arbres. Le choix du porte-greffe est aussi très important : il doit être adapté à la forme que l'on désire donner à l'arbre. Les murs sont orientés nord-sud pour cette même raison, afin de distribuer au mieux rayonnement et chaleur. D'une hauteur moyenne de 2,70 m, ils sont recouverts de plâtre. La couleur blanche reflète la lumière pendant la journée ; la nuit, la chaleur emmagasinée durant le jour est restituée à la plante et aux fruits, dont la maturité est ainsi avancée. A la différence de Thomery, il est très important que ces murs soient montés en petites pierres pour permettre d'enfoncer aisément les clous. Le sommet des murs est recouvert d'un chaperon qui protège le pêcher de la pluie.

POIRE DE GROSLAY

POIRE

Production
Groslay, Deuil,
Saint-Brice,
Montmagny dans le
Val-d'Oise et

APPELLATIONS : poires de Montmagny, de Deuil, de Saint-Brice.

PARTICULARITÉ : la poire de Groslay n'existe pas en tant que variété spécifique ; en revanche, cette appellation renvoie à un haut lieu de spécialisation de la

plusieurs communes au nord de ces dernières. Depuis la dernière guerre, la zone de production a en effet tendance à se déplacer vers le nord, en raison de la poussée de l'urbanisation. Récolte de fin août jusqu'à mi-octobre, pour les variétés tardives. Depuis l'arrachage des passe-crassane, la production de poires d'hiver a quasiment disparu. Sans être pour autant menacée, la production est en baisse. Ceci est dû à l'augmentation des plantations de pommiers, pour répondre à la demande des consommateurs au détriment des poiriers. En 1950 : 290 ha de vergers (pommiers et poiriers confondus), dont 193 hors de la commune ; en 1992 : 85 ha à Groslay même, 380 en dehors.

Bibliographie
Bois (D.), *Les Plantes alimentaires chez tous les peuples et à travers les âges. Histoire, utilisation, culture*, 4 volumes, Paris, P. Lechevalier,

culture du poirier qui s'est érigée en véritable verger monocultural durant les deux derniers siècles.

Historique

Cultivées à 1,5 km au sud-est de Montmorency, les poires sont aussi étroitement liées au nom du village de Groslay que les cerises à celui de son célèbre voisin. Mais cette spécialisation ne remonte pas très loin. « Dès avant la Révolution, on cultivait en grand la cerise de Montmorency [à Groslay], » note Tricart, et la date exacte à laquelle les poires ont pris le relais des cerises est difficile à préciser.

Ce qui est sûr, c'est que cette spécialisation survient au cours du XIXe siècle et, pour Tricart, elle porte principalement sur la poire Williams, importée des États-Unis et introduite au Muséum vers 1830. Toutefois, c'est après la crise du phylloxéra à la fin du siècle dernier que les poires deviennent la culture dominante à Groslay. Tout comme leurs voisins de Montmorency un siècle auparavant, les exploitants de Groslay trouvèrent bientôt leur « territoire » trop exigu. Au cours du XXe siècle, les terres des communes voisines furent « colonisées » jusqu'à représenter les deux tiers des surfaces gérées par les arboriculteurs de Groslay ! « Certains [exploitants] de Groslay, dit Tricart, font jusqu'à 20 kilomètres de route pour aller cultiver des vergers. » Autrement dit, depuis la Révolution, c'est un véritable renversement de la situation puisque, dans les années 1950, la moitié des arboriculteurs de Groslay exploitaient des vergers situés... à Montmorency !

Une fête de la poire se tient en octobre à Montmagny. Il faut par ailleurs mentionner la fête de la pivoine à Groslay. En effet, cette fleur était traditionnellement cultivée entre les rangées de poiriers.

1927-1937,
(Phanérogames
fruitières) poire, p. 290.
BRYANT (C.),
« L'agriculture face
à la croissance
métropolitaine : le
cas des exploitations
fruitières de Groslay
et Deuil-la-Barre
dans la grande
banlieue nord de
Paris », *Économie
rurale*, n° 98, oct.-
déc. 1973.
TRICART (J.), *Les
Cultures fruitières
de la région
parisienne*. Thèse
complémentaire de
Lettres, Centre de
documentation
cartographique et
géographique, Paris,
CNRS, 1951,
pp. 85-102.

Savoir-faire

Les producteurs ont su faire évoluer leurs techniques pour continuer d'exister et maintenir une forte tradition fruitière dans leur région. Ainsi, la distance de plantation est passée de 3 à 4 mètres en tous sens, ce qui correspond à une diminution du nombre d'arbres par hectare de 1 000 à 800 et moins. Du fait de cette évolution, les coûts d'entretien en main-d'œuvre restent supportables et les besoins en eau des arbres sont moindres. Les formes traditionnelles étaient la « quenouille » ou la « pyramide », qui se distinguaient nettement de la « toupie », forme spécifique appliquée aux poiriers par les « voisins » de Chambourcy. Aujourd'hui, on rencontre une certaine diversité dans les formes données aux arbres, l'idée de base étant de faciliter le travail, aussi bien pour le passage des engins mécaniques que pour l'application des traitements anti-cryptogamiques et insecticides.

La récolte, lourde tâche, requiert une main-d'œuvre importante : les exploitations emploient pour cela des salariés et/ou des saisonniers. Les fruits calibrés sont emballés dans des caisses. Des alvéoles en carton fin sont placées entre chaque couche de fruits.

De williams au départ, on est passé à un assortiment variétal assez large : beurré hardy, conférence, doyenné de Comice et en moindre quantité williams, Louise Bonne. Cela pour répondre à plusieurs impératifs, tels que l'extension de la saison de production/commercialisation, la mise en culture de parcelles moins fertiles, le souci d'assurer une bonne pollinisation, l'évolution des goûts du consommateur. Les vergers de passe-crassane ont été arrachés à cause de la menace du feu bactérien.

POMME FARO

Production
Seine-et-Marne, sur
les pentes bien
exposées des
vallées de la Marne
et des Morin (le
Grand et le Petit),
dans les cantons de
Lagny (Carnetin,
Dampmart,
Gouvernes, Conche,
Guermantes), de
Meaux et Crécy-la-
Chapelle pour Faro.
La Goële, au nord
de Meaux, les
coteaux de
Coulommiers dans
la Brie pour les
Reines des reinettes
«Tasse».
Faro, que l'on peut
trouver de
septembre à
janvier, est un fruit
d'hiver qui se
consomme de
décembre à mars. Il
se conserve au
fruitier jusqu'en
mai. On le
rencontre
aujourd'hui sur les
marchés de Lagny
et Crécy ; il est
aussi vendu par de
petits producteurs
sur les bords des
routes en automne.
Bien que considéré
comme un fruit

APPELLATIONS : Faros, Faraud.

PARTICULARITÉ : c'est la pomme la plus ancienne et
la plus renommée en Brie, encore aujourd'hui ; elle
symbolise l'activité pomologique briarde, longtemps
prospère.

Historique

L'Ile-de-France est riche en pommes à couteau. Si la
pomme «Belle de Pontoise», créée dans cette ville par
M. Rémy, a fait une belle carrière depuis 1879, c'est
incontestablement en Brie que la tradition pomologique s'est le mieux enracinée et maintenue. La proximité de Paris l'encourageant, le verger briard de
production commerciale a été prospère jusque dans
les années 55-60. La diversité des variétés «locales»
propres à la Brie est ici impressionnante : Belle Joséphine, Vérité, Châtaignier, Gendreville, Datte, Feuille
morte, Gros Locard, Marie Madeleine, Nouvelle France,
Rousseau, Saint-Médard, Barré, Bassard... et la fameuse
Faro, la plus connue et la plus vivante aujourd'hui,
quoique menacée.
André Leroy, dans son *Dictionnaire de pomologie*, la
cite parmi les 32 variétés de pommes les plus communément cultivées au Moyen Âge, à l'appui d'un document daté de 1350. En vieux français, fare, faro signifie
fort, vigoureux, vif : ces qualificatifs s'appliquent assez
bien à l'arbre, que l'on repère facilement à sa végétation vigoureuse et enchevêtrée. Duhamel du Monceau,
dans son *Traité des arbres fruitiers* de 1768, en donne
une bonne description sous le nom de Gros Faro. En
1775, elle figurait sous le même nom dans le *Catalogue de la pépinière des Chartreux de Paris*, emplacement actuel du Jardin du Luxembourg.
Cette variété prédomine encore aujourd'hui dans les
paysages briards des coteaux dominant les vallées de

d'amateur, Faro connaît un regain d'intérêt et sa production est en augmentation mais reste faible : 100 tonnes au maximum. Les Reines des reinettes «Tasse» fournissent aux alentours de 300 tonnes.

Bibliographie
CHOISEL (J.-L.), *Guide des pommes, du terroir à la table*, Paris, Hervas, 1991, p. 73.
Croqueurs de pommes (Association des), *Découvrez les variétés fruitières locales du pays de Brie*, Section locale Brie-Gâtinais, Hautefeuille, s.d., 34 p.
DUHAMEL DU MONCEAU, *Traité des arbres fruitiers*, Paris, s.e., 1768, tome 1, p. 273.
LEROY (A.), *Dictionnaire de pomologie*, Paris et Angers, l'Auteur, 1873, tome III, Pommes, pp. 21, 30.
VIN (P.) et DELAHAYE (T.), *Les Pommes, une passion*, Paris, Nathan, 1991, pp. 90-91.

la Marne, du Grand et du Petit-Morin, dans les cantons de Lagny, Meaux et Crécy-la-Chapelle. Ces pommiers restent les témoins d'une arboriculture hier encore très active.

Tous les ans au moins d'octobre se tient à Dammartin-en-Goële une foire de la pomme.

Description

Couleur : rouge sang, fruit d'assez gros volume, arrondi ; chair blanche verdâtre, fine, tendre, juteuse, sucrée, légèrement acidulée, relevée et parfumée.

Usages

La pomme Faro est traditionnellement servie à la fin des repas en hiver, en raison de sa bonne qualité gustative. Elle est par ailleurs excellente en tarte Tatin. Enfin, on utilise aussi ce fruit pour la fabrication du cidre : c'est une pomme à deux fins.

Savoir-faire

Les pommiers Faro sont traditionnellement conduits en haute tige, ce sont des arbres «de plein vent», cultivés plutôt en extensif et ne demandant pas de taille particulière en dehors de la formation de leur tête. Dans les vergers de production, l'utilisation de porte-greffes sélectionnés est récente, car ils étaient généralement greffés sur franc. La maîtrise de la productivité n'est cependant pas complète et par conséquent, à l'instar des pommiers à cidre, les Faro restent soumis à l'alternance. Cela veut dire que la récolte n'est bonne qu'une année sur deux : «l'arbre se fatigue, puis se repose». Production moyenne à l'hectare : 15 tonnes. Densité habituelle : 660 arbres par hectare, plantés à 3 m de distance sur des rangs espacés de 5 m. Depuis une vingtaine d'années, s'est développée la culture d'une variété de reine des reinettes, appelée «Tasse», du nom de son obtenteur, à Fontenay-Trésigny, en Brie. Ce fruit, localement sélectionné, est de couleur rouge vif strié de jaune; sa qualité gustative est excellente; elle a encouragé le développement de sa culture en verger par les professionnels briards. La culture est plus intensive que pour Faro, avec une production moyenne à l'hectare de 30 tonnes, la densité atteignant 1 600 arbres par hectare, plantés à 1,5 m de distance sur des rangs espacés de 4,5 m. Ce fruit représente une production régionale intéressante, sans toutefois présenter la profondeur historique de la Faro.

REINE-CLAUDE DE CHAMBOURCY

PRUNE

Production
Département des
Yvelines :
Chambourcy,
Aigremont,
Orgeval, Poissy.
Maturité : mi-août
pour reine-claude
dite « de
Chambourcy »
hâtive, de milieu à
fin septembre pour
reine-claude tardive
de Chambourcy.
Le tonnage est très
difficile à estimer
pour cette
production
spécifique, car elle
s'intègre dans des
chiffres plus
globaux.

VARIANTE : reine-claude de Pamfou, en Seine-et-Marne, probablement apportée là par des arboriculteurs de Chambourcy venus s'installer en ce lieu.

PARTICULARITÉ : La Reine-Claude tardive de Chambourcy spécifique à cette localité a été obtenue en 1840 et s'y est depuis beaucoup développée. Elle a par ailleurs été très diffusée dans le pays en raison de son excellente qualité gustative et de l'époque tardive de sa maturité, une quinzaine de jours après les autres reines-claudes. Aujourd'hui, la reine-claude «hâtive», dorée, dite de Chambourcy, l'a largement remplacée.

Historique

Au XVIe siècle, les botanistes ne mentionnent que sept variétés de prunes; au début du XVIIe, on en cite seize, au XVIIIe, quarante-huit (qui sont estimées «les meilleures»), au début du XIXe, on en dénombre jusqu'à cent soixante-quatorze et au début de ce siècle, d'après Bois,

L'Ile-de-France fournit par ailleurs une bonne quantité de quetsches.

Bibliographie

BOIS (D.), *Les Plantes alimentaires chez tous les peuples et à travers les âges. Histoire, utilisation, culture,* 4 volumes, Paris, P. Lechevalier. 1927-1937, tome 2 (Phanérogames fruitières), pp. 216-220.

LE GRAND D'AUSSY, *Histoire de la vie privée des François,* Paris, Laurent-Beaupré, 3 volumes, 1815 (1re édition 1782), tome 1, pp. 213-229.

TRICART (J.), *Les Cultures fruitières de la région parisienne.* Thèse complémentaire de Lettres, Centre de documentation cartographique et géographique, Paris, CNRS, 1951, p. 100.

Société nationale d'horticulture de France, 1907 - *Les Meilleurs fruits au début du XXe siècle,* Paris, SNHF, p. 560.

«le chiffre des variétés européennes aujourd'hui connues dépasse quatre cents»!

Parmi toutes ces variétés de prunes, la reine-claude n'y figure qu'assez tardivement. En 1782, Le Grand d'Aussy s'étonne de n'en trouver aucune mention dans les documents anciens qu'il présente car, déjà à son époque, la reine-claude était considérée «non-seulement comme la première des prunes, mais même, par beaucoup de personnes, comme le meilleur de tous les fruits».

De nombreuses variétés de prunes sont cultivées en Ile-de-France et Le Grand d'Aussy nous rappelle que La Quintinye, au XVIIe siècle, «vantait beaucoup les *beaux pruniers* de la colline de Meudon». Bois indique que les bonnes de Bry, la prune de Monsieur et la reine-claude diaphane furent toutes obtenues par des arboriculteurs de la région parisienne, tout comme la reine-claude tardive.

Au cours des XIXe et XXe siècles, la culture de la reine-claude connaît un développement considérable à Chambourcy, commune traditionnellement «ouverte» à la culture des arbres fruitiers, et la qualité de leurs fruits ne laissait rien à désirer. Pour Bois, la reine-claude de Chambourcy «rappelle la reine-claude hâtive par sa forme et par sa couleur, mais elle est plus grosse et mûrit dans la deuxième quinzaine de septembre, ce qui la rend très précieuse. Elle est, d'ailleurs, d'excellente qualité». Autant d'éléments qui ont contribué à sa réussite.

Description

Forme : reine-claude tardive : ronde, déprimée aux deux pôles. Couleur : verte pruinée, tachée et pointillée de carmin à l'insolation. Chair : jaune verdâtre, ferme, fine, sucrée, juteuse, relevée ; noyau petit, arrondi à arêtes saillantes. Taille : fruits assez gros. Particularités organoleptiques : suave, mielleuse. La reine-claude hâtive : plus petite, plus dorée, moins rouge. Très bonne également.

Usages

Prune de table, fruit consommé plutôt en dessert, utilisé aussi en confiture. C'est un fruit de commerce ; mais la tardive de Chambourcy appréciée en raison de sa maturité tardive est également très prisée des amateurs qui la cultivent. Une Fête des fruits a lieu en octobre à Chambourcy. Les producteurs de Chambourcy plantent encore parfois des fruits rouges, groseilles, cassis et framboises, entre les rangs des jeunes arbres qui ne sont pas encore en production.

Savoir-faire

A l'origine, comme la plupart des arbres fruitiers, cette variété est conduite en haute-tige.

Dans le système cultural traditionnel, la reine-claude de Chambourcy est un arbre qui n'est pas greffé : la reproduction se fait par drageon. Le prunier développe sa charpente en semi-liberté : le producteur se contente d'élaguer légèrement pour le «faire monter» car le tronc est petit. Le prunier n'a jamais bien aimé la taille...

Pour les plantations relativement anciennes, les arbres sont espacés à 4 mètres sur le rang et à 6 mètres entre les lignes, avec une densité de 400 à 500 arbres par hectare.

Les exigences de la culture commerciale, la mécanisation de l'arboriculture ont orienté le verger vers un système en basses-tiges.

Aujourd'hui, la plantation se fait donc en haute densité : 3 mètres entre les arbres et 5 mètres entre les lignes. A 7 ou 8 ans, un arbre produit environ 30 kg de prunes, alors qu'en pleine production, âgé de 50 à 60 ans, il en produit environ 100 kg. Les fruits sont calibrés après récolte.

Les variétés reine-claude tardive de Chambourcy et reine-claude hâtive sont inscrites au *Catalogue officiel des espèces et variétés cultivées en France.*

PRODUITS LAITIERS

Fromages de Brie et Coulommiers

BRIE DE MEAUX

BRIE DE MELUN

BRIE DE MONTEREAU

BRIE DE NANGIS

COULOMMIERS

FOUGERUS

Fromages gras

BOURSAULT ET DOUBLE CRÈME

DÉLICE DE SAINT-CYR ET TRIPLE CRÈME

Préparation fromagère

FONTAINEBLEAU

Dans ce domaine, la région est caractérisée par un déséquilibre entre les besoins, ô combien diversifiés, des 12 millions d'habitants et les deux seuls types de fromages fabriqués sur son territoire. De tout temps, et plus encore de nos jours, la région parisienne est soumise à une forte pression de l'urbanisation qui fait que les terres disponibles pour les productions agricoles, et en particulier le lait, sont depuis un siècle repoussées à «l'extérieur». Il reste toutefois une exception — mais pour combien de temps encore? — la campagne briarde de Seine-et-Marne.

Ainsi la Brie francilienne est la source de deux genres de fromages, des pâtes molles, le brie, à travers une grande variété, et les fromages enrichis en crème, à travers de nombreuses spécialités. Les uns sont de grande taille et se vendent à la part, les bries, les autres au contraire sont petits dans leur majorité et constituent, chacun, une entité. Cette apparente contradiction correspond, en fait, à quelques traits caractéristiques dus à la proximité de Paris. Jean-Robert Pitte nous dit, dans *Gastronomie française*, que la ville est le creuset de la bonne chère et que celle-ci favorise, dans sa périphérie, la production de produits périssables. C'est évidemment ces raisons qui prévalent encore à la production du brie en Seine-et-Marne ainsi qu'à la forte concentration des affineurs de ces mêmes fromages, corporation par ailleurs en voie d'extinction. Dans la même logique, sous l'effet fluctuant du marché, les excédents de matière grasse issus de la fabrication du brie sont valorisés à travers des spécialités riches en crème, qui pour certaines connaissent une diffusion dépassant la région. Historiquement recherchés par une population riche, ces fromages venaient de Normandie jusqu'à la dernière guerre, puis ont été fabriqués sur place dès les années 50.

Mais il faut, ici, souligner une autre originalité, celle de la taille des fromages de Brie, de grand diamètre, d'un poids relativement élevé qui, au total, les rendent très fragiles et par conséquent peu transportables. Pourtant le brie fut dégusté au célèbre Congrès de Vienne au début du XIXe siècle. Sauf à penser que les producteurs originels étaient inconséquents, ce qui est peu vraisemblable compte tenu de la pérennité de leurs produits, cela resterait une énigme si nous transposions, aux produits d'hier, l'image que nous en avons de nos jours. Il nous reste donc à formuler l'hypothèse d'un glissement technologique entre les productions d'il y a deux cents ans ou plus et celles que nous goûtons en cette fin de XXe siècle. Ces fromages étaient à teneur en présure plus élevée que de nos jours, ce qui conférait au produit une cohésion et une résistance plus fortes. Ils ressemblaient plus aux livarots, maroilles et autres époisses. En rapport avec ces derniers, nous savons aussi que Courtépée, dans sa *Description du duché de Bourgogne* de 1775, assurait que «les fromages d'Epoisses l'emportaient sur ceux de Brie» (cf. *Larousse des fromages*, 1973, p. 92). Par ailleurs, à partir de rares peintures, telle «La Fruitière» de Charpentier (XVIIIe), musée des Beaux-Arts de Chartres, nous savons que ces fromages étaient préférés blancs, non affinés, ce qui, au pire, leur laissait du temps pour le transport. Enfin nous savons, à travers un chant écrit par Saint-Amant, un des premiers membres de l'Académie française, au XVIIe siècle, que ce fromage du «païs de Brie» tenait plus des fromages cités plus haut que du modèle actuel. Ne dit-il pas :

«... Je dis en or avec raison
Puisqu'il ferait comparaison
De ce fromage que j'honore
A ce métal que l'homme adore
Il est aussi jaune que lui...»

On comprend avec ces informations que ce «Prince» de la table, encore si difficile à fabriquer de nos jours malgré les moyens actuels, n'ait pu exister dans le passé, il était autre.

Mais depuis maintenant un demi-siècle, l'industrie lui a apporté une robe tachetée de brun-rouge sur fond blanc. Les produits intermédiaires nés entre ces deux époques, de couleur bleu-vert due au *Penicillum camembertii*, recouverts parfois de charbon de bois, tel le fromage noir de Nanteuil, ont disparu.

Grâce à ces produits, l'Ile-de-France prend une place tout à fait unique dans la fromagerie française. À partir de deux techniques seulement, la Seine-et-Marne fabrique six bries différents et une douzaine de fromages gras, double ou triple crème. Ce sont tous des pâtes molles à croûte fleurie.

HISTORIQUE DES FROMAGES DE BRIE ET COULOMMIERS

«Pont-l'Évêque, arrière de nous!
Auvergne et Milan, cachez-vous!
C'est lui seulement qui mérite
Qu'en or sa gloire soit écrite;
Il est aussi jaune que lui;
Toutefois, ce n'est pas d'ennui;
Car, aussitôt qu'un doigt le presse;
Il rit et se crève de graisse...»
Extrait du *Fromage de Brie* de Saint-Amant (1594-1661).

«Le premier fromage... un brie?» La légende mais aussi de fantaisistes propos avancent, concernant le brie, qu'il remonte très loin, que Charlemagne en aurait goûté, etc.

Pour notre part, nous ne nous permettons pas des spéculations aussi audacieuses car, même si un fromage se fabriquait en Brie bien avant que le premier chroniqueur ne le désigne par nom, nous n'avons aucune preuve que sa renommée remonte au-delà du XIIIᵉ siècle. A cette époque, un auteur anonyme dresse une liste des produits célèbres et des localités auxquelles ils sont associés. Entre autres, il cite le «Saumon de Loire», la «Biere de Cambray» et... le «Fromage de Brie». Par la suite, d'après Le Grand d'Aussy, de nombreux témoins attestent de la célébrité de ce fromage qui est «plusieurs fois nommé avec éloge chez nos Fabliers et chez nos Poètes anciens. On le crioit dans les rues; mais Eustache Deschamps, Poëte qui écrivoit sous Charles VI, dit malignement que c'étoit la seule bonne chose qui nous vint de la Brie».

A quoi, au juste, correspond ce fromage aux siècles passés?

Au XVIIᵉ siècle, quand Saint-Amant écrit son hommage au brie, il s'agit d'un fromage vraisemblablement affiné, de couleur or, qui «se crève aussitôt qu'un doigt le presse». Un siècle plus tard, Le Grand d'Aussy nous apprend qu'un second brie existe: «Nous en avons de deux sortes: les fromages en table, et ceux qui, étant liquides, arrivent en pot.» Il ajoute: «Ces derniers sont connus sous le nom de fromage de Meaux. Dans la classe des premiers, les meilleurs sont ceux de Nangis.» Chaque brie avait ses partisans. Le «fromage en table» était d'une certaine taille (en 1767 le *Gazetin du Comestible* propose aux gourmands parisiens les fromages de Brie «de la première qualité qui pèsent aux environs de 3 livres») et en 1804, Grimod de La Reynière le classe premier parmi les meilleurs fromages «qui se mangent dans la capitale». Puis il continue : «Ce même fromage se sert aussi en pots mais n'entre point ainsi dans le commerce, et ceux que nous voyons sous cette forme, sont tirés en droiture de Meaux par de friands amateurs.»

Le brie en pot incarne le meilleur brie pour bien des gourmands pendant la première moitié du XIXe siècle. Savaient-ils qu'il s'agissait d'une utilisation astucieuse de fromages autrement impropres à la vente, comme il en existe dans d'autres régions? On les nomme «fromagée». L'auteur de l'article «Fromages» dans un *Dictionnaire du commerce* de 1839 le présente ainsi : «Il est des fromages de Brie qui coulent : l'art en a su tirer partie pour en former une autre sorte de fromage d'une délicatesse extrême, qui se conserve un an et même davantage. On les appelle fromages de la poste aux chevaux de Meaux.»

Le brie de Meaux en pot disparaîtra — ou du moins perdra de l'importance — vers la fin du XIXe siècle. Un «bon» brie n'est plus liquide ni coulant mais «crémeux» et «demi-ferme», pourtant il lui arrive d'être très différent du nôtre car pour De La Porte en 1870, par exemple, il se présente «couvert d'une moisissure d'un brun verdâtre qu'on enlève avant de le servir»! Toutefois, c'est déjà un fromage populaire («Les ouvriers de Paris déjeunent souvent avec du pain et du brie»). A cette époque les quantités de brie envoyées à Paris sont énormes et une perte de qualité s'ensuit. Quand M. Pappassimos rédige son rapport sur le brie en 1878, il note : «Le fromage de Brie a perdu sa réputation d'autrefois; la cause en est à la consommation, qui, parce qu'elle devient de plus en plus considérable, ne permet plus au producteur d'apporter dans son travail tous les soins et de donner tout le temps qu'exige ce fromage pour atteindre la perfection.»

D'après Androuet et Chabot, la «renaissance» du brie se met lentement en route au début de ce siècle : «L'entrée dans ce XXe siècle se fera par les bries sous le signe à la fois de la qualité et du déclin de la productivité.» De fait, soulignent-ils, le nombre de vaches laitières en Brie tombe de 75 000 en 1880 à 53 000 vers 1914. Ce chiffre reste longtemps stable, puisqu'en 1953 il y en avait toujours 50 000, mais en 1983 la province n'en dénombrait plus que 8 900! C'est à l'auteur de l'article «Fromages» dans le *Dictionnaire du commerce* de 1839 que revient le mot de la fin. Ce fromage, qu'Androuet et Chabot appelleront le «Roi des Fromages et Fromage des Rois», représentant déjà pour lui une entité insaisissable : «Souvent ils sont délicieux, souvent ils sont détestables; il n'y en a jamais deux de semblables dans une douzaine; quoiqu'on puisse, avec de l'habitude, juger de leur bonne ou mauvaise qualité à la simple vue, ce n'est qu'en les goûtant qu'on s'en assure avec certitude.»

Quant au coulommiers, c'est avant tout un brie. Brie de petite taille mais brie. Au XVIe siècle, le brie se vendait au poids (on s'attendrait à ce qu'un fromage de petit format se vende à la pièce) et nous savons qu'au XVIIIe siècle un brie «de première qualité pèse 3 livres». Même s'il y a une tradition fromagère très ancienne à Coulommiers, nous ne trouvons aucune trace d'un fromage appelé de ce nom avant le début du XIXe siècle. Les qualités des fromages des environs de Coulommiers attirent l'attention de l'auteur d'un *Essai historique... sur le département de Seine-et-Marne* en 1829. Dans l'article qu'il consacre à Coulommiers il note : «Les fromages des fermes dit Le Mée et Les Aunois (commune de Saints) et de plusieurs autres, sont toujours recherchés par les gourmets de la capitale, et n'ont rien perdu de leur renommée; il s'en fait des envois considérables tant à Paris qu'à l'étranger.» S'agit-il de notre coulommiers? Rien ne nous l'assure mais, à l'Exposition universelle de Paris de 1878 les «Fromages de Coulommiers» reçoivent les éloges du jury. Ils sont décrits (indépendamment des «Fromages de Brie») comme ceci : «Ces fromages, dont le diamètre ne dépasse pas 13 centimètres, sont des produits de la Brie. La préparation d'un coulommiers exige l'emploi de 4 litres de lait non écrémé. On ajoute quelquefois à ce lait une certaine quantité de crème prélevée sur un autre lait... L'exposition des fromages de Coulommiers était très intéressante. Aussi le jury a-t-il donné 1 médaille d'argent à M. Réaume et 1 de bronze à M. Sassinot, dont la réputation est établie depuis longtemps.»

Cependant, le coulommiers semble avoir connu plusieurs formes. Dans un catalogue publié en 1905 par la maison Olida à Paris, le «Brie de Coulommiers» est présenté sous la rubrique «Fromage blanc» et vendu «le morceau, 45 centimes» ou entier («grand moule») à 1,80 F. Mais on propose également un «Coulommiers blanc (double crème)» à 75 centimes «le fromage». Ce coulommiers «double crème» semble avoir eu une certaine vogue pendant un temps car encore en 1919, le Catalogue Félix Potin le vendait également à l'unité (en précisant que «Nos fromages ne sont mis en vente qu'après un affinage complet»).

B IBLIOGRAPHIE

ANDROUET (P.) et CHABOT (Y.), *Le Brie*, Presses du Village, 1985, pp. 16, 23, 30, 51-52, 81.

CHATELAIN (A.), «Le fromage de Brie» dans *Bulletin de la société d'études historiques, géographiques et scientifiques de la région parisienne*, 32e année, n° 98, janvier-mars 1958, pp. 19-26.

DE LA PORTE (J.-P.-A.), *Hygiène de la table*, Savy, Paris, 1872, p. 404.

Essai historique, statistique, chronologique, littéraire, administratif, etc., sur le département de Seine-et-Marne, Michelin, Melun, 2 volumes, 1829. Tome 2, p. 1253.

LA REYNIÈRE (Grimod de), *Almanach des gourmands*. Réimpression, Valmer-Bibliophile, Paris, 1984, 2e année, pp. 222-224.

LE GRAND D'AUSSY, *Histoire de la vie privée des François*, Paris, Laurent-Beaupré, 3 volumes, 1815 (1re édition 1782). Tome 2, p. 55. Tome 3, p. 404.

PAPPASSIMOS, *Rapport sur les corps gras alimentaires, laitages et œufs*. Exposition universelle internationale de 1878 à Paris. Groupe VII. Classe 71. Imp. nationale, Paris, 1880, p. 28.

SAINT-AMANT, «Le Fromage de Brie» dans *Anthologie de la gastronomie*, éd. Curnonsky et Derys. Lib. Delagrave, Paris, 1936, pp. 34-35.

Brie de Meaux (AOC)

FROMAGE DE LAIT
DE VACHE
À PÂTE MOLLE ET
À CROÛTE FLEURIE,
DE LA BRIE

AUTRE APPELLATION : brie de Coulommiers, dit brie petit moulé.

Description

Forme et taille : cylindre plat. Diamètre : 36 à 37 cm. Épaisseur : 2,5 à 3 cm. Poids : 2,5 à 3 kg. Couleur : croûte blanche, strillée ou tachée de rouge. Pâte de couleur crème homogène. Texture : pâte homogène souple et non coulante.

COMPOSITION : 45 % de matière grasse sur matière sèche.

Production

Dans la zone AOC (Décret au *J.O.* du 30/8/1980), la Seine-et-Marne et le nord du Loiret, plusieurs cantons de la Marne et Haute-Marne, de la Meuse. Toute l'année, mais surtout de juillet à mars (maximum de production). 7 256 tonnes en 1990, celle-ci était de 4 751 tonnes en 1982. 4 producteurs, 8 affineurs.

Usages

Produit destiné à la vente, fait de lait entier. Fabriqué en toutes saisons de nos jours. Il est consommé affiné, mais fut historiquement consommé frais (cf «La Fruitière» peinture de Charpentier, XVIIIe, musée des Beaux-Arts, Chartres). Se consomme affiné et à température, accompagné d'un vin rouge.

Bibliographie

ANDROUET (P.), *Guide du fromage*, Paris, Stock, 1971, pp. 245-246.
ANDROUET (P.) et CHABOT (Y.), *Le Brie*, Presses du Village, 1985.
DDA de Seine-et-Marne, *Le Fromage de Brie*, 1984.
DELFOSSE (D.), *Une richesse locale menacée, la production du brie dans la région de Meaux à la fin du XIXe siècle*, in Actes

Savoir-faire

Lait cru, écrémage partiel, prématuration du lait 18 heures avec ferments lactiques à 10-12 °C. Chauffage du lait à 30-35 °C, acidité à l'emprésurage 21 à 25° Dornic. Présure : 15 à 20 ml pour 100 litres. Coagulation moins de 2 heures.
Moulage : en moule avec réhausses de 10 à 14 cm de haut à l'aide d'une «pelle» ou louche, par apports successifs (durée 3 heures environ), puis en fin d'égouttage, les moules sont remplacés par des éclisses. 2 à 3 retournements pour finir l'égouttage. 6 heures après le moulage, le sérum est à 70 °D environ. Démoulage

du colloque histoire et géographie du fromage, Univ. de Caen, 1987, pp. 43-52.

Eck (A.) (ss dir.), *Le Fromage*, Lavoisier Tec et Doc., 1983, pp. 229-232.

J.O. des 1/1/1987, 9/7/89, 20/6/90.

Luquet (F.-M.) (ss dir.), *Laits et produits laitiers*, t. 2, Lavoisier Tec et Doc., 1984, pp. 133-139.

et salage à sec suivi de l'ensemencement au *Penicillium candidum* sur toutes les faces. Mise en haloir et ressuyage 48 heures à 10 °C et 85 % d'humidité. À ce stade le fromage est dit «blanc de sel».

Affinage : le brie de Meaux est généralement affiné par des affineurs durant 4 à 7 semaines, puis commercialisé. Affinage effectué sur des stores, retournements 2 fois/semaine, salle à 10 °C et 90 à 95 % d'humidité. Les fabrications sont répertoriées afin de suivre le comportement de chaque arrivage.

Conditionnement

En boîte de peuplier déroulé.

BRIE DE **M**ELUN (AOC)

FROMAGE DE LAIT DE VACHE À PÂTE MOLLE ET À CROÛTE FLEURIE, DE LA BRIE

Production
La Seine-et-Marne, deux cantons de l'Aube et trois cantons de l'Yonne. Principalement l'été, l'automne et l'hiver.
395 tonnes en 1981, en légère régression depuis le décret AOC (*J.O.* du 1/1/1987), avec

Description

Forme et taille : cylindre plat de 28 cm de diamètre, 3 cm d'épaisseur, pesant de 1,5 à 1,8 kg. Couleur : croûte blanche fine parsemée de taches rouges ou brunes, pâte homogène, légèrement grumeleuse, jaune d'or. Texture : souple, élastique, non coulante.

COMPOSITION : 45 % de matière grasse sur matière sèche, laquelle est de 40 % minimum.

Usages

Se consomme affiné et à température, accompagné d'un vin rouge.

285 tonnes en 1990.
4 fabricants,
9 affineurs.

Bibliographie
ANDROUET (P.),
Guide du fromage,
Paris, Stock, 1971.
ANDROUET (P.) et
CHABOT (Y.), *Le
Brie*, Presses du
Village, 1985.
DDA de Seine et
Marne, *Le Fromage
de Brie*, 1984.
DELFOSSE (C.), *Une
richesse locale
menacée, la
production du brie
dans la région de
Meaux à la fin du
XIXe siècle*, in Actes
du colloque histoire
et géographie du
fromage, Univ. de
Caen, 1987,
pp. 43-52.
ECK (A.) (ss dir.), *Le
Fromage*, Lavoisier
Tec et Doc., 1983.
J.O. des 1/1/1987,
9/7/89, 20/6/90.
LINDON (R.), *Le Livre
de l'amateur de
fromages*, Robert
Laffont, Paris, 1961,
pp. 41-44.
LUQUET (F.-M.) (ss
dir.), *Laits et
produits laitiers*,
t. 2, Lavoisier Tec
et Doc., 1984.

Savoir-faire

Lait cru, écrémage partiel, prématuration du lait
18 heures avec ferments lactiques à 10-12 °C. Chauffage à 30 °C, acidité à l'emprésurage 21 à 25 °Dornic.
Présure : 10 ml pour 100 litres. Coagulation en bassine
de 60 à 100 litres pendant 18 heures au moins.

Moulage : en moule à 3 éléments de 10 à 14 cm de haut
à l'aide d'une «pelle» ou louche, par un seul apport
de caillé. Les moules sont placés sur des tables inclinées pour faciliter l'égouttage qui dure environ
36 heures à 25-30 °C. Lorsque le caillé est suffisamment tassé, les moules sont remplacés par des éclisses, il y a 2 à 3 retournements. 6 heures après le
moulage, le sérum est à 70 °D environ. Démoulage
avec soin, compte tenu de la fragilité du caillé lactique, et salage à sec suivi de l'ensemencement au *Penicillium candidum* sur toutes les faces. Mise en haloir
et ressuyage 48 heures, à 10 °C et 85 % d'humidité.
À ce stade le fromage est dit «blanc de sel».

Affinage : le brie de Melun est généralement affiné par
des affineurs durant 4 à 7 semaines, puis commercialisé. Cet affinage est effectué sur des stores, retournements 2 fois/semaine, salle à 10 °C et 90 à 95 %
d'humidité. Les fabrications sont répertoriées afin de
suivre le comportement de chaque arrivage.

Conditionnement

Après emballage papier, en boîte de peuplier déroulé.

Brie de Montereau

FROMAGE DE LAIT
DE VACHE À PÂTE
MOLLE ET À
CROÛTE FLEURIE.
DE LA BRIE

Production
Région de
Montereau.
Principalement de
juillet à mars.
Quelques tonnes en
1991 (5 pour un
fabricant), en
régression.

Bibliographie
ANDROUET (P.),
Guide du fromage,
Paris, Stock, 1971.
ANDROUET (P.) et
CHABOT (Y.), *Le
Brie,* Presses du
Village, 1985.
DELFOSSE (C.), *Une
richesse locale
menacée, la
production du brie
dans la région de
Meaux à la fin du
XIXᵉ siècle,* in Actes
du colloque histoire
et géographie du
fromage, Univ. de
Caen, 1987,
pp. 43-52.
LINDON (R.), *Le Livre
de l'amateur de
fromages,* Robert
Laffont, Paris, 1961,
pp. 41-44.

AUTRE APPELLATION : Ville Saint-Jacques

Description

Forme et taille : cylindre plat de 18 cm de diamètre,
2,5 cm d'épaisseur et pesant de 0,4 à 0,5 kg. Couleur :
croûte rougeâtre. Texture : pâte tendre non coulante,
homogène.

COMPOSITION : 45 % de matière grasse sur sec.

Usages

Se consomme affiné et à température, accompagné
d'un vin rouge.

Savoir-faire

Lait cru, écrémage partiel, prématuration du lait
18 heures avec ferments lactiques à 10-12 °C. Chauffage à 30-35 °C, acidité à l'emprésurage 21 à
25 °Dornic. Présure : 15 à 20 ml pour 100 litres. Coagulation 45 minutes à 1 heure.
Moulage : en moule de 8 à 10 cm de haut à l'aide d'une
«pelle» ou louche, par apports successifs (durée
3 heures environ), puis en fin d'égouttage, les moules
sont remplacés par des éclisses. 2 à 3 retournements
pour finir l'égouttage. 6 heures après le moulage, le
sérum est à 70 °D environ, le temps total d'égouttage
étant de 18 heures. Démoulage et salage à sec suivi
de l'ensemencement au *Penicillium candidum* sur toutes les faces. Mise en haloir et ressuyage 48 heures, à
10 °C et 85 % d'humidité. À ce stade le fromage est
dit «blanc de sel».
Affinage : le brie de Montereau est généralement affiné
par des affineurs durant 4 à 6 semaines, puis commer-

cialisé. Cet affinage est effectué sur des stores, retournements 2 fois/semaine, mûrisserie (salle) à 10 °C et 90 à 95 % d'humidité. Les fabrications sont répertoriées afin de suivre le comportement de chaque arrivage.

Conditionnement

Il est présenté sur paille et parfois emballé sous papier, en boîte de bois déroulé.

BRIE DE **N**ANGIS

FROMAGE DE LAIT
DE VACHE
À PATE MOLLE ET À
CROÛTE FLEURIE
DE LA BRIE

Production
Seine-et-Marne.
Toute l'année.
26 tonnes en 1991.

Bibliographie
ANDROUET (P.),
Guide du fromage,
Paris, Stock, 1971.
ANDROUET (P.) et
CHABOT (Y.), *Le Brie*, Presses du Village, 1985.

Description

Forme et taille : cylindre plat de 22 cm de diamètre, 3 cm d'épaisseur, pesant 1 kg. Couleur : croûte blanche parsemée de stries rouges et brunes, pâte jaune d'or. Texture : pâte souple, homogène et grumeleuse, non coulante.

COMPOSIITION : 45 % de matière grasse sur sec, lequel est de 40 % minimum.

Usages

Se consomme affiné et à température, accompagné d'un vin rouge.

Savoir-faire

Lait cru, écrémage partiel, prématuration du lait 18 heures avec ferments lactiques à 10-12 °C. Chauffage à 30 °C, acidité à l'emprésurage 21 à 25 °Dornic.

Présure : 10 à 15 ml pour 100 litres. Coagulation en bassine de 60 à 100 litres pendant 18 heures au moins. *Moulage* : en moule de 10 à 14 cm de haut à l'aide d'une «pelle» ou louche, par un seul apport de caillé. Les moules sont placés sur des tables inclinées pour faciliter l'égouttage qui dure environ 18 heures à 25-30 °C. Lorsque le caillé est suffisamment tassé, les moules sont remplacés par des éclisses, il y a 2 à 3 retournements. 6 heures après le moulage, le sérum est à 70 °D environ. Démoulage avec soin, compte tenu de la fragilité du caillé lactique, et salage à sec suivi de l'ensemencement au *Penicillium candidum* sur toutes les faces. Mise en haloir et ressuyage 48 heures, à 10 °C et 85 % d'humidité. À ce stade le fromage est dit «blanc de sel».

Affinage : le brie de Nangis est généralement affiné durant 4 semaines minimum, puis commercialisé. Il est effectué sur des stores, retournements 2 fois/semaine, salle à 10 °C et 90 à 95 % d'humidité.

Conditionnement

Après emballage papier, en boîte de peuplier déroulé.

COULOMMIERS

FROMAGE DE LAIT
DE VACHE
A PÂTE MOLLE ET
À CROÛTE FLEURIE,
DE LA BRIE

Production
Bien qu'à l'origine
ce fromage fût
fabriqué dans la

Description

Forme et taille : cylindre plat de 14 cm de diamètre, 2,5 à 3 cm d'épaisseur, poids de 0,4 à 0,5 kg. Couleur : croûte blanche tachetée de rouge. Texture : pâte homogène, souple et non coulante.

COMPOSITION : 45 à 50 % de matière grasse sur matière sèche.

région de Coulommiers, c'est une variété de brie. Il est de nos jours produit sur tout le territoire. Toutes saisons. 35 000 tonnes en 1990 essentiellement en provenance de l'industrie.

Bibliographie
ANDROUET (P.), *Guide du fromage*, Paris, Stock, 1971. DELFOSSE (C.), *Une richesse locale menacée, la production du brie dans la région de Meaux à la fin du XIXᵉ siècle*, in Actes du colloque histoire et géographie du fromage, Univ. de Caen, 1987, pp. 43-52. ECK (A.) (ss. dir.), *Le Fromage*, Lavoisier Tec et Doc, 1983. LINDON (R.), *Le Livre de l'amateur de fromages*, Robert Laffont, Paris, 1961. VEISSEYRE (R.), *Techniques laitières*, La Maison rustique, Paris, 1966.

Usages

Se consomme affiné et à température, accompagné d'un vin rouge.

Savoir-faire

Lait cru, écrémage partiel, prématuration du lait 18 heures avec ferments lactiques à 10-12 °C. Chauffage à 28-32 °C, selon l'acidité. Présure : 15 à 20 ml pour 100 litres. Coagulation de 1 à 2 heures selon la saison.

Moulage : en moule de 10 à 14 cm de haut et de 13 à 14 cm de diamètre, à l'aide d'une louche, par apports successifs (durée 3 heures environ). Ce moulage manuel est remplacé par l'emploi d'un répartiteur de caillé divisé, facilitant la tâche mais modifiant l'égouttage et la texture. 2 à 3 retournements. Démoulage et salage à sec suivi de l'ensemencement au *Penicillium candidum*, sur toutes les faces. Mise en haloir et ressuyage à 13-15 °C et 90 % d'humidité.

Affinage : les fromages sont généralement affinés durant 3 à 4 semaines pendant lesquelles ils subissent plusieurs retournements et parfois un planchage (à 2 semaines) pour parfaire le ressuyage.

Conditionnement

Ils sont commercialisés, emballés sous papier paraffiné, en boîte de bois blanc déroulé.

FOUGERUS

FROMAGE DE LAIT
DE VACHE,
DE LA BRIE,
À PÂTE MOLLE
FLEURIE RECOUVERT
PARTIELLEMENT
DE FEUILLES
DE FOUGÈRE

Production
Seine-et-Marne.
Toute l'année.

Bibliographie
ANDROUET (P.),
Guide du fromage,
Éd. Stock, Paris,
1971, pp. 289 et
331.
ANDROUET (P.) et
CHABOT (Y.),
Le Brie, Presses du
Village, 1985,
p. 119.

Historique

VARIANTE : Chevru.

DATATION : 1957, fromage issu d'une sorte de brie de Meaux, à usage local, d'avant la guerre de 1914, fabriqué dans le village de Chevru.

Description

Forme et taille : cylindre plat de 16 cm de diamètre, 4 cm d'épaisseur, pesant 750 g. Couleur : fond blanc légèrement taché de rouge et couvert de feuilles de fougère. Texture : pâte homogène, souple et non coulante.

COMPOSITION : 45 % de matière grasse sur matière sèche.

Usages

De nos jours, consommé comme tous les bries, accompagné d'un vin rouge. Plus jeune (frais), un cidre brut convient parfaitement.

Savoir-faire

Lait cru, écrémage partiel, prématuration du lait 18 heures avec ferments lactiques à 10-12 °C. Chauffage à 28-32 °C, selon l'acidité. Présure : 15 à 20 ml pour 100 litres. Coagulation de 1 à 2 heures selon la saison.
Moulage : en moule de 10 à 14 cm de haut et de 13 à 14 cm de diamètre, à l'aide d'une louche, par apports successifs (durée 3 heures environ). Ce moulage manuel est remplacé par l'emploi d'un répartiteur de caillé divisé, facilitant la tâche mais modifiant l'égout-

tage et la texture. 2 à 3 retournements. Démoulage et salage à sec suivi de l'ensemencement au *Penicillium candidum*, sur toutes les faces. Mise en haloir et ressuyage à 13-15 °C et 90 % d'humidité.

Affinage : les fromages sont généralement affinés durant 3 à 4 semaines pendant lesquelles ils subissent plusieurs retournements. Après le développement de la fleur, ils sont enrobés de feuilles de fougère.

Conditionnement

Ils sont commercialisés, emballés sous papier paraffiné, en boîte de bois blanc déroulé.

HISTORIQUE DES FROMAGES GRAS (DOUBLE ET TRIPLE CRÈME)

On ne peut traiter l'histoire de ces fromages sans avoir en tête quelques repères liés à la situation alimentaire des populations, rurales et urbaines, jusqu'à la dernière guerre. En effet, deux grands faits sont à prendre en compte, le premier est la non-satisfaction des besoins, même en ville, pour les couches sociales pauvres, le deuxième est la relative pénurie de matières «nobles», les matières grasses animales comme le beurre et la crème. C'est dans ce schéma que s'inscrit l'existence et le développement des fromages gras. Ceux-ci sont tous exogènes à la région parisienne, seule la Brie produisant des fromages marchands, et l'approvisionnement dominant est réalisé par la Normandie. Dans une étude quantitative, Garnier B. montre que, tous fromages «frais» confondus, cette région a apporté près de 4 000 tonnes de fromages aux halles de Paris pendant la deuxième partie du XIXe siècle, le total de cette époque étant de 8 500 tonnes. Excluant tous les produits qui ne nous concernent pas ici, il reste le très réputé Neufchâtel, puis le Gournay, puis les fromages dits Suisses et beaucoup d'autres. Indépendamment des caractéristiques secondaires, ils étaient faits de lait entier et non écrémé. Ainsi le Neufchâtel titre aisément 55 % de matières grasses. Ces fromages étaient fort prisés par les riches, pendant la guerre de 1870-1871, son prix augmentait de 25 %. De la fin du siècle aux décennies 1950, tous ces fromages d'origine normande que sont les Bouille, Fromage de Monsieur, Excelsior, Brillat-Savarin, Gournay et bien sûr Neufchâtel, représentaient le fin du fin pour le gourmet aisé. C'est de cet héritage et du marché s'amplifiant, que sont nés les double et triple crème qui sont fabriqués de nos jours en Ile-de-France. L'Excelsior, triple crème, disparu en 1975, s'appelait aussi le «délice des gourmets», nous ne sommes pas très loin du Délice de Saint-Cyr, autre triple crème né celui-là en 1955 dans la maison Boursault.

De ce courant lié à la tradition du fromage gras et onctueux, viennent s'ajouter les gains de productivité dans le domaine laitier. Dès les années 1960, le lait ne manque plus, mieux il s'enrichit en matières grasses par le jeux de la génétique bovine et de l'amélioration des rations données aux animaux. Enfin la mode des produits allégés, qui toutefois ne touchera guère ces productions, n'arrivera que dans la décennie 80. Au total la matière est disponible et l'industrie peut satisfaire la demande. Ainsi la petite maison Boursault, dans la vallée du Morin, créera le Boursault, le Délice de Saint-Cyr, ces fromages appelés aussi Lucullus et Grand Vatel selon les marchés. Elle est maintenant propriété de la société Boursin, elle-même acquise par le groupe Unilever. Parallèlement, à la même époque, les petites unités familiales de la Brie suivront la même démarche, la société Rouzaire fera les Gratte-paille, Jean-Grogne et Villentrois, double ou triple crème, l'Explorateur naîtra à la fromagerie du Petit Morin, le Vignelait à la Fromagerie de la Brie, etc.

BIBLIOGRAPHIE

GARNIER (B.), *Paris et les fromages frais au XIXᵉ siècle*, Actes du colloque histoire et géographie des fromages, Université de Caen, 1987, pp. 123-135.
GAUDEFROY (G.), *Le Fromage de Neufchâtel, note historique*, in Actes du colloque de Caen, *op. cit.*, p. 141.

BOURSAULT

FROMAGE DE LAIT
DE VACHE,
DOUBLE CRÈME,
AFFINÉ ET FLEURI.
SPÉCIALITÉ
INDUSTRIELLE

Production
Saint-Cyr-sur-Morin
et Tournan-en-Brie.
Toute l'année.
En 1991, 300
tonnes de Boursault
et 32 tonnes de
Pierre-Robert.

Bibliographie
ANDROUET (P.),
Guide du fromage,
Éd. Stock, Paris,
1971, p. 305.
CORCY (J.-C.) et
LEPAGE (M.),
Fromages fermiers,
La Maison rustique,
Paris, 1991, p. 57.
LINDON (R.), *Le Livre
de l'amateur de
fromages*, Robert
Laffont, Paris, 1961,
pp. 41-44.
VEISSEYRE (R.),
Techniques laitières,
La Maison rustique,
Paris, 1966.

AUTRE APPELLATION : Lucullus.

VARIANTE : Pierre-Robert.

DATATION : 1955 pour Boursault (1), 1974 pour Pierre-Robert (2).

Description

Forme et taille : (1) petit cylindre haut, 8 cm de diamètre, 4,5 cm de haut, pesant 200 à 225 g. (2) Cylindre plat de 13 cm de diamètre, 5 cm d'épaisseur, pesant 0,5 kg. Couleur : croûte légèrement blanc rosé sur fond jaune, pâte jaune crème. Texture : pâte tendre non élastique, homogène.

COMPOSITION : 60 % (1) et 55 % (2) de matière grasse sur sec.

Usages

Fromages traditionnellement gras recherchés, à l'origine, par les consommateurs aisés de Paris et sa région. Se consomme dès l'achat, à température fraîche, accompagné d'un vin jeune, léger.

Savoir-faire

Lait généralement pasteurisé, enrichi de crème ou de lait entier (2), maturé en présence de ferments lactiques, 1 à 2 heures à 20-23 °C. Emprésurage avec 15 à 20 ml/100 l durant 45 minutes à 20-25 °C selon la saison. Moulage, après léger tranchage, dans des moules de 14 à 16 cm de haut, à l'aide d'une louche. Après quelques heures d'égouttage, les fromages sont retournés une fois, avant d'être démoulés le lendemain. Salage à sec et ensemencement au *Penicillium candi-*

dum. Ressuyage 24 heures à 10-12 °C. Affinage à 10-12 °C et 80-85 % d'hygrométrie pendant 3 à 4 semaines. Ils sont retournés deux fois par semaine après l'apparition de la fleur.

Conditionnement

Présentés à l'origine nus, ils sont de nos jours emballés sous papier et conditionnés en boîte.

Délice de Saint-Cyr

FROMAGE DE LAIT DE VACHE, TRIPLE CRÈME, AFFINÉ ET FLEURI. SPÉCIALITÉ INDUSTRIELLE

Production
Plusieurs industries dans les vallées du Morin et de la Doue.
Toute l'année.
Quelques dizaines de tonnes en 1991 (différente selon le produit et l'entreprise).

Bibliographie
ANDROUET (P.),
Guide du fromage,
Éd. Stock, Paris,
1971, p. 305.
CORCY (J.-C.) et
LEPAGE (M.),
Fromages fermiers,
La Maison rustique,
Paris, 1991, p. 57.

AUTRE APPELLATION : Grand Vatel.

VARIANTES : Gratte-Paille, Explorateur, Jean-Grogne, Jehan-de-Brie, Vignelait, Villentrois, Croupet 75, Triple-Crème Duquesne.

Description

Forme et taille : cylindre plat de 13 cm de diamètre, 3,5 cm d'épaisseur, pesant 0,5 kg. Couleur : légèrement blanc rosé sur fond jaune, pâte jaune crème. Texture : pâte tendre non élastique, homogène.

COMPOSITION : 72 à 75 % de matière grasse sur sec.

Usages

Fromages traditionnellement gras recherchés, à l'origine, par les consommateurs aisés de Paris et sa région. Association de la richesse (en matière grasse) du produit, de l'opulence des repas et de la finesse des goûts. Se consomme dès l'achat, à température fraîche, accompagné d'un vin jeune, léger.

LINDON (R.), *Le Livre de l'amateur de fromages*, Robert Laffont, Paris, 1961, pp. 41-44.
VEISSEYRE (R.), *Techniques laitières*, La Maison rustique, Paris, 1966.

Savoir-faire

Lait généralement pasteurisé, enrichi de crème, maturé en présence de ferments lactiques, 1 à 2 heures à 20-23 °C. Emprésurage avec 15 à 20 ml/100 l durant 45 minutes à 20-25 °C selon la saison. Moulage, après léger tranchage, dans des moules de 14 à 16 cm de haut, à l'aide d'une louche. Après quelques heures d'égouttage, les fromages sont retournés une fois, avant d'être démoulés le lendemain. Salage à sec et ensemencement au *Penicillium candidum*. Ressuyage 24 heures à 10-12 °C et 80-85% d'hygrométrie pendant 3 à 4 semaines. Ils sont retournés deux fois par semaine après l'apparition de la fleur.

Conditionnement

Présentés à l'origine nus, ils sont de nos jours emballés sous papier et conditionnés en boîte carton.

FONTAINEBLEAU

PRÉPARATION
FROMAGÈRE

Production
Fontainebleau et région parisienne.
Toute l'année.
Pour un producteur, 2 500 unités en 1991 (soit 250 l de crème environ).

Bibliographie
ANDROUET (P.),
Guide du fromage,

AUTRES APPELLATIONS : bellifontain, crémet.

PARTICULARITÉ : fromage frais additionné de crème battue.

Historique

Cette préparation fromagère remonterait, d'après M. Barthélemy, à la fin du XVIIIe siècle. Il est né dans l'ancien dépôt de lait de la rue Grande à Fontainebleau, d'où son nom. L'ancien propriétaire «inventeur», dont on ignore le nom, utilisait le lait venant d'une ferme importante proche du dépôt. Il reste que l'histoire ne

Éd. Stock, Paris,
1975, p. 319.
MEURVILLE (E. de) et
CUIGNON (M.), *Le
Guide des
gourmands*, Éd.
n° 1, Les
gourmands associés,
Paris, 1992.
VEISSEYRE (R.),
Techniques laitières,
La Maison rustique,
Paris, 1966, p. 396.

nous dit pas si ce produit était à l'origine de la crème fouettée, ou si, comme dans l'Anjou, on incorporait des blancs d'œufs pour rendre le produit « léger » avant que l'on ait inventé le foisonnement.

Description

Forme et taille : en rapport avec le contenant. Couleur : blanc pur. Texture : molle et aérée (foisonnée).

COMPOSITION : 60 % de matière grasse sur sec, produit frais à forte teneur en eau.

Usages

En dessert, sucré ou non, aromatisé.

Savoir-faire

Préparation de la crème foisonnée : maturer une crème à 400 g/l avec des ferments lactiques, 10 à 12 heures à 8-10 °C. Acidité finale 30-35 °D. Cette crème, ramenée à 35 % de matière grasse par apport de lait écrémé, subit une insufflation d'air froid à 4 °C pendant 20 à 30 minutes. Le foisonnement atteint alors 400 à 500 %.
Préparation du fromage frais : le lait de vache est ensemencé de ferments lactiques pour atteindre 28 °D d'acidité. Chauffé à 18-20 °C, il est emprésuré à 0,2 ml de présure pour 10 l. Coagulation 24 heures, puis égouttage du caillé. Lissage.
Fabrication du Fontainebleau : le caillé lissé est incorporé dans la crème foisonnée (respectivement 1 pour 4) en continu jusqu'à l'obtention d'une consistance ferme. Cette préparation est ensuite étalée sur des claies, en couche mince à 8-10 °C durant 12 heures. La pâte est alors fractionnée et mise en mousseline.

Conditionnement

La vente est réalisée dans des boîtes en bois ou en carton.

VIANDES, VOLAILLES, MIEL

AGNEAU D'ILE-DE-FRANCE

BOVIN D'ILE-DE-FRANCE

LAPIN DU GÂTINAIS

VOLAILLE DU GÂTINAIS

VOLAILLE DE HOUDAN

MIEL DU GÂTINAIS

Une fois de plus les consommateurs de Paris ont joué un rôle de premier plan dans la mise en place et le développement de productions de qualité... En effet, cette exigence se retrouve tout naturellement pour les produits d'origine animale qui ont fait la réputation de l'Ile-de-France. Ainsi le veau de Pontoise, très apprécié de la cour, était célèbre dans l'Europe entière pour sa chair fine et délicate, due à des méthodes d'élevage et d'engraissement spécifiques. Cette production a disparu aujourd'hui. En revanche, le bœuf engraissé s'est maintenu en Ile-de-France jusqu'à nous.

L'élevage ovin associé à la grande culture témoigne d'une longue tradition dans la région. C'est ainsi que d'immenses troupeaux — allant jusqu'à 2 000 têtes au XIXᵉ siècle — étaient menés à paître sur les chaumes après récolte et sur les jachères lorsque l'usage de la vaine pâture était en vigueur. Les documents indiquent 800 000 têtes pour la seule Seine-et-Marne en 1836 ! La création de la bergerie de Rambouillet, en 1787, montre la volonté étatique de développer la race à laine Mérinos et ne fait que renforcer la tradition de l'élevage ovin. Quant à l'agneau pascal, il représente une coutume fortement ancrée dans les habitudes alimentaires des Parisiens.

En 1929, on dénombrait, pour la Seine-et-Marne, 660 000 poules, 15 000 oies, 34 500 canards, 8 800 dindes, 70 800 pigeons et 481 000 lapins ! Si l'élevage de la volaille était étroitement lié à la consommation domestique, il a pris ses titres de noblesse dans quelques localités d'Ile-de-France. Deux sont à retenir : Houdan et le Gâtinais, chacune étant le berceau d'une race renommée portant le nom de ces lieux. Volaille de luxe, la poule de Houdan continue de jouir d'un prestige certain et sa revalorisation est en cours. Quant au Gâtinais, il suffit, pour se persuader du maintien d'une aviculture de qualité, de se rendre à la foire aux volailles d'Egreville, dans le sud seine-et-marnais, au moment des fêtes. Cela dit, l'élevage du lapin n'est pas en reste et représente une tradition forte en Gâtinais. La consommation de cet animal prend ici une connotation festive. Assez curieusement, l'élevage des lapins cantonnés en de petits clapiers est devenu un temps la spécialité des garde-barrière en Seine-et-Marne. En tout cas, cette activité est une des rares qui soit accessible aux non-cultivateurs...

L'Ile-de-France est une région à tradition apicole forte. Le miel y bénéficie d'une image de marque bien assise, d'une part, sur le plan de l'histoire et de l'émulation apicole, d'autre part, sur celui de la production.

Le potentiel floral de l'Ile-de-France est à la fois fragile et fluctuant. Compte tenu de l'évolution des paysages autour de la capitale, les modifications de cette flore sont continuelles et l'apiculture en souffre, bien évidemment. Malgré les aléas de l'urbanisation, mais aussi du climat, une certaine constance perdure pour quelques récoltes. Dans le Sud-Est, par exemple, on continue de produire un excellent miel de tilleul. C'est aussi le cas pour un très bon miel de châtaignier dans une partie de la Brie, ou de bruyère en forêt de Fontainebleau. A la limite de la région, à proximité de la Bourgogne, aux confins de la Beauce, on récolte encore des miels d'acacia très appréciés. Mais c'est incontestablement le miel du Gâtinais qui est le plus célèbre et le plus marquant pour la région Ile-de-France, bien que les conditions de sa production ne soient plus les mêmes. Le sainfoin, qui faisait la notoriété de ce miel a quasiment disparu.

AGNEAU D'ILE DE FRANCE

VIANDE,
QUARTIER ARRIÈRE

Production
Brie (Seine-et-Marne), Gâtinais (Seine-et-Marne et Essonne), Beauce (Essonne) et Vexin (Val-d'oise). Commercialisé de février jusqu'en mai. Troupeau actuel de 30 000 bêtes environ (agneaux inclus) en Ile-de-France. Plus de 300 000 brebis en France. Race présente dans le monde entier. On observe actuellement une forte détermination des éleveurs franciliens à maintenir cette production.

Bibliographie
Association pour la diffusion à l'étranger des techniques de l'élevage français, ADETEF, *La Race Ile-de-France*, Le Carrousel, Paris, 1982, 23 p. CHAMPIER (P.), *De re cibaria*, Lyon, 1560, cité en français

VARIANTE : agneau pascal.

PARTICULARITÉ : agneau issu de la race ovine «Ile-de-France», sélectionnée en partie pour répondre à la demande d'agneau au printemps.

Historique

Pour Bruyerin Champier en 1560, les moutons de France les plus renommés étaient ceux du Berry et du Limousin. «Ceux du Languedoc ont plus de réputation pour leur laine, mais la chair n'en est pas aussi bonne.» En 1815, dans une note, J. B. B. de Roquefort ajoute : «Parmi les moutons qu'on mange à Paris, ceux d'Ardennes, de Gange, de la Crau, de Beauvais, de Condé, du Carouges en Normandie, y sont les plus estimés.» Chez ces deux auteurs, aucune référence au mouton d'Ile-de-France... parce qu'on ne l'avait pas encore «inventé».

Les troupeaux d'ovins ont longtemps fait partie intégrante du système de culture en Ile-de-France, bien avant l'arrivée de la mécanisation. Les moutons étaient des nettoyeurs de chaumes, qui de plus valorisaient des sous-produits (surtout la pulpe de betterave à partir du XIXe siècle). Certes, on élevait des moutons dans la région parisienne depuis le Moyen Age mais, malgré une production importante (un tiers des agneaux vendus à Paris en 1841 venaient de l'Ile-de-France), la qualité de leur chair n'avait pas impressionné les connaisseurs. L'obtention d'une race métissée à laine et à viande ne se fit qu'au début du XIXe siècle et donna une nouvelle vocation aux énormes troupeaux de la région Ile-de-France.

Tout commence avec l'introduction à la fin du XVIIIe siècle dans les bergeries de Rambouillet d'une race espagnole, le Mérinos, réputé pour sa laine. Suite à la chute du prix de la laine au début du XIXe siècle,

dans Le Grand
d'Aussy, *Histoire de
la vie privée des
François*, Paris,
Laurent-Beaupré,
3 volumes
(1re édition 1782),
tome 1, 1815,
pp. 301-302.
*Dictionnaire du
commerce*, sous la
direction de
M. Guillaumin,
Paris, Guillaumin,
2 volumes. Tome 1,
1839, tome 2, 1841.
Husson (A.),
*Les Consommations
de Paris*, Paris,
Hachette, 2e éd.,
1875, p. 197.
Lauvergne (J.-J.),
*Les ressources
génétiques ovines et
caprines en France.
Situation en 1986*,
Bureau des
ressources
génétiques, Paris,
Tec et Doc, 1987,
p. 73.
Plancke (R.-C.), *La
Vie rurale en Seine-
et-Marne :
1853-1953*,
Dammarie-les-Lys,
Amatteis, 1982,
pp. 186-198.
Zeuner (F. E.),
*A History of
Domesticated
Animals*, New York,
Harper & Row,
1963, pp. 194-195.

le professeur Auguste Yvart, de l'École nationale vétérinaire de Maisons-Alfort, décide de croiser le Mérinos de Rambouillet avec le Dishley, issu d'une race anglaise. En 1832, une nouvelle race avec les qualités recherchées est obtenue, mais ce n'est que vers la fin du siècle que les « Dishley-Mérinos » seront répandus dans toute l'Ile-de-France.

En 1875, selon Husson, les moutons les plus recherchés sont les allemands, suivis par « ceux de la Gâtine » et les moutons flamands. En quatrième position se trouve « le métis ». Celui-ci présente sur les autres deux avantages. D'une part, « la laine du métis étant de qualité supérieure, le fermier retire, chaque année, un notable bénéfice de ses toisons » ; en plus, « le métis se vend toute l'année ». Ce mouton, continue Husson, « est fourni par les départements de Seine-et-Oise, de Seine-et-Marne, de la Marne, d'Eure-et-Loire et de l'Aube ». Grâce au mouton métissé, les Parisiens parvinrent enfin à satisfaire leur appétit bien connu pour l'agneau, avec une production locale — l'agneau d'Ile-de-France.

Description

Couleur de la viande : rose clair. Poids : un agneau de 3 à 4 mois pèse 35 à 40 kg vif et rend 18 à 20 kg de viande, les gigots pèsent plus de 4 kg. Texture : ferme mais très tendre.

Usages

Consommé plus particulièrement pour les fêtes de Pâques à Paris, généralement rôti au four. Le haricot chevrier l'accompagne fort bien.

Savoir-faire

Pour la plupart des races ovines, l'agnelage se fait au printemps. Pour les « Ile-de-France », il a lieu en novembre et décembre. Ceci permet la mise en marché d'agneaux de bon poids pour Pâques. Un des critères importants de la sélection a donc été le désaisonnement qui permet d'obtenir des agneaux en dehors de la saison habituelle.

Cet élevage tire parti de la présence d'un sous-produit particulier et abondant en Ile-de-France : la pulpe de betterave après passage de ces racines à la sucrerie. Du fait de leur croissance hivernale, ces agneaux ne consomment pas le même lait que ceux qui sont nés au printemps. Les brebis consomment de la pulpe de betteraves, du foin, des grains, un peu d'ensilage, mais pratiquement pas d'herbe verte. Or les agneaux dépendent essentiellement pour leur croissance du lait des mères, et d'un peu de céréales produites dans la région. Ce régime alimentaire associé à la stabulation en bergerie pendant au moins 120 jours d'hiver donnent à la viande ses qualités organoleptiques, sa saveur, sa couleur claire et sa tendreté.

En ce qui concerne les adultes reproducteurs : les mâles pèsent de 110 à 150 kg, les femelles de 70 à 90 kg. Les brebis sont blanches et « le front est toujours couvert d'un capuchon de laine. » Absence de cornes dans les deux sexes.

BOVIN D'ILE-DE-FRANCE

BŒUF DE TRADITION BOUCHÈRE

Production
Le département de Seine-et-Marne domine avec 35 producteurs, la Brie venant en tête. En Val-d'Oise, c'est

PARTICULARITÉ : la particularité du produit tient à la technique d'engraissement de l'animal, prenant en compte l'alimentation et l'âge d'abattage, relativement avancé (36 mois).

Historique

Jacques André résume assez bien le rôle du bœuf pendant toute l'Antiquité : «Le bœuf fut d'abord un ani-

dans le Vexin et le Mantois que se trouvent les 15 producteurs. Quelques éleveurs isolés sont installés en Gâtinais et Hurepoix, dans l'Essonne (10 en tout). Dans le passé, le bovin d'Ile-de-France n'était disponible que de la fin du printemps au début de l'automne du fait de sa finition à l'herbe. Cette saisonnalité existe encore, mais de nos jours, les éleveurs travaillent à l'atténuer, car les consommateurs souhaitent s'approvisionner toute l'année. En 1992, environ 1 000 bêtes ont été abattues et commercialisées, contre 200 en 1988. L'ambition du groupement d'éleveurs est d'atteindre le chiffre de 2 à 3 000. Ce sont des bouchers particuliers (une vingtaine) qui pratiquent la vente exclusive de cette viande. Le circuit est très court.

mal intouchable, indispensable aux travaux des champs et à la traction des véhicules, parce qu'il est moins délicat que le cheval et moins exigeant pour sa nourriture. C'est pourquoi le sacrifice en était interdit dans le culte de Cérès... [toutefois] les progrès de l'élevage, l'abondance du gros bétail, les exigences de l'alimentation des grandes villes firent entrer le bœuf dans la catégorie des animaux de boucherie... »

Cependant, tout en étant une viande de boucherie, le bœuf ne jouissait pas autrefois en France d'une très grande estime. Au XVIᵉ siècle, par exemple, on disait « homme de porc & de bœuf » pour désigner, comme le signale Nicot, « un homme grossier, incivil, mal honneste, mal apprins, tels que sont ordinairement ceux de plus vil & bas degré d'entre le peuple : & d'autant que la nourriture plus familière à telles gens est du lard, du porc, du bœuf & autres grosses viandes ». Autrement dit, un mangeur de bœuf n'était pas un homme « de goût ». Pourtant, la viande de bœuf faisait l'objet d'une commercialisation importante et à Paris, la production « locale » ne suffisait pas pour répondre à la demande ; une note dans Le Ménagier de Paris nous apprend qu'« en 1422 on amenoit même de Savoie des bœufs à Paris »...

Si le bœuf était pendant des siècles un manger plutôt « populaire », le veau, et en particulier le veau de Pontoise, faisait les délices des gastronomes français. Au début du XIXᵉ siècle, Grimod de La Reynière estime que le veau de Pontoise « est le plus délicieux rôti que la boucherie puisse offrir ». Dès la fin du XVIIIᵉ siècle, d'ailleurs, même le bœuf de l'Ile-de-France bénéficiait d'un certain prestige car il est cité, en 1809, dans une liste des meilleurs produits de la région parisienne. Au début du XIXᵉ siècle, le bœuf francilien semble décliner, mais bientôt le développement de la betterave à sucre demandera des moyens supplémentaires de traction lourde, les bœufs sont alors tout désignés ! Achetés, dressés au sud de la Loire, ils participent dans les fermes d'Ile-de-France aux travaux des champs, notamment pour les charrois de betteraves, les labours

Bibliographie
Cours gastronomique, Paris, Capelle et Renand, 1809.
LA RREYNIÈRE (Grimod de) (A.-B.-L.), *Almanach des gourmands*, 8ᵉ année (1803 à 1812), Paris, Réimpression, Valmer-Paris, Bibliophile, 1984, tome 1, pp. 8-9.
Ménagier de Paris (Le), éd. Pichon, réédition Morcrette, Luzarches (1ʳᵉ éd. Paris, 1846), texte du XIIIᵉ siècle, tome 1, p. XLVI.
NICOT (J.), *Thresor de la langue françoise*, Paris, J. Picard, 1960 (fac-similé de l'édition de 1621), parmi les « Proverbes Françoys », p. 18.
ZEUNER (F.E.), *A History of Domesticated Animals*, New York, Harper & Row. 1963, pp. 210-244.

et les semis. Durant l'hiver qui précède la réforme, il sont engraissés à la pulpe de betterave avec un complément de foin et de tourteau de lin. Certains bœufs atteignent le poids de 1 500 kg vif ! L'alimentation doit être surveillée pour que les animaux « ne graissent pas trop vite ».

Depuis quelques années, les éleveurs essaient de relancer en Ile-de-France une viande de qualité, obtenue grâce à ces techniques d'engraissement traditionnelles. Ainsi, alors que le veau de Pontoise n'est plus qu'un souvenir, le bovin d'Ile-de-France commence à faire une réapparition sur les étals de nos bouchers. (Marque déposée « Bovin Ile-de-France ».)

Une fête du Bœuf Gras était dédiée à cet animal, très présent dans les grandes fermes. Cette manifestation, qui se tenait à la mi-carême, nécessitait l'engraissement particulier d'un ou plusieurs bœufs que l'on promenait dans les bourgs. Beaumont-sur-Oise organise tous les deux ans des festivités autour du Bœuf Gras.

Description

Couleur : viande très rouge. Texture : tendre mais consistante. Particularités organoleptiques : viande plus rouge et plus goûteuse que celle du bœuf couramment commercialisé. Cela est dû à son âge relativement avancé au moment de l'abattage. Poids carcasse : 400 à 450 kg, poids vif à l'abattage, environ 800 kg.

Savoir-faire

Le bœuf d'Ile-de-France ne correspond pas à une race, mais à une technique d'engraissement traditionnelle dont l'usage s'est maintenu. Il existe un cahier des charges précis pour les éleveurs produisant cet animal sous l'appellation « Bovin Ile-de-France ». Les bêtes ne sont pas obligatoirement nées dans la région, mais elles y passent au minimum 6 mois avant d'être abattues. L'âge d'abattage ne doit pas être inférieur à 30 mois ;

il est souvent de 36 mois et plus. La plupart des animaux passent au moins 1 an dans la région ; à 18 mois, ils sont présentés une première fois devant une commission d'agrément et reçoivent une boucle d'oreille spéciale. À partir de là, ils sont exclusivement nourris d'aliments produits localement tels que fourrage, pulpe de betterave, farine de luzerne, tourteau de lin et céréales. Cette nourriture, distribuée à l'auge durant l'hiver, leur permet de prendre du poids. Puis, l'été, un passage au pâturage assure la finition à l'herbe des bêtes. La vitesse de prise de poids est réglementée pour éviter l'excès de graisse. Comme par le passé, bon nombre des bêtes proviennent du centre de la France, mais les éleveurs d'Ile-de-France tendent de plus en plus à produire leurs propres veaux. Aujourd'hui, c'est un croisement de 85 % charolais/15 % normand qui domine.

Lapin du Gâtinais

LAPIN

Production
Gâtinais (sud de la Seine-et-Marne, sud-est de l'Essonne, nord de l'Yonne et du Loiret).
Présent toute l'année sur le marché. Plutôt en baisse.

Bibliographie
Favre (J.),
Dictionnaire universel de cuisine, Paris, 4 volumes,

PARTICULARITÉ : le lapin fait partie de la tradition, très forte, du petit élevage en Gâtinais.

Historique

En 1600, Olivier de Serres parle de deux types de « connins » ou lapins : « Les meilleurs sont ceux qui vivent en toute liberté dans les forests et buissons agrestes de la campagne... Les pires sont ceux de clappier qu'on nourrit en estroicte servitude, dans la maison, ou en quelque recoin de la basse-court. » Deux siècles plus tard, dans ses remarques concernant ce passage, l'agronome Augustin-François Silvestre ajoute en 1805 : « Le but du travail de la garenne domestique doit être aussi la vente et la consommation des lapins. La chair de cet animal, qui est comptée presque pour

s.d. (vers 1890), art.
Lapin.
Félix Potin Paris
(Catalogue,
décembre), Paris,
1919.
PLANCKE (R.-C.), *La
Vie rurale en Seine-
et-Marne :
1853-1953*,
Dammarie-lès-Lys,
Amatteis, 1982,
pp. 203-208.
Pot-au-Feu (Le),
n° 8, 5ᵉ année,
15 avril 1987,
p. 119.
SERRES (O. de), *Le
Théâtre
d'agriculture*, Paris,
Huzard, 2 volumes,
1804-1805. Édition
critique (1ʳᵉ édition,
1600). Tome 2,
pp. 62 et 199-200.

rien dans les grands établissements, doit faire, pour les petits cultivateurs, l'objet d'une utile spéculation.» Ainsi, à deux cents ans de différence, nos deux auteurs expriment le même mépris pour le lapin de basse-cour.

Si les recettes de lapin et de lapereau peuplent les livres de cuisine tout au long du XVIIIᵉ siècle, il s'agit toujours de lapins de garenne, jamais de nos lapins domestiques, appelés dédaigneusement «mangeurs de choux». Aucun lapin ne trouve grâce chez Joseph Favre, qui résume assez bien le sentiment des chefs à la fin du XIXᵉ siècle : «Toute la qualité de la chair du lapin réside dans la sauce qu'on lui applique, c'est une chair sèche et fade, peu nourrissante et assez indigeste.»

Tout cela ne signifie pas que les consommateurs de lapins n'existaient pas ; simplement ils ne comptaient pas parmi les «connaisseurs». Comme le précise l'auteur d'une recette en 1897 pour un «Lapin de choux en gibelotte», le lapin domestique est «un animal de ressource à la campagne» (ce qui n'empêche pas les habitants de la ville «d'y recourir de temps à autre pour varier les menus»).

Dans ce contexte, on ne s'étonne plus du long silence de la part des gastronomes envers le lapin domestique et sa provenance, à l'encontre du lapin de garenne qui avait ses amateurs. Seules les viandes ou volailles recherchées (veau de Pontoise, dinde du Gâtinais) bénéficiaient d'une «appellation» spécifique. Ainsi, la mention du «Lapin du Gâtinais» dans un catalogue Félix Potin en 1919 marque peut-être un tournant dans la commercialisation de cet animal et l'acquisition d'un nouveau statut pour ce petit «mangeur de choux» dans l'esprit des consommateurs de la région parisienne.

Description

Pas de race particulière au Gâtinais. Poids vif à l'abattage : 2,5 kg en moyenne.

Usages

Dans le Gâtinais, le lapin est considéré comme un plat festif. Les animaux arrivés à l'âge d'abattage sont soit pris sur place par un «ramasseur de lapins», qui passe régulièrement à domicile, soit emportés par les femmes chez le volailler.

Savoir-faire

Pour les petits producteurs, l'élevage du lapin offre deux avantages sur celui de la volaille. D'une part, il ne nécessite pas de parcours extérieur ; les lapins sont confinés dans des clapiers ou «cabanes à lapins» et prennent donc peu de place. Ce peuvent être aussi des «toits à cochon» ou des cages en béton. D'autre part, ces éleveurs peuvent facilement faire reproduire eux-mêmes leur cheptel de lapins.

Aux betteraves fourragères, «carottes à lapins», sainfoin et autres herbes sauvages, se sont la plupart du temps substitués des aliments adaptés et du foin. Orge et avoine peuvent remplacer l'aliment du commerce. Les lapins exigent de l'eau propre, leur litière est faite de paille. Ils sont abattus à la ferme vers l'âge de 90 jours et pèsent alors aux alentours de 2,5 kg.

VOLAILLE DU GÂTINAIS

POULET, POULARDE, CHAPON

Production
Gâtinais, et
notamment le sud

PARTICULARITÉ : l'appellation «volaille du Gâtinais» renvoie à une tradition avicole qui demeure très forte, notamment dans la région de Nemours et d'Égreville. Il a existé une race de poule spécifique à la région et portant le nom de «Gâtinaise» ; elle est aujourd'hui en voie de disparition.

de la Seine-et-Marne (autour de Nemours et Egreville), l'extrême sud-est de l'Essonne pour la région Ile-de-France. Par ailleurs, nord de l'Yonne et surtout nord du Loiret (région Centre). La demande est plus importante au moment des fêtes de fin d'année : les éleveurs augmentent leur production en décembre et janvier.

Il est très difficile de la connaître car c'est une production qui ne passe pas toujours par des marchés repérables ou officiels. La race gâtinaise a aujourd'hui presque disparu. On ne la trouve plus que chez certains collectionneurs du Loiret et de Seine-et-Marne. Mais, l'élevage de volaille dite « de qualité » connaît un net regain d'intérêt et l'on pourrait envisager de remettre cette race à l'honneur.

Bibliographie
Almanach général des marchands,

Historique

Depuis au moins le XVIIIe siècle, les volailles du « Gâtinois français » (l'autre étant le « Gâtinois orléanais ») sont admirées pour leur qualité. A cette époque, il existait même une façon de les accommoder « à la Gâtinoise » qui permettait leur envoi en tant que semi-conserve. Ainsi, l'auteur d'une « feuille » qui circulait à Paris en février 1759 invite ses lecteurs à se rendre chez « le sieur Porcabeuf, traiteur, rue des Grands Augustins [qui] vend de nouveaux Dindons & de nouvelles Poulardes à la Gâtinoise ». En particulier, « les dindons à la Gâtinoise sont bons froids & chauds, se conservent long-temps, & peuvent se transporter à la campagne ». Une autre confirmation de l'association entre volailles et Gâtinais se trouve dans un *Almanach* publié en 1774 et destiné aux négociants. Ici, l'auteur nous informe que parmi les richesses de Nemours on compte, entre autres, « volailles, œufs & beurre ». Mais la véritable consécration des volailles du Gâtinais viendra au début du XIXe siècle quand Grimod de La Reynière fait leur éloge. Il rend hommage aux chapons, poulardes et dindes de cette province, notant en particulier qu'une « simple Dinde du Gatinois... lorsqu'elle est blanche, jeune, tendre et délicate... [est préférable] à une Périgourdine [bourrée de truffes], souvent sèche et coriace, malgré son riche accompagnement ». Ainsi, dès 1808 les volailles du Gâtinais se classent non seulement parmi les meilleures du bassin parisien mais parmi les meilleures de toute la France.

« A la fin du siècle dernier, il existait dans la région de Lorrez-le-Bocage une "industrie" particulière : l'engraissement des poulets au pain et au lait. Les animaux soumis à ce régime fournissaient une chair d'une blancheur remarquable. Il s'en vendait le lundi, sur le marché d'Égreville, plus de 600 paires dont la plus grande partie était expédiée aux halles de Paris. Avant 1914, on estimait que chaque ferme seine-et-marnaise possédait de 200 à 400 poules », écrit René-Charles Planck, dans *La Vie rurale en Seine-et-Marne*. Vers 1930

négociants,
armateurs et
fabricans de la
France et de
l'Europe et autres
parties du monde,
Paris, chez Grangé,
1774.
Feuille nécessaire
(La), Paris, Lambert,
1759, n° 1, p. 13.
LA REYNIÈRE
(Grimod de) (A.-B.-
L.), Manuel des
amphitryons, Paris,
réédition A.M.
Métailié, 1983 (Éd.
orig. 1808),
pp. 33-35 et 41-42.
PIOLLET (M.), «La
poule gâtinaise», in
La Vie agricole et
rurale, 8, 1913,
p. 229.
PLANCKE (R.-C.), La
Vie rurale en Seine-
et-Marne :
1853-1953.
Dammarie-les-Lys,
Amatteis, 1982,
pp. 203-208.
RABY (J.), «Quelques
races françaises
disparues ou
menacées : poules,
oies, canards,
dindons et lapins»,
in Séquences, s. 1,
1986, pp. 14-15.

se développèrent des élevages avicoles spécialisés, en vue de fournir sur Paris du poulet gras et des œufs du jour. La race «Gâtinaise» a longtemps dominé ; elle a aujourd'hui pratiquement disparu des élevages.

Description

Race : «Gâtinaise». Forme : allongée, poitrine large, bombée, cuisses longues, tarses et quatre doigts roses et sans plume, crête simple, absence de huppe, oreillons rouges, œil vif rouge clair, plumes bien collées au corps. Couleur : plumage entièrement blanc avec reflets légèrement dorés sur le camail et les lancettes de la queue. Taille : moyenne (mais plus grande que la Houdan). Poids : environ 2 kg à 4 mois pour le poulet. Particularités organoleptiques : chair fine, très blanche.

Savoir-faire

La grande hétérogénéité qui caractérise les pratiques avicoles locales correspond en réalité à un système de petit élevage domestique encore très diffus... Les éleveurs achètent en général leurs poussins.

Les locaux d'élevage vont de l'étable reconvertie à la grange, en passant par le «toit à cochon», ou au bâtiment moderne dédié à cette activité.

En ce qui concerne l'alimentation, il n'y a pas là non plus de règle. Généralement, les poussins reçoivent un aliment approprié au cours des quatre premières semaines. Ensuite c'est du blé et du maïs (grains ou brisures) qui leur sont donnés. Le parcours libre est très répandu et permet aux animaux d'acquérir une chair de qualité.

La finition «ordinaire» se fait avec des brisures de maïs et du lait. Si l'on recherche une qualité supérieure de la viande, la finition se fait au blé cuit et au lait, l'animal étant maintenu dans l'obscurité en claustration. L'âge à l'abattage est très variable. Pour les poulets, il se situe entre 13 et 20 semaines. Les poules, elles, sont souvent gardées pour la ponte ; elles peuvent aussi être commercialisées vers 20 semaines sous le nom de poularde.

A la différence du gros bétail, les animaux de basse-cour peuvent être abattus à domicile. Le conditionnement est alors variable selon les traditions familiales.

VOLAILLE DE HOUDAN

POULETS,
POULARDES,
CHAPONS

PARTICULARITÉ : race de volaille spécifique à la localité de Houdan dans les Yvelines, appréciée pour la qualité de sa chair.

Production
Yvelines : cantons de Montfort, Saint-Arnoult et Rambouillet, arrondissement de Mantes. Mais l'aire globale de production s'étend sur la région Normandie : arrondissement de Dreux, cantons de Nogent-le-Roi, Maintenon, en Eure-et-Loir, Pacy-sur-Eure dans l'Eure. Légère baisse possible de la production à l'automne, liée à une diminution de la ponte en été. 7 000 volailles commercialisées en 1992. Prévision pour 1993 : 25 000.

Historique

Les poulets «huppés» sont très appréciés en France depuis au moins le XVIIIe siècle. Buffon évoque la «finesse de leur chair» et Parmentier fait leur éloge en 1805 : «Le pays de Caux possède deux variétés de poules, l'une huppée, d'un plumage varié, qui produit de gros œufs, mais peu ; l'autre, noire, portant une petite crête, pondant beaucoup de beaux œufs. L'une et l'autre sont également bonnes pour élever des poulets, dont on fait, suivant le sexe, des poulardes et des chapons.»

Au cours du XIXe siècle, les éleveurs de Houdan adoptent la poule huppée et dérobent aux éleveurs normands leur première place car c'est entre 1840 et 1860 que la poule de Houdan gagne ses lettres de noblesse ; en 1863, elle sera couronnée «la poule française par excellence». Toutefois, elle n'avait pas détrôné tous ses concurrents puisque, pour l'auteur de l'article consacré à la ville de Houdan dans le *Grand Dictionnaire universel Larousse* de 1873, «l'industrie la plus renommée du pays est celle de la volaille ; les poules de Hou-

Le Syndicat interprofessionnel avicole de Houdan, créé en septembre 1991, est au centre de ce renouveau.

Bibliographie

DELAFOSSE, *La Poule de Houdan*, Houdan, s.e., 1870, pp. 6-7 et 18.

LAROUSSE (P.), *Grand Dictionnaire universel du XIXᵉ siècle*, Paris, Larousse. 15 volumes, 2 volumes de supplément. Publié entre 1865 à 1890, Art. Houdan.

Larousse ménager (Chancrin et Faideau, éd.), Paris, Larousse, s.d. (1ʳᵉ éd. 1926), Art. Poule.

MARIOT-DIDIEUX, *Guide pratique de l'éductation lucrative des poules ou traité raisonné de gallinoculture*, Paris, Hetzel et Cie, s.d., 1860 environ.

PARMENTIER, dans SERRES (O. de), *Le Théâtre d'agriculture*, Édition critique, Paris, Huzard, 2 volumes, 1804-1805 (1ʳᵉ édition, 1600), tome 2, p. 156.

RODILLON (J.), *Conseils pratiques*

dan sont presque aussi recherchées que les chapons du Mans et les poulardes de Bresse».

Ce «presque» ne devait pas plaire aux producteurs de Houdan et des environs qui avaient créé un marché florissant pour leurs volailles. Un fascicule sur *La Poule de Houdan* publié en 1870 nous informe qu'«il est vendu annuellement, aux marchés de Houdan, de Dreux et de Nogent-le-Roi, pour plus de 6 000 000 de poulets gras... et les communes de Goussainville, de Saint-Lubin-de-la-Haye et d'Havelu font, à elles trois, chaque année, avec Paris, un commerce qui dépasse 3 400 000 en moyenne».

La grande époque des volailles de Houdan se situe entre 1870 et 1914. Leur réputation et leur prix n'ont cessé de croître pendant cette période. Un article dans *Le Pot-au-Feu* daté de janvier 1894 révèle que : «une belle volaille [ordinaire]» coûte 8 francs contre 10 ou 11 francs pièce pour «les Houdans». Les dindonneaux de Houdan font leur apparition dans le catalogue de la maison Olida en 1905 où ils sont vendus 10 à 18 francs pièce (les dindonneaux de Bresse ne valent que 6 F à 12 F pièce). Le même écart s'observe entre le poulet de Houdan qui se vend 8 francs pièce alors que celui de Bresse ne coûte que 2 francs 50 à 6 francs ! Nous ne savons pas pourquoi les poules de Houdan ont disparu dans les années qui suivirent la Grande Guerre, mais une remarque dans le *Larousse ménager* de 1926 confirme qu'elles ne sont plus qu'un souvenir. Dans un article sur les «Principales races de poules» elles sont citées, mais au passé («Cette race a été couramment exploitée dans la plupart des basses-cours du nord et de l'ouest du département de Seine-et-Oise»), et elles ne possèdent plus leurs qualités exceptionnelles («La race de Houdan permet d'obtenir de nombreux poulets de consommation courante»). Ce changement de fortune serait-il lié à des pratiques frauduleuses qui ont fait tort à sa réputation ? Ailleurs, dans le même article, nous apprenons que le poulet de Faverolles, «race obtenue... par une sélection portant sur des métis de houdan avec brahma et dorking» est «vendu sur les

sur l'élevage et l'engraissement des volailles, s. 1, n.d., p. 598.
Syndicat interprofessionnel avicole de Houdan, *La Poule de Houdan*, s. 1, 1992.
Syndicat interprofessionnel avicole de Houdan, *Règlement éleveur*, s. 1, 1992.

marchés parisiens, sous le nom de *poulet de Houdan*». Dernière remarque, tous ceux qui connaissent le poulet de Houdan s'accordent pour dire que ce n'est pas une volaille destinée à la broche mais à la cocotte. Elle doit être cuite dans un milieu humide car sa chair, très serrée, à tendance à se dessécher au rôtissage. Une «volaille en sauce» ou «en cocotte» nécessite plus de temps de préparation qu'un simple poulet rôti et ceci, joint au fait que le poulet de Houdan était devenu une volaille rare (et chère), ne pouvait que nuire à sa diffusion. Cela dit, la chair de cette race est aussi fine et savoureuse qu'en 1870, et des actions de relance entreprises récemment réussiront peut-être à rétablir la réputation de la poule de Houdan en lui rendant la place qu'elle mérite toujours parmi les meilleures volailles de France. (Label rouge pour le poulet)

Description

La poule possède une huppe importante, des pattes marbrées noir et blanc à cinq doigts, une crête double. Couleur : plumage noir caillouté de blanc, viande à chair foncée. Taille : moyenne (plutôt petite), volaille légère. Poids : poulet : 1,8 kg vif en fin de parcours ; poulet moelleux : 2 kg vif ; poularde : 1,8 kg vif ; chapon : 3,2 kg vif. Texture (de la viande) : ferme. Particularité organoleptique : chair fine et goûteuse. Cette race est à rapprocher de la Faverolles, ainsi que de la race de Mantes, qui lui ressemble beaucoup. Leur chair est également d'une grande finesse.

Usages

Le pâté de Houdan (voir rubrique «Charcuterie») se fabrique traditionnellement avec la chair de cette volaille. Lorsqu'elle est cuite à l'eau, elle donne un bouillon très apprécié des connaisseurs.

Savoir-faire

Race spécifique, nature de l'alimentation et âge d'abattage consituent les fondements du système d'élevage actuel de la volaille de Houdan. Les producteurs s'appliquent à maintenir la pureté de la race, en s'approvisionnant en poussins auprès d'accouveurs spécialisés et agréés. Les bâtiments d'élevage, nommés «Houdan», respectent les normes sanitaires actuelles et permettent de maintenir la tradition de cet élevage, car mobiles, ils donnent la possibilité à l'éleveur de changer de parcours entre chaque cycle de production.

Les poulets sont maintenus à l'abri dans le bâtiment durant les cinq premières semaines, à raison de 11 volailles au m². Après quoi ils bénéficient d'un parcours extérieur d'au moins 2,5 m² par volaille. L'alimentation est limitée pour les taux de matières grasses, elles est à base de céréales provenant de l'aire de production (70 à 75 % pour les poulets de parcours, plus pour le poulet moelleux, la poularde et le chapon). La finition comprend du lait entier ou écrémé. Selon les produits visés, les âges d'abattage sont les suivants : poulet de parcours : 18 semaines ; poulet dit «moelleux» : 20 semaines (dont 2 en claustration) ; poularde : 20 semaines (dont 3 en épinette) ; chapon : 32 semaines (dont 3 en épinette).

L'abattage est pratiqué dans des abattoirs agréés.

Le système d'élevage de la volaille de Houdan s'efforce donc d'allier une tradition locale aux contraintes sanitaires, réglementaires et économiques actuelles afin de pérenniser une notoriété. A la vente, la volaille morte est présentée sur le dos, la tête passant sous l'aile gauche et l'aile droite portant le certificat avec la marque, écusson sur le jabot et pattes tenues autour du croupion. La tête reste emplumée.

MIEL DU GÂTINAIS

Production
Départements de
Seine-et-Marne et
d'Essonne pour l'Ile-
de-France. Le
Gâtinais comprend
également le Loiret
et l'Yonne.
Vendu en toute
saison, mais récolté
par l'apiculteur
entre mai et juillet.
Le nombre de
ruches exploitées
en Gâtinais se situe
aujourd'hui aux
alentours de 12 000,
produisant de 700 à
800 t de miel (800 t
en 1992 dont 600
de tournesol, contre
350 t en 1991). Un
ambitieux plan de
développement
apicole se fixe
comme objectif de
porter la production
à 1 200 t en 1993,
et à 1 800 à
l'horizon 3/5 ans,
pour un cheptel de
25 à 30 000 ruches.
Ce projet intègre la
remise en culture
de sainfoin et
d'autres
légumineuses
mellifères dans le
cadre de la gestion
des jachères.

PARTICULARITÉ : autrefois de sainfoin, le miel du Gâtinais est aujourd'hui issu des récoltes faites par les abeilles sur la flore spontanée, ainsi que sur les cultures florifères du Gâtinais. Colza et tournesol ne doivent pas toutefois être majoritaires. Une cristallisation fine confère à ce miel clair son onctuosité.

Historique

M. Pelletier-Petit, propriétaire de «La Truie qui file», magasin «le plus considérable et le mieux approvisionné de Paris», fait figurer en bonne place le miel du Gâtinais parmi les meilleurs produits des régions de France qu'il commercialise. M. Hémard, «le plus habile fabricant de pain d'épice de Paris», n'emploie dans celui-ci que de «très-bon miel du Gâtinois». C'est ce qu'écrit Grimod de La Reynière dans son *Almanach des gourmands* en 1806 et 1810. En 1793, dans une liste des prix des denrées et marchandises, on trouve le miel de Brie, récolté à Meaux, Provins et Rozay, mais le Gâtinais n'y est pas mentionné. Au milieu du XIXe — les sources sont unanimes — le miel du Gâtinais est le plus consommé dans la capitale. On peut en trouver de quatre qualités : le miel surfin, le miel blanc fin, le miel blanc ordinaire, le miel commun. Ces quatre sortes de miel étaient conditionnées dans des barils de 40 kilos. Le «surfin du Gâtinais» était rapidement «coulé» en pots par les épiciers détaillants. Les autres qualités se vendaient la plupart du temps au poids, à partir du baril ou d'un pot de grès. C'est le marché du Puiset, pendant la foire de la Madeleine, le 28 juillet, qui servait de référence pour le marché de gros du miel à Paris.

Les «mouchards» du Gâtinais fournissaient au siècle dernier la plus grande partie du miel absorbé par Paris. A l'instar des horticulteurs et des maraîchers, ces apiculteurs étaient alors décrits comme «une corporation

Bibliographie
Anonyme, *Tableau du maximum des denrées et marchandises*, n° 1, 1793, p. 4.
Dictionnaire du commerce, rubrique «Miel», Paris, Guillaumin, 1841, tome 2, p. 1509.
HAMET (H.), «Les mouchards du Gâtinais. Leur manière d'élever les abeilles», *in L'Apiculteur*, III, 1858, pp. 57, 85, 169, 197.
LA REYNIÈRE (Grimod de), (A.B.L.), *Almanach des gourmands*, Paris, 1806, Cellat, p. 222. *Idem*, édition de 1810, p. 262.
MARCHENAY (P.), «Un aspect de l'apiculture d'autrefois : les «mouchards» du Gâtinais au XIXᵉ siècle», *in L'Homme et l'abeille*, Paris, Berger-Levrault, 1979, pp. 114-120.

aussi respectable qu'il utile, dont les mœurs douces et le caractère loyal étaient justement appréciés» (Hamet, 1858). La nécessité de renouveler fréquemment le cheptel d'abeilles pour repeupler les ruches fut à l'origine d'un important marché de «mouches à miel», qui étaient soit livrées directement par des «marchands d'abeilles», soit vendues dans des «foires d'abeilles». Le Gâtinais apicole historique comprend l'arrondissement de Pithiviers, une partie de ceux d'Orléans, Montargis, Fontainebleau, Etampes, Rambouillet et de la Beauce. Le miel le plus recherché était produit dans la zone comprise entre Pithiviers, Fontainebleau et Etampes. Son blanc transparent, parfois légèrement verdâtre, sa saveur douce et sa fine cristallisation le faisaient beaucoup apprécier et lui donnèrent sa réputation. Le sainfoin à une coupe, appelé «esparcette» (*Onobrychis sativa* Lam.), a été cultivé tant que les chevaux ont été utilisés pour le transport et l'agriculture. C'est cette plante qui donnait les caractères propres à ce miel, bien que d'autres espèces végétales aient pu aussi donner leur note, comme par exemple le trèfle, la luzerne, les vesces ou la minette.

Description

Couleur : miel clair à ambré léger, de 2 à 5 dans l'échelle de Pfund. Texture : structure cristalline, homogène, stable, le plus souvent onctueuse et à grains fins ; cristallisation rapide après récolte. Particularités organoleptiques : odeur plutôt faible. Teneur en sucre élevée, absence d'amertume et d'arrière-goût. Miel velouté et onctueux en bouche.

COMPOSITION : teneur en eau : 18 % maximum ; pH entre 3,6 et 4,1. Rapport fructose/glucose compris entre 1,05 et 1,25. Spectre pollinique représentant la flore mellifère de la région.

Usages

Miel de bouche, à usages multiples. La mention d'origine « Gâtinais » lui confère une valeur indéniable auprès du consommateur. Marque déposée pour « L'abeille du Gâtinais », n° 179079.

Savoir-faire

La méthode traditionnelle mise en œuvre dans le Gâtinais s'appelait le « culbutage ». Cela consistait, au moment de la miellée, à renverser la ruche habitée et en placer une autre vide par-dessus, que les abeilles s'empressaient de remplir de miel. Souvent, elles emmagasinaient de 15 à 20 kilos en moins d'une semaine. Ces ruches pleines étaient ensuite portées à la miellerie afin d'en extraire le miel. L'apiculteur distinguait le miel vierge, de premier choix, issu des rayons que l'on laissait égoutter ; le miel de second choix, issu de mélanges et le miel « de presse ».

Malgré une évolution dans la nature des nectars qui composent le miel du Gâtinais — le sainfoin n'est plus cultivé — la tradition apicole reste localement forte et la renommée de ce produit réelle.

Aujourd'hui, le cycle se déroule de la façon suivante : pose des hausses sur les ruches en mai ; récolte du miel du printemps jusqu'à l'été ; désoperculation des rayons, extraction par force centrifuge, décantation dans un récipient appelé maturateur, mise en fûts de 300 kilos pour le marché de gros ou en pots d'un kilo ou de 500 grammes pour le détail. L'apiculteur doit veiller à ne pas laisser une trop forte proportion de miel de colza ou de tournesol dans sa production. Les miels monofloraux de colza ou de tournesol ne peuvent prétendre à l'appellation « Gâtinais ».

LES RECETTES TRADITIONNELLES

RECUEILLIES PAR CÉLINE VENCE

SOUPES

POTAGE ARGENTEUIL

SOUPE CRESSONNIÈRE

POTAGE PARISIEN

POTAGE SAINT-GERMAIN

POTAGE CRÉCY

GRATINÉE DES HALLES

POTAGE ARGENTEUIL

Pour 4 personnes
La base des turions de
2 kg d'asperges dont
on a prélevé les
pointes sur environ
5 cm
Une pincée de sucre
en poudre
2 cuillerées à soupe de
crème de riz (fort en
usage chez nos
grand-mères)
2 œufs
20 cl de crème fraîche
Sel
Poivre du moulin
(facultatif)

Lorsque les asperges d'Argenteuil étaient abondantes, avant que le village soit urbanisé, c'était là un potage courant, préparé avec le reste des turions lorsqu'on avait utilisé les pointes pour une autre préparation. Aujourd'hui on peut le préparer avec les asperges de Dourdan ou avec les asperges de Vineuil, nées de l'asperge d'Argenteuil.

PRÉPARATION ET CUISSON

Éplucher les turions d'asperges avec le couteau économe (il ne suffit pas de les gratter), couper leur base à 2 ou 3 cm, selon leur degré d'avancement ; les laver, les mettre dans une casserole en les tronçonnant, avec 1 litre d'eau, une pincée de sel et le sucre. Porter à très petits bouillons pendant 30 minutes.

Passer au moulin-légumes dans une autre casserole, en conservant leur eau de cuisson. Poudrer avec la crème de riz en remuant, mouiller avec l'eau de cuisson. Porter à nouveau à petite ébullition environ 6 à 7 minutes.

Dans un bol, délayer le jaune des œufs avec la crème, verser en mince filet dans la casserole, sans cesser de remuer et sans laisser bouillir, jusqu'à épaississement. Rectifier l'assaisonnement en sel, ajouter le beurre. On peut poivrer si on le désire.

SOUPE CRESSONNIÈRE

**Pour une botte
de cresson**
*1 oignon
50 g de beurre
400 g de pommes de
terre
1 petit bouquet garni
(1 brindille de thym,
une demi-feuille de
laurier)
1 litre d'eau (ou de
nos jours de bouillon
de volaille)
20 cl de crème
fraîche
Sel
Poivre du moulin
(facultatif)*

«J'ai du bon cresson de fontaine,
La santé du corps,
A deux sous la botte!
A deux sous la botte!»

C'était l'un des cris les plus prisés dans le Paris des années 1820. Il arrivait alors, tous les matins aux Halles, par mannes de 25 très grosses bottes, qui étaient divisées en deux, plus de 200 000 bottes qui alimentaient la restauration ou étaient ainsi criées dans les rues; cela depuis qu'en 1811 un maraîcher avait eu l'idée d'en cultiver dans les eaux de la Nonette, entre Senlis et Chantilly. Les cuisiniers en avaient aussitôt garni leurs grillades (voir entrecôte vert-pré), et quelqu'un avait eu l'idée de cette soupe fort appréciée. Aujourd'hui les cressonnières se sont rapprochées de Paris.

PRÉPARATION ET CUISSON

Dans une casserole, sur feu doux, faire suer l'oignon haché dans 20 g de beurre, à couvert pendant 8 à 10 minutes, en secouant souvent le récipient.

Pendant ce temps, trier le cresson en ne gardant que 5 cm de queue, le laver, séparer les feuilles et les mettre de côté.

Lorsque les oignons sont prêts, leur ajouter les queues de cresson, les pommes de terre pelées, lavées, coupées en dés, le bouquet et l'eau ou le bouillon. Laisser cuire à couvert pendant 20 minutes.

Passer au moulin-légumes. Reverser dans la casserole, ajouter les feuilles de cresson ciselées et la crème; au bout de 2 minutes de petite ébullition, saler, puis laisser cuire à frémissement en remuant de temps à autre jusqu'à léger épaississement.

Hors du feu, ajouter le reste de beurre. Poivrer si on le désire.

VARIANTE : POTAGE SANTÉ

Un jour, on ne sait qui remplaça le cresson par des épinards de Viroflay et pour la liaison finale, délaya d'abord 2 jaunes d'œufs dans la crème, transformant le potage en velouté.

La recette se prépare de la même façon, hormis qu'à cause de l'acidité des épinards, s'ils ne sont pas jeunes, mieux vaut réduire de moitié la longueur des queues conservées.

POTAGE PARISIEN ou SOUPE POIREAUX- POMMES DE TERRE ou POTAGE BONNE FEMME

Pour 4 personnes
3 poireaux bien blancs
500 g de pommes de terre
70 g de beurre
Sel
Poivre du moulin
(facultatif)

PRÉPARATION ET CUISSON

Éplucher les poireaux en ne conservant que 5 à 7 cm de vert, les émincer. Les mettre dans une casserole avec 20 g de beurre, couvrir, laisser étuver 15 minutes en secouant souvent le récipient (ils ne doivent pas colorer).

Mouiller avec 1,5 litre d'eau, saler, porter à ébullition. Peler, laver les pommes de terre, les couper en gros dés, les introduire dans la casserole, poursuivre la cuisson à petits bouillons pendant 20 minutes.

Hors du feu, ajouter le reste du beurre et, selon le gré, donner quelques tours de moulin à poivre (facultatif).

Remarque

On le trouve parfois garni de croûtes de flûte (pain), séchées au four et de pluches de cerfeuil fraîches.

POTAGE PURÉE SAINT-GERMAIN ou POTAGE SAINT-GERMAIN

Pour 4 personnes
1 à 1,5 kg de pois en cosses, selon qu'ils sont plus ou moins pleins (il faut obtenir 700 à 800 g de petits pois)
50 g de lard de poitrine maigre demi-sel, sans couenne
70 g de beurre
1 bouquet garni
(1 branche de thym, une demi-feuille de laurier, 2 branches de persil plat)
Sel + (facultatif)
quelques branches de cerfeuil et poivre du moulin

Ce potage est souvent confondu avec la soupe aux pois cassés de Picardie. Le potage Saint-Germain se prépare avec des petits pois frais, naguère omni-présents dans les cultures maraîchères autour de la capitale.

PRÉPARATION ET CUISSON

Écosser les pois. Hacher le lard au couteau, le mettre sur feu doux dans une casserole, avec 20 g de beurre, le faire fondre 5 à 6 minutes, en couvrant et en secouant souvent le récipient, car il ne doit pas prendre couleur. Égoutter.

Ajouter les petits pois, faire revenir 2 à 3 minutes. Mouiller avec 1 litre d'eau chaude, ajouter le bouquet, laisser 15 minutes à petite ébullition, saler.

Prélever quelques petits pois avec l'écumoire, les mettre dans la soupière, ajouter le reste de beurre en noisettes. Passer dessus, au moulin-légumes, le reste du contenu de la casserole, bouquet retiré.

Poivrer éventuellement au moulin, selon l'envie qu'on en a, ajouter également quelques pluches de cerfeuil.

POTAGE PURÉE DE CAROTTES
encore appelé
POTAGE CRÉCY

Pour 4 personnes
500 g de carottes
100 g de beurre
1 oignon moyen
Une pincée de sucre
en poudre
1 litre de bouillon
ou d'eau
100 g de riz grain
rond
ou 100 g de mie de
pain rassise
Sel
Poivre du moulin
(facultatif)

Il s'agit des réputées carottes de Crécy, en Seine-et-Marne, dites encore carottes rouges de Meaux. François Chevet, petit-fils du célèbre traiteur du Palais-Royal, ayant hérité de la Maison et passionné de cuisine militaire, avait inventé, pendant la guerre de 1870, des tablettes déshydratées, à base de viande et de légumes, dont les carottes de Crécy ; chacune, réhydratée, fournissait au soldat une gamelle pleine de bœuf aux légumes.

PRÉPARATION ET CUISSON

Éplucher les carottes, les émincer, les mettre dans une casserole avec 50 g de beurre, l'oignon haché, une pincée de sel, le sucre. Couvrir, laisser étuver une dizaine de minutes en secouant souvent le récipient.

Mouiller avec le bouillon (ou à défaut avec de l'eau), laisser cuire 20 minutes à petits bouillons.

Introduire soit le riz lavé, soit la mie de pain. Poursuivre la cuisson à petit feu, à couvert, pendant 20 minutes.

Passer au moulin-légumes, rectifier l'assaisonnement en sel, facultativement poivrer au moulin, ajouter le reste de beurre pour servir.

GRATINÉE DES HALLES

Pour 4 personnes

Pour la soupe
800 g d'oignons
80 g de beurre
40 g de farine
Sel

Pour la gratinée,
4 tranches de pain de campagne relativement fines
80 g de gruyère frais râpé
Poivre du moulin

La soupe du petit matin des noctambules parisiens, après le spectacle, la boîte de nuit ou un dîner assorti de fortes libations. En fait un revigorant avant que n'arrive la «gueule de bois».

PRÉPARATION ET CUISSON

Peler, émincer finement les oignons, les mettre dans une casserole à fond épais avec le beurre et 10 cl d'eau, sur feu doux. Couvrir et laisser fondre pendant 30 à 40 minutes, en remuant trois à quatre fois.

Au bout de ce temps, continuer à remuer, poudrer de farine et les faire blondir sans trop les brunir (ce qui donnerait de l'amertume à la soupe). Mouiller avec 1,5 litre d'eau bouillante, laisser cuire encore 15 minutes à petits bouillons, saler.

Allumer la voûte du four, et :
soit laisser la soupe telle avec les oignons, la poivrer,
soit passer la soupe au moulin-légumes, la poivrer.

PRÉSENTATION

Dans les deux cas, la répartir dans des petits récipients individuels (souvent petites soupières en grès à feu). Poser dans chacune, à la surface du bouillon, une tranche de pain, la recouvrir de fromage râpé. Introduire dans le four sous la voûte allumée, le temps que le fromage fonde et commence à gratiner.

Conseil

Si le four ne peut accueillir toutes les soupières à la fois, donc s'il faut procéder en plusieurs fournées, ne poser les tranches de pain qu'au moment de la mise au four, car il est important qu'elles restent en surface, sans s'enfoncer dans le bouillon.

POISSONS

Huîtres à la sauce des Halles

Langouste à la parisienne

Friture des guinguettes des bords
de Marne et de Seine

Brèmes du Morin
— ou dorades grises — grillées

Matelote de Bougival

Merlans Bercy

Hareng portière

HUÎTRES À LA SAUCE DES HALLES

Pour 20 cl de vinaigre obligatoirement de vin rouge à l'ancienne : 80 à 100 g d'échalotes Une demi-cuillerée à café de poivre fraîchement et très finement concassé, ou moulu gros.

Cette sauce est typiquement parisienne, créée par les écaillers de ce grand marché que l'on avait surnommé «le ventre de Paris». Son succès lui a valu de gagner la restauration où elle est encore omniprésente, en accompagnement des fruits de mer. Le fondateur de l'Association des gastronomes régionalistes, dans les années 1920, a écrit : «Paris a même inventé une sauce pour gober les huîtres, qui ravit ceux qui les aiment assez, sans en être tout particulièrement amateurs.»

PRÉPARATION

Hacher très finement les échalotes, au couteau.
Les mettre en saucière de présentation, leur mêler le poivre, leur ajouter le vinaigre, remuer. Laisser macérer 4 à 5 heures, en remuant deux à trois fois.

Présenter la sauce à part des huîtres ouvertes, chacun s'en servant à son gré.

LANGOUSTE À LA PARISIENNE

Pour 8 personnes 1 langouste vivante d'environ 1,5 kg 8 gros artichauts 2 laitues Une grosse boîte d'1/1 de macédoine de légumes 6 œufs Gros sel

La langouste a toujours été présente sur les marchés parisiens. Elle a toujours été l'entrée des repas de fêtes familiales, à tel point qu'à la Noël, il y a encore quelques lustres, le carreau des Halles, lorsque sonnait la cloche, était envahi par une foule de ménagères qui n'auraient pu réussir leur menu sans elle. C'est en fait la fameuse langouste froide mayonnaise.

Pour la mayonnaise
2 cuillerées à soupe
de moutarde blanche
2 œufs
50 cl d'huile
d'arachide
2 cuillerées à soupe
de vinaigre de vin
Sel fin, poivre du
moulin

PRÉPARATION ET CUISSON

Dans une marmite, porter à ébullition de l'eau salée à 20 g de sel par litre. Poser la langouste à plat sur une planchette, la ficeler afin qu'elle ne puisse plus rabattre la queue, car il est essentiel pour la présentation qu'elle soit allongée. L'introduire dans la marmite, la laisser cuire à bons bouillons pendant 20 minutes (temps pour son poids). L'égoutter tête en bas.

Casser à la main la queue des artichauts pour entraîner les fibres dures implantées dans les fonds. Enlever 1 à 2 rangées de feuilles extérieures. Plonger les artichauts dans de l'eau salée en pleine ébullition, les laisser cuire 30 à 40 minutes selon leur grosseur. Les égoutter, les passer sous l'eau froide. Enlever toutes les feuilles (les garder), éliminer les foins. Mettre les fonds sous poche plastique au réfrigérateur.

Éplucher les laitues, les laver, les essorer, les ciseler, les conserver dans un torchon, dans le bac à légumes du réfrigérateur.

Égoutter le contenu de la boîte de macédoine, mettre également au frais.

Faire cuire les œufs durs, au maximum 9 minutes, départ eau chaude, les passer sous l'eau froide pour arrêter leur cuisson, les écaler.

PRÉSENTATION

Séparer le coffre de la queue de la langouste. Prélever toutes les parties crémeuses, en éliminant la poche à graviers, prélever également le corail devenu orangé, ou les œufs (la langouste n'étant grainée que vers mai à août). Mettre le tout de côté.

Avec les ciseaux, découper la carapace de la queue, de chaque côté du ventre, pour la retirer. Sortir la chair, en la tirant de la queue vers la tête.

Sur un plat long, reconstituer la carapace de la langouste, côté dos sur le dessus (on peut la bourrer d'alu froissé afin qu'elle tienne bien).

Couper la chair de la queue en 16 tranches, les disposer sur la carapace de la queue.

De chaque côté du crustacé reconstitué, étaler les laitues ciselées.

Confectionner la mayonnaise, en mêler un peu à la macédoine ; lui ajouter encore la partie comestible des feuilles d'artichauts, prélevée avec une petite cuillère.

Rectifier l'assaisonnement, répartir dans les fonds d'artichauts, disposer ceux-ci sur la laitue de part et d'autre de la langouste.

Couper les œufs durs en rondelles, éliminer les bouts sans jaune. Placer ces rondelles sur les tranches de chair de langouste, en les faisant tenir avec un peu de mayonnaise.

Mêler au reste de la mayonnaise les parties comestibles récupérées dans le coffre, présenter cette sauce à part.

FRITURE DES GUINGUETTES DES BORDS DE MARNE ET DE SEINE

Pour 1 kg de goujons
frais pêchés, d'aussi petite taille que possible et encore bien arqués par leur fraîcheur :
du lait, du sel, de la farine, un bain de friture

Le goujon faisait naguère la joie des pêcheurs à la ligne des bords de Marne et de Seine ; en fin de semaine, on se déplaçait facilement pour aller manger une friture de goujons à Joinville ou dans d'autres villages qui n'étaient pas encore urbanisés. On ne perdait pas de temps à les écailler, un linge sec rèche faisait l'affaire ; on se gardait aussi de les ouvrir pour les vider, un coup de pouce initié, bien appliqué sur le ventre, suffisait. Cette façon de traiter les goujons leur assurait une présentation impeccable sur l'assiette.

PRÉPARATION ET CUISSON

Enlever les écailles en frottant chaque poisson avec un linge rugueux, appuyer sur la cavité ventrale pour faire sortir les intestins. Éviter de laver les poissons. Par contre, les mettre dans un récipient creux, les couvrir de lait, saler et les laisser tremper environ 1 heure. Les égoutter, les éponger, les frotter de farine afin de bien les sécher et les secouer pour éliminer l'excédent[1].

Les plonger dans le bain de friture chaud, mais non fumant — peu à la fois, ce qui est un des principaux secrets de leur réussite ; il faut en effet que les poissons puissent baigner à l'aise dans le bain pour être saisis[2].

Dès qu'ils raidissent et dorent, les retirer, les égoutter sur serviette (ou sur papier absorbant).

PRÉSENTATION

Les servir très chauds car ils ramollissent vite.

La friture peut être présentée avec du persil frit et des quartiers de citron.

Conseils

Cette recette des guinguettes est la recette type de la friture de poisson. A défaut de goujons, on peut donc la préparer avec des éperlans, avec des lançons ou équilles.

Dans le cas de poissons de très petite taille (éperlans) on peut les fariner facilement en les mettant dans une poche plastique avec quelques cuillerées à soupe de farine, il suffit alors de fermer la poche et de la secouer en tous sens.

1. Il est important d'éliminer l'excès de farine, sinon la friture est pâteuse.
2. Si les poissons sont introduits en trop grande quantité à la fois, cela provoque un abaissement de température du bain de friture, ils ne peuvent plus être saisis.

Brèmes du Morin
— ou dorades grises —
Grillées

Pour 4 poissons
*d'environ 250 g
chacun, écaillés et
vidés :*
*2 cuillerées à soupe
d'huile*
2 citrons
4 branches de persil plat
1 petite branche de thym
2 œufs
100 g d'échalotes
15 cl de vin blanc
125 g de beurre
*1 à 2 cuillerées à
soupe de moutarde
blanche*
Sel, poivre du moulin

La brème fait parfois encore la joie des pêcheurs à la ligne, mais elle n'est plus aussi abondante qu'elle l'était il y a quelques décennies. La recette des bords du Morin a toujours son excellence et elle s'applique fort bien à la petite dorade grise.

Préparation et cuisson

Pratiquer deux à trois incisions sur le dos des poissons dans la partie la plus charnue. Les mettre dans un plat creux, les arroser avec l'huile et avec le jus des citrons, parsemer la moitié du persil finement haché et quelques feuilles de thym, saler et poivrer. Laisser mariner 2 à 3 heures en retournant deux à trois fois les poissons.

Faire cuire durs les œufs, pas plus de 9 minutes, départ eau bouillante, les passer sous l'eau froide pour arrêter leur cuisson, les écaler.

Dans une petite casserole, sur feu très doux, mettre les échalotes très finement hachées et le vin, laisser réduire des deux tiers.

Faire chauffer le gril à chaleur moyenne. Y poser les poissons en les laissant enrobés de leur marinade, les faire griller de 5 à 7 minutes par face, selon leur épaisseur.

Pendant ce temps, terminer la sauce. Placer la casserole contenant les échalotes au bain-marie (dans un autre récipient contenant de l'eau à bon frémissement), incorporer les jaunes des œufs écrasés à la fourchette, puis fouetter en incorporant peu à peu le beurre divisé en noisettes fermes. Retirer du bain-marie avant que le beurre ne se liquéfie et mêler de la moutarde en fonction du goût, le reste de persil finement haché, sel et poivre.

PRÉSENTATION

La sauce peut être versée sur les poissons, mais il est préférable de la présenter à part, afin que chacun puisse s'en servir selon son désir, surtout après avoir débarrassé le poisson de son arête.

MATELOTE DE BOUGIVAL

Pour 4 personnes
1 kg de petites
anguilles et
de petites carpes
8 goujons
8 écrevisses
1 poireau
1 carotte
1 oignon
1 petit bouquet
(1 branche de thym,
1 feuille de laurier,
2 à 3 branches de
persil plat)
50 cl de vin blanc sec
(c'était alors le p'tit
bleu de Suresnes ou
le piccolo d'Argenteuil)
250 g de champignons
de couche des toutes
proches carrières
1 citron
250 g de beurre
1 œuf
200 g de mie de pain
Un peu de farine
Sel, poivre du moulin

Au début du siècle, et jusqu'aux prémices de la dernière guerre mondiale, Bougival-Village était fréquenté le dimanche par les canotiers du bord de Seine. C'était jour d'effervescence chez les restaurateurs riverains qui devaient préparer le plat préféré des couples venus là égayer leur jour de repos, la fameuse matelote.

PRÉPARATION ET CUISSON

Les anguilles étant petites, on ne les dépouille pas, on se contente de leur couper la tête (les garder), de les vider, de les tronçonner en morceaux d'environ 5 cm. Écailler les carpillons, les vider, leur couper la tête (les garder) ; les couper en tronçons plus ou moins nombreux selon leur taille. Écailler et vider les goujons, les laisser entiers. Laver les poissons, et les têtes mises de côté.

Dans une casserole, mettre les têtes, le poireau, la carotte et l'oignon, tous ces légumes coupés en morceaux, puis le bouquet, 3 litres d'eau, le vin, sel et poivre. Porter à petite ébullition à couvert pendant 30 minutes.

Pendant ce temps
Nettoyer les champignons, les laisser entiers s'ils sont petits, sinon les couper en deux ou en quatre ; les arroser du jus du citron pour qu'ils ne noircissent pas, les

mettre dans une petite casserole avec 20 g de beurre, sel et poivre. Couvrir et laisser en attente.

Battre les œufs avec sel et poivre sur une petite assiette, émietter le pain sur une autre assiette. Frotter les goujons de farine pour les sécher, les retourner dans l'œuf battu, puis dans le pain, pour les paner aussi épais que possible. Aussitôt, enlever la panure sur la queue et l'extrémité du corps, ainsi que sur la tête, en la conservant toutefois à la jonction de la tête et du corps afin que celle-ci ne se détache pas pendant la cuisson. Le goujon est ainsi pané « en manchon ». Laisser en attente.

Châtrer les écrevisses en tirant doucement avec un linge la pale centrale de la queue, afin d'entraîner le petit boyau noir qui est l'intestin. Laisser en attente. Dans une sauteuse, verser la moitié du court-bouillon de têtes de poissons, encore chaud, en le passant au chinois. Y mettre les tronçons d'anguilles, porter à nouveau à bon frémissement, au bout de 3 minutes, introduire les carpillons, laisser cuire encore 5 minutes.

Simultanément

Porter le reste du court-bouillon à ébullition, y introduire les écrevisses, les laisser à petits bouillons 7 minutes, les retirer, les maintenir au chaud.

Placer les champignons sur feu doux, les laisser étuver, en secouant deux ou trois fois le récipient.

Faire chauffer l'huile dans une poêle. Y saisir les goujons, les retourner, les retirer lorsque la panure est bien dorée, les égoutter sur papier absorbant, les saler.

Dès que les poissons de la matelote sont cuits, les retirer avec l'écumoire, les maintenir au chaud. Augmenter le feu sous le court-bouillon pour le faire réduire d'un quart. Le fouetter en lui incorporant peu à peu le reste de beurre en noisettes fermes, rectifier l'assaisonnement.

P R É S E N T A T I O N

Pour servir, répartir le court-bouillon monté au beurre et très chaud, dans des assiettes creuses également

chaudes. Répartir les morceaux d'anguilles et de carpillons, les écrevisses, les champignons, et poser dessus 2 goujons panés.
Présenter sans attendre.

Merlans Bercy

Pour 4 personnes
4 merlans brillants
d'environ 250 g
chacun, vidés sans
ouverture de la cavité
centrale et ouverts sur
le dos par le
poissonnier
100 g de beurre
2 échalotes
20 cl de vin blanc
1 citron
2 à 3 branches de
persil plat
Sel, poivre du moulin

PRÉPARATION ET CUISSON

Préchauffer le four à 210 °C.
Avec un linge fin, essuyer les poissons pour éliminer
le reste des écailles (elles ne tiennent pas à la peau).
Disposer ceux-ci tête-bêche dans un plat beurré. Les
saler et les poivrer. Répartir à leur surface le reste de
beurre en noisettes. Parsemer les échalotes finement
hachées. Verser le vin dans le plat, sans arroser les
merlans.
Introduire dans le four chaud. Laisser cuire 8 à
10 minutes selon l'épaisseur des poissons, les arroser
au moins deux fois avec le fond de sauce du plat.

PRÉSENTATION

Pour servir, les retirer du plat avec une spatule souple, les poser sur les assiettes chaudes, les arroser avec
le jus du citron puis avec la sauce de cuisson. Parsemer le persil finement haché.

H A R E N G   P O R T I È R E

Pour 4 personnes
4 harengs frais
de 250 g environ
chacun (à la saison où
ils sont pleins, en
choisir 2 avec
une rogue d'œufs et
2 avec une laitance)
Un peu de farine
25 g de beurre
Sel, poivre

Pour la sauce
125 g de beurre
25 g de farine
1 œuf
1 à 2 cuillerées à
soupe de moutarde
blanche

L'appellation a été donnée à cette préparation, qui n'est autre que le hareng frais à la moutarde, car au temps où en saison il était abondant sur le marché et peu cher, il était l'un des plats favoris des concierges parisiennes (les portières).

P R É P A R A T I O N   E T   C U I S S O N

Écailler et vider les poissons, en récupérant les rogues et laitances. Les laver, les essuyer. Remettre dans chacun d'eux une demi-rogue et une demi-laitance. Frotter les poissons de sel et de poivre, puis de farine pour bien les sécher.

Les faire cuire à la poêle, sur feu moyen, dans le beurre, 5 à 7 minutes par face, selon leur épaisseur. Pendant ce temps, confectionner la sauce. Dans une casserole, sur feu doux, mélanger à la spatule 25 g de beurre et la farine ; lorsque le roux est bien homogène et encore blanc, continuer à remuer en incorporant peu à peu 25 cl d'eau bouillante, pendant 10 à 12 minutes, en raclant bien le fond du récipient (il faut que la farine soit cuite). Fouetter ensuite en incorporant peu à peu le reste de beurre en noisettes fermes. Hors du feu, incorporer plus ou moins de moutarde selon le goût, rectifier l'assaisonnement.

P R É S E N T A T I O N

Pour servir, poser chaque hareng sur une assiette chaude, verser un peu de sauce tout autour, présenter le reste en saucière.

En principe on accompagne de pommes de terre à l'anglaise.

Viandes

Entrecôte vert-pré

Bœuf ficelle

Bœuf gros sel

Miroton

Sauté de veau chasseur

Navarin ou ragoût de mouton

Côtes de porc charcutières

Friands aux échalotes et à la ciboulette

Frivolités de La Villette

Foie de veau Bercy

Tête de veau à la gaillarde,
devenue Tête de veau sauce gribiche

ENTRECÔTE VERT-PRÉ

Par entrecôte
30 g de beurre
1 citron
2 à 3 branches
de persil plat
Une grosse part
de pommes paille
(frites coupées à
4 mm de section,
précuites et replongées
dans le bain juste au
moment de les servir)
Un quart de botte de
cresson
Gros sel, sel fin,
poivre du moulin

Cette dénomination est née dans le début du XIXe siècle, lorsque le cresson, nouvellement arrivé aux Halles de Paris, était devenu l'engouement des Parisiens, les restaurateurs, pour satisfaire leur clientèle, ayant choisi d'en garnir leurs grillades, et principalement celles de bœuf. Le terme entrecôte avait alors encore sa valeur exacte : tranche de train de côtes de bœuf, prise entre deux os.

Si l'habitude a été prise de couper l'entrecôte de plus en plus fine (on a même inventé l'entrecôte-minute, aplatie à la batte assez mince pour se cuire en une minute), il s'agit ici d'une pièce ayant au moins 1,8 à 2 cm d'épaisseur pour qu'elle puisse se griller bleue ou saignante à cœur, selon le désir du dégustateur.

PRÉPARATION ET CUISSON

Commencer par préparer ce que l'on a appelé un «beurre maître d'hôtel». Malaxer à la fourchette, sur une soucoupe, le beurre, une cuillerée à café de jus de citron, sel et poivre et le persil finement haché (le beurre doit être riche en persil). Façonner en petite boule, l'aplatir en galette, l'entreposer au réfrigérateur sous morceau d'aluminium ménager.

Laisser le gras de l'entrecôte, c'est ce qui fait sa saveur. Sur tout le pourtour de la pièce, pratiquer de petites entailles au couteau, tous les 2 cm environ, afin qu'elle ne se recroqueville pas à la cuisson.

Préparer les pommes paille, leur donner leur premier bain de friture. Trier le cresson en ne laissant que 2 cm de queue, le laver, l'essorer (il doit être sec).

Pendant la précuisson des frites, faire griller l'entrecôte, 1 minute à 1 minute et demie par face selon le goût du dégustateur, en la salant au gros sel et en la poivrant.

PRÉSENTATION

Pour servir, poser l'entrecôte sur une assiette chaude.

Garnir avec les pommes paille replongées dans le bain de friture et bien égouttées, et avec le cresson. Poser sur la viande la galette de beurre maître d'hôtel.

B œUF FICELLE

Pour 8 personnes
1,7 à 2 kg d'aiguillette de rumsteck, ou de rumsteck coupé en pavé
500 g de gîte-gîte ou de jumeau à pot-au-feu
1 à 1,5 kg de crosses de bœuf
1 gros bouquet (1 branche de thym, 1 feuille de laurier, 1 gros poireau, 1 branche de céleri, 3 branches de persil plat)
400 g de carottes
200 g de navets
1 gros oignon
2 clous de girofle
1 cuillerée à soupe rase de grains de poivre noir
Gros sel

PRÉPARATION ET CUISSON

La veille
Mettre dans une marmite le gîte-gîte, les crosses, le bouquet, les carottes, les navets, l'oignon piqué des clous de girofle, les grains de poivre et 4 litres d'eau. Porter à petite ébullition en écumant. Ajouter une grosse pincée de gros sel. Laisser cuire 3 heures. Laisser refroidir.
Récupérer les viandes et les légumes. Passer le bouillon au chinois. Entreposer au réfrigérateur.

Le lendemain
Sortir le bouillon de la veille, enlever avec l'écumoire le gras surnageant à la surface. Reverser dans la marmite, porter à ébullition, rectifier l'assaisonnement.
Ficeler l'aiguillette ou le rumsteck avec de la ficelle de ménage, sans serrer et en en laissant pendre un long bout à chaque extrémité.
Monter le contenu de la marmite à gros bouillons, introduire le morceau de viande, nouer chaque bout de ficelle à une anse de la marmite afin que la viande reste en suspens dans le bouillon. Laisser cuire entre 25 à 30 minutes et 35 à 40 minutes, selon le poids du morceau, son épaisseur ou selon le goût que l'on a pour le bœuf plus ou moins saignant.

PRÉSENTATION
Sortir la viande, la couper en 8 tronçons ou pavés, les présenter très chauds, avec du gros sel, voire les mêmes condiments que pour un pot-au-feu.

Remarque
Le bouillon de cuisson peut se servir en consommé chaud ou froid. Les viandes ayant servi à sa confection peuvent le lendemain être préparées en salade bouchère, autre plat aimé des Parisiens.

B ŒUF   GROS   SEL

Plat roboratif des bistros parisiens, pouvant être servi également chez soi, le jour où l'on prépare le pot-au-feu. De préférence, il s'agit d'un morceau de plat-de-côtes découvert (il est plus épais). Pour qu'il soit goûteux, il doit avoir été introduit dans le bouillon déjà en ébullition, et être servi chaud après ses 2 heures 45 à 3 heures de cuisson.

On le présente avec du gros sel à volonté, des cornichons et des petits oignons au vinaigre.

M IROTON

Pour 4 personnes
500 g de bœuf bouilli maigre
300 g d'oignons
30 g de beurre
20 g de farine
25 cl du bouillon de cuisson du bœuf soigneusement dégraissé
3 cuillerées à soupe de vinaigre de vin
Sel, poivre du moulin

Façon parisienne de servir le bœuf bouilli de la soupe. Balzac l'avait baptisé «le plat de Madame Pipelet» (la concierge). Naguère la fondue d'oignons se cuisait au saindoux, de nos jours on préfère le beurre.

P R É P A R A T I O N   E T   C U I S S O N

Peler les oignons, les émincer, les jeter dans de l'eau salée en ébullition, les égoutter au bout de 1 minute. Les mettre dans une sauteuse avec le beurre, en les remuant souvent, jusqu'à ce qu'ils fondent en devenant blonds, sans les laisser brunir.

Les poudrer avec la farine, remuer 2 à 3 minutes,

Pour la variante
50 g de beurre
80 g de mie de pain
rassis.

mouiller avec le bouillon, laisser cuire 20 minutes, rectifier l'assaisonnement.

Couper le bœuf en petites tranches épaisses d'environ 0,5 cm (elles ne doivent pas être trop fines); enfouir celles-ci dans les oignons, laisser mijoter à couvert pendant 7 à 8 minutes, le temps que la viande se réchauffe. Verser dans le plat de service.

Dans une sauteuse, remise sur feu moyen, verser le vinaigre, lui donner trois à quatre bouillons, en arroser le contenu du plat.

VARIANTE COURANTE

Faire cuire de la même façon les oignons, mais ne pas y enfouir les tranches de bœuf.

Allumer la voûte du four. Beurrer un plat, y verser le tiers des oignons, disposer dessus les tranches de bœuf, couvrir avec le reste de fondue d'oignons, en les étalant bien.

Dans la sauteuse remise sur feu moyen, verser le vinaigre, lui donner trois à quatre bouillons, en arroser le contenu du plat. Parsemer à la surface la mie de pain émiettée et le reste de beurre en petites noisettes. Introduire dans le four, laisser gratiner la surface en la menant à une couleur blond doré.

SAUTÉ DE VEAU CHASSEUR

Pour 8 personnes
1,5 kg d'épaule
de veau
1 cuillerée à soupe
d'huile
130 g de beurre
20 cl de bouillon de
veau ou à défaut
de volaille
500 g de tomates

Les champignons de couche étaient tellement abondants naguère dans les nombreuses carrières qui cernent la capitale, qu'ils ont été dénommés «champignons de Paris». On les trouve à la base de tout ce qui est dénommé «chasseur».

PRÉPARATION ET CUISSON

Couper le veau en cubes d'environ 5 cm, faire revenir ceux-ci sur toutes leurs faces, en cocotte, sur feu

I bouquet (I branche de thym, une demi-feuille de laurier, 2 branches de persil plat)
150 g d'échalotes
250 g de champignons de Paris de petite taille
30 cl de vin blanc
2 autres branches de persil plat
Sel, poivre du moulin

moyen, dans l'huile et 50 g de beurre. Lorsqu'ils sont légèrement dorés, jeter la matière grasse.

Verser le bouillon chaud sur le veau. Ajouter les tomates pelées, égrenées, coupées en gros dés et le bouquet, saler et poivrer. Couvrir. Laisser cuire 50 minutes.

Dans une casserole, sur feu doux, dans le reste de beurre, mettre les échalotes hachées et les champignons nettoyés et émincés, les faire sauter à feu moyen pendant 2 minutes en secouant pratiquement sans cesse le récipient. Mouiller avec le vin porté à ébullition, laisser réduire d'un tiers en baissant le feu à doux. Laisser en attente.

Lorsque la précuisson du veau est terminée, retirer la viande, éliminer le bouquet. Passer le fond de cuisson au chinois sur le contenu de la casserole. Reverser dans la cocotte, rectifier l'assaisonnement, remettre la viande. Laisser mijoter 10 minutes.

Servir aussitôt, en parsemant de persil finement haché.

NAVARIN ou RAGOÛT DE MOUTON

Pour 8 personnes
I kg d'épaule de mouton ou d'agneau de boucherie (ayant brouté),
750 g de collier en morceaux,
750 g de haut-de-côtelettes, toutes ces viandes bien parées, et débarrassées de leur peau parcheminée
I cuillerée à soupe d'huile

Un très vieux plat qui, au fil du temps, a suscité bien des polémiques. À l'origine il s'agissait d'un plat de mouton aux navets (son nom venant de ce légume). Lorsque sous Louis XVI la pomme de terre fut révélée aux réticents Parisiens, elle supplanta rapidement le navet. En 1898, le journal *Le Figaro* ouvrait une enquête auprès de ses lecteurs pour savoir si le navarin pouvait se faire avec du veau et s'il pouvait se préparer avec d'autres légumes que la pomme de terre. Le célèbre restaurateur d'alors, Auguste Paillard, donna une réponse impérative : le navarin ne peut être qu'aux navets. Victorien Sardou, qui participait volontiers à ce genre de débats gastronomiques, affirma que

60 g de beurre
250 g d'oignons [1]
1 bouquet (1 branche
de thym, 1 feuille
de laurier, 2 branches
de persil plat,
enfermant une gousse
d'ail)
1,2 kg de petites
pommes de terre ne se
défaisant pas à
la cuisson
Sel, poivre du moulin

le navarin avec pommes de terre était un faux ragoût, les pommes de terre devant accompagner le mouton en étant revenues et dorées à part. Philéas Gilbert, cuisinier et culinographe réputé, expliqua que toutes les interprétations sur l'origine du nom étaient dues au fait qu'au lendemain de la bataille de Navarin, en 1827, l'amiral de Rigny donna l'ordre d'améliorer l'ordinaire de l'équipage du *Trident*, en remplaçant par des légumes divers le riz du rata habituel qui fut alors surnommé «le ragoût de Navarin». Bref, l'enquête ne résolut pas la question des légumes, par contre à l'unanimité il fut affirmé que le veau n'avait rien à y faire, et que le navarin ne pouvait être que de mouton.

Si le navarin a réellement été un mouton aux navets, il est certain que l'évolution perpétuelle de la cuisine et du goût, autant que le porte-monnaie, a donné un navarin aux pommes, ou populaire ragoût de mouton, mais aussi un navarin printanier se préparant avec de l'agneau et des petits légumes nouveaux.

PRÉPARATION ET CUISSON

Couper l'épaule de mouton en cubes de 5 cm environ, le haut-de-côtelettes en 8 morceaux, le long des os. Faire colorer ces morceaux, ainsi que le collier, dans une cocotte sur feu moyen, dans l'huile et le tiers du beurre, sur toutes leurs faces. Retirer les viandes, jeter la matière grasse.

Remettre la cocotte sur feu doux, avec le reste de beurre. Y faire revenir les oignons hachés, en les remuant jusqu'à ce qu'ils commencent à blondir. Remettre alors les viandes et le jus qu'elles ont rendu, ajouter le bouquet, sel et poivre, mouiller d'eau chaude à hauteur. Couvrir et laisser cuire 45 minutes.

Peler et laver les pommes de terre, si elles sont réellement petites les laisser entières, sinon les couper en

---

1. Dans les formules anciennes, les oignons sont poudrés de farine dès qu'ils sont blondis. En fait aujourd'hui dans l'optique d'allègement, l'opération n'est plus nécessaire, la fécule des pommes de terre est suffisante pour apporter un léger épaississement au jus.

deux ou en quatre selon leur grosseur. Au bout des 45 minutes de cuisson, retourner les morceaux de mouton, enfouir les pommes de terre dans le jus et poursuivre la cuisson à couvert pendant 25 minutes. Retirer le bouquet, rectifier l'assaisonnement, verser dans le plat de service.

CÔTES DE PORC CHARCUTIÈRES

Pour 4 côtelettes de porc secondes [1], d'environ 250 g chacune :
50 g de saindoux
150 g d'oignons
20 g de farine
10 cl de vinaigre de vin blanc
20 cl de vin blanc
20 cl de bouillon de volaille dégraissé
1 cuillerée à soupe de moutarde blanche
50 g de cornichons au vinaigre de petite taille
Sel, poivre du moulin

Au temps de Rabelais, un nommé Robert était cuisinier à l'abbaye de Saint-Germain à Paris, il semble que ce soit lui qui ait créé la sauce Robert, destinée aux grillades, principalement de porc, bien qu'il y ait eu plus tard un autre chef nommé Robert, installé rue de Richelieu.

Les côtelettes étaient fort appréciées par les Parisiens, et les charcutiers de la capitale, qui les vendaient toutes prêtes dans leur boutique, adaptèrent la formule de Robert en la simplifiant légèrement et en lui ajoutant des cornichons : ainsi naquirent les côtes de porc charcutières.

La moutarde entre souvent dans les préparations populaires anciennes de Paris. C'est que la ville avait ses moutardiers, installés sur la rive droite, au débouché du Pont-Notre-Dame, où ils moulaient les graines avec des meules actionnées par les moulins hydrauliques existant sur la Bièvre, vers le pont de la Tournelle. Il en existait également dans les villages autour de Paris et pendant la guerre de 1870, un malencontreux obus détruisit un des derniers moutardiers à Cachan.

---

1. Les côtes secondes conviennent mieux à la cuisson à la poêle que les côtes premières, car elles restent plus moelleuses. De nos jours le saindoux est souvent remplacé par le beurre.

PRÉPARATION ET CUISSON

Dans un poêlon à fond épais, faire revenir 7 à 8 minutes les oignons finement hachés, dans la moitié du saindoux. Les poudrer de farine, remuer 2 à 3 minutes. Mouiller avec le vinaigre, puis le vin et le bouillon, laisser cuire doucement jusqu'à réduction du liquide d'environ un tiers.

Vers la fin de la cuisson de cette sauce, faire cuire les côtelettes à la poêle, dans le reste de saindoux, tout d'abord 1 minute par face à feu relativement vif, puis 4 à 6 minutes à feu doux, selon l'épaisseur de la viande, en les salant et poivrant, et en les couvrant après le second retournement.

Hors du feu, mêler au contenu du poêlon la moutarde et les cornichons émincés finement; rectifier l'assaisonnement.

PRÉSENTATION

Pour servir, égoutter les côtes, les napper avec la sauce. La tradition veut que ces côtelettes soient accompagnées d'une purée de pommes de terre.

FRIANDS AUX ÉCHALOTES ET À LA CIBOULETTE

Pour 4 personnes
500 g de pâte feuilletée
400 g de chair à saucisse
100 g d'échalotes
20 g de beurre
1 œuf
Un peu de farine pour le façonnage
2 douzaines de ciboulettes

Les «petits pastés de Paris» étaient renommés. On les criait dans les rues : «Tout bouillants! Tout bouillants!» Ils étaient ronds ou ovales et farcis de simple chair à saucisse. La restauration s'en empara, se mit à remplacer la chair par un compliqué godiveau confectionné avec du veau, de la graisse de rognon et de la ciboulette, en leur donnant une forme rectangulaire, et ils prirent le nom de friands.

Ces friands furent adoptés en cuisine ménagère, mais on y garda la chair à saucisse, à laquelle on ajouta des échalotes et de la ciboulette.

Sel,
poivre du moulin

L'échalote qui se disait « eschaloigne » était celle d'Étampes.

Pour la variante
4 œufs en plus

P R É P A R A T I O N   E T   C U I S S O N

Hacher les échalotes, les faire blondir dans le beurre, à la poêle, sur feu doux, en les remuant souvent. Dans une tasse, battre l'œuf entier avec 1 cuillerée à soupe d'eau.

Dès que les échalotes ont pris un peu de couleur, leur mélanger la chair à saucisse, sel et poivre. Retirer aussitôt du feu, incorporer encore la ciboulette finement ciselée. Laisser tiédir.

Préchauffer le four à 210 °C. Partager la pâte feuilletée en deux parts égales. Sur une planche poudrée d'un nuage de farine, abaisser une part à 3 mm d'épaisseur, la couper en quatre rectangles égaux. Abaisser la seconde part à 2,5 mm d'épaisseur, la découper également en quatre rectangles qui sont donc plus grands.

Sur les premiers rectangles, les plus épais, répartir le contenu de la poêle en laissant sur tout le pourtour 0,5 cm de pâte libre. Badigeonner ce bord de pâte au pinceau avec de l'œuf battu. Sans attendre, poser les autres rectangles de pâte en couvercle. Appuyer avec les doigts pour souder pâte du dessus et pâte du dessous.

Soulever les friands avec une spatule souple et large, pour les transporter sur la plaque à pâtisserie humidifiée, en veillant à ce qu'ils ne se touchent pas. Badigeonner leur surface à l'œuf battu. Introduire dans le four préchauffé. Au bout de 10 minutes, baisser le four à 180 °C, poursuivre la cuisson pendant 15 minutes.

Servir les friands chauds, ou froids.

V A R I A N T E

Faire cuire les œufs supplémentaires pendant 6 minutes départ eau chaude (ils sont alors mollets), les passer sous l'eau froide pour arrêter leur cuisson, les écaler.

Enfouir un œuf mollet au sein de chaque part de farce.

FRIVOLITÉS DE LA VILLETTE

Pour 2 personnes
2 ou 3 animelles,
parées par le tripier,
c'est-à-dire fine peau
extérieure retirée
Mie de pain rassis
2 œufs
Un peu de farine
80 g de beurre
Sel, poivre du moulin

Lorsque l'abattoir de Paris se trouvait encore à La Villette, il n'y a guère que quelques lustres, ces « frivolités » étaient l'un des plats préférés du casse-croûte matinal des bouchers et de leurs visiteurs.

« Frivolités » est le surnom des animelles, ou rognons blancs, c'est-à-dire des testicules déboursés des béliers.

PRÉPARATION ET CUISSON

Si la fine peau extérieure n'a pas été retirée, la saisir avec un linge fin mouillé, elle s'enlèvera avec facilité.

Facultativement, mais de nombreux amateurs préfèrent ce petit blanchiment préalable car il permet de manipuler cet abat avec facilité : mettre les animelles dans une casserole couverte à hauteur d'eau froide salée, placer sur feu doux, retirer dès la prise de frémissement, égoutter, passer sous l'eau froide.

Après cette opération, ou sans cette opération, couper chaque animelle en escalopes de 3 à 4 mm d'épaisseur. Frotter chacune de sel et de poivre, puis de farine pour bien les sécher.

Sur une assiette, émietter le pain, sur une autre, battre les œufs avec un peu de sel et de poivre. Retourner chaque tranche dans les œufs, puis dans le pain, deux fois de suite pour que la panure soit épaisse.

Dans une poêle large, faire chauffer le beurre à feu moyen, sans le laisser colorer. Y saisir les tranches panées 1 minute par face, puis baisser le feu à doux et poursuivre leur cuisson 1 à 2 minutes par face jusqu'à ce que la panure soit dorée. Il est indispensable de les retourner avec une spatule souple, la fourchette les brise.

Servir très chaud.

FOIE DE VEAU BERCY

Pour 4 personnes
4 tranches de foie
de veau de 180 g
environ, plus faciles à
cuire lorsqu'elles sont
un peu épaisses que
lorsqu'elles sont
minces
Lait
Un peu de farine
50 g de beurre
Sel, poivre du moulin

Pour le beurre Bercy
100 g d'échalotes
20 cl de vin blanc
125 g de moelle
de bœuf pesée
sans l'os
150 g de beurre
2 branches
de persil plat
1 citron
Sel, poivre du moulin

PRÉPARATION ET CUISSON

Veiller à ce que la fine pellicule qui recouvre le foie sur sa face extérieure soit bien retirée. Sur le pourtour de chaque tranche pratiquer une petite incision tous les 3 à 4 cm, afin qu'elle ne se recroqueville pas à la cuisson. Mettre toutes les tranches dans un plat creux et large, les couvrir de lait, les laisser tremper 2 heures. Les retirer, les éponger, les frotter de sel et de poivre sur leurs deux faces puis de farine pour bien les sécher. Les laisser en attente.

Préparer le beurre Bercy. Dans une casserole, sur feu doux, mettre les échalotes finement hachées et le vin, laisser réduire de moitié, puis laisser tiédir. En même temps, mettre la moelle dans de l'eau tiède salée froide, placer sur feu doux et laisser cuire jusqu'à ce qu'elle devienne translucide, à frémissement, sans laisser bouillir. Fouetter la réduction d'échalotes en lui incorporant peu à peu le beurre ramolli en pommade, puis mêler la moelle égouttée coupée en petits dés, et enfin le persil haché, le jus du citron, sel et poivre.

Dans une poêle large, faire fondre les 50 g de beurre, y retourner les tranches de foie, puis les faire cuire doucement 4 à 5 minutes par face selon leur épaisseur ou selon le goût des convives.

PRÉSENTATION

Les servir très chaudes, sur assiette chaude, en étalant sur chacune le quart du beurre Bercy.

TÊTE DE VEAU
À LA GAILLARDE
devenue
TÊTE DE VEAU
SAUCE GRIBICHE

Pour 8 personnes
*Une tête de veau
entière, déjà dégorgée
par le tripier et fendue
en deux par lui,
la cervelle et la langue
(pour étoffer le service
pour 8, il est idéal
de prévoir une seconde
langue et une seconde
cervelle
4 litres de blanc [1]
(pour le préparer,
100 g de farine,
2 citrons, sel)
2 autres oignons
5 œufs
3 cuillerées à soupe
de moutarde blanche
40 cl d'huile
d'arachide
3 à 4 cuillerées à
soupe de vinaigre
de vin
16 petits cornichons
au vinaigre
4 cuillerées à soupe
de câpres
Une quinzaine
de branches
de persil plat
Sel, poivre du moulin*

La tête de veau est présente dans plusieurs terroirs, également dans la cuisine classique, ne serait-ce comme exemple que la tête de veau en tortue. Mais il n'y a qu'à Paris, dans le quartier des abattoirs, qu'on la trouvait ainsi, simplement cuite dans un blanc pour qu'elle reste blanche, servie nature avec la langue et la cervelle et une sauce présentée à part, la sauce gaillarde, qui au fil du temps est devenue sauce gribiche, sans qu'on puisse retrouver quand et à quelle occasion.

PRÉPARATION   ET   CUISSON

Frotter toute la surface des demi-têtes de veau avec du jus de citron.
Préparer le blanc pour la cuisson [1]. Introduire les demi-têtes dans le blanc en ébullition, attendre la reprise de l'ébullition et régler à frémissement sensible pendant 30 minutes.
Introduire alors la ou les langues, préalablement brossées sous l'eau courante, poursuivre la cuisson pendant 1 heure.
Pendant ce temps préparer la sauce. Faire cuire durs les œufs. Prélever les jaunes, les mettre dans une grande jatte, les écraser à la fourchette en les délayant

1. Pour confectionner le blanc : dans un grand faitout ou dans une marmite, le récipient devant être assez grand pour que les demi-têtes baignent à l'aise, délayer la farine avec 20 cl d'eau, en remuant avec une spatule à long manche. Continuer à remuer en ajoutant peu à peu 1 litre d'eau et en raclant bien le fond du récipient. Enfin ajouter encore le jus des citrons et de l'eau chaude, il en faut au moins 4 litres Laisser arriver à ébullition.

avec la moutarde puis avec l'huile versée peu à peu comme pour une mayonnaise, monter la sauce. Ajouter le vinaigre, rectifier le sel (cela dépend de la moutarde), poivrer. Incorporer encore les cornichons en fines rondelles, les câpres bien égouttées le persil finement haché, et la moitié des blancs d'œufs également écrasés à la fourchette.

15 minutes avant la fin de la cuisson de la tête et de la langue, mettre dans une casserole suffisamment large de l'eau salée additionnée d'un peu de jus de citron. Rincer la ou les cervelles sous l'eau courante pour éliminer les caillots et les peaux superflues. Poser les cervelles dans l'eau, placer sur feu doux, laisser arriver à frémissement et compter 7 à 8 minutes sans bouillir, retirer du feu, laisser les cervelles en attente dans leur eau de cuisson.

PRÉSENTATION

Pour servir, prévoir des assiettes très chaudes. Retirer les demi-têtes de veau de leur blanc, éliminer tous les os, couper les chairs en huit parts, en veillant à ce que chacune comporte du maigre. Sortir la ou les langues, retirer la peau blanche et les cartilages, couper en huit parts, en procédant dans la longueur et non en rondelles ou tronçons. Égoutter la ou les cervelles, en faire huit parts. Répartir le tout sur les assiettes, présenter la sauce à part, chacun s'en servant à son gré.

VOLAILLES

POULET FRANCHARD

POULET DU PÈRE LATHUILLE

POULARDE À LA BRIARDE

LAPIN SAUTÉ MINUTE

GIBELOTTE DE LAPIN OU RAGOÛT DE LAPIN

POULET FRANCHARD

Pour 4 personnes
1 poulet d'environ
1,5 kg, coupé
en morceaux
250 g de champignons
des carrières d'Île-
de-France
(champignons
de couche)
1 citron
1 branche d'estragon
12 branches
de cerfeuil
8 branches
de persil plat
1 gousse d'ail
60 g de beurre
20 g de farine
20 cl de bouillon
de volaille dégraissé
Sel, poivre du moulin
et, à volonté,
des petits croûtons
de pain dorés
au beurre

Au début du siècle, en forêt de Fontainebleau, à proximité des ruines de l'ancienne abbaye de Franchard, les amoureux qui préféraient la campagne au plaisir du canotage ou des guinguettes fréquentaient le dimanche les auberges champêtres dont l'une d'elles était très réputée pour son poulet.

PRÉPARATION ET CUISSON

Nettoyer les champignons, les hacher très grossièrement, les mettre dans un saladier, les arroser du jus du citron pour qu'ils ne noircissent pas. Leur ajouter les feuilles de l'estragon finement ciselées, les pluches de cerfeuil, le persil haché et l'ail pilé.

Dans une cocotte, sur feu assez vif, dans 20 g de beurre, faire colorer les morceaux de poulet sur toutes leurs faces. Égoutter la matière grasse.

Remettre la cocotte sur feu doux, avec le reste de beurre, saler et poivrer. Ajouter le contenu du saladier. Retourner les morceaux pour bien les enrober des aromates. Mouiller avec le bouillon, couvrir et laisser cuire 50 minutes en retournant à nouveau à mi-cuisson.

PRÉSENTATION

Verser le contenu de la cocotte dans le plat de service. Garnir de croûtons frits.

POULET DU PÈRE LATHUILLE

Pour 6 personnes
1 poulet d'environ
1,5 kg, coupé
en petits morceaux
150 g de beurre
500 g de fonds
d'artichauts
800 g à 1 kg
de pommes de terre
125 g d'oignons
50 g de farine
3 à 4 branches
de persil plat
Sel, poivre du moulin

Dans le petit Paris de la fin du XVIIIᵉ siècle, les «barrières» (les portes de la capitale) étaient fort fréquentées car on y trouvait des «goguettes» qui deviendront plus tard des «guinguettes», où l'on pouvait se divertir et manger bon pour pas trop cher. À la barrière de Clichy, existait en 1790 un cabaret dont le Père Lathuille avait fait un restaurant (le nom venait de naître). Sa spécialité fort renommée était le poulet aux pommes de terre et aux artichauts (l'Île-de-France était alors un gros producteur de ce dernier légume). En 1814, le général Moncey participa aux combats de la barrière de Clichy et établit son quartier général chez Lathuille ; un boulet de canon se planta dans la caisse du restaurant, le Père Lathuille l'y laissa par fierté. Son restaurant fut peint par Horace Vernet et par Manet. Son poulet régala le Tout-Paris, et entra — comme on dit — dans les ménages. Aujourd'hui il est parfois repris par certains cuisiniers.

PRÉPARATION ET CUISSON

Sur les morceaux de poulet, notamment ceux de la carcasse, retirer le maximum d'os apparents, laisser les autres ; retirer également la peau. Saler et poivrer. Dans une sauteuse, qui doit être absolument à l'exacte taille de l'ensemble des ingrédients, à bord assez bas et de préférence à anses et non à queue, faire chauffer le tiers du beurre sur feu doux. Disposer les morceaux de poulet côte à côte, sur leur côté extérieur, en les serrant.
Couper les fonds d'artichauts en dés de 1 cm, les intercaler entre les morceaux de volaille. Éplucher, laver les pommes de terre, les couper en fines rondelles. S'il reste des intervalles entre les morceaux de poulet, les boucher avec des rondelles de pommes de terre, emplir également les morceaux creux. Couvrir toute la préparation avec des rondelles de pommes de terre, en

les chevauchant ; s'il en reste, prévoir une seconde couche. Saler et poivrer. Parsemer la moitié du reste de beurre en noisettes. Couvrir, laisser cuire 30 minutes, sur feu modéré.

Égoutter la matière grasse dans un bol, pour la récupérer. Poser à l'envers, sur la sauteuse, un plat large et plat. Prendre la sauteuse avec une manique, ou avec un torchon épais, en tenant le plat, retourner. Soulever la sauteuse, la remettre sur feu doux avec le jus récupéré dans le bol, faire glisser la préparation du plat dans le récipient ; elle se trouve ainsi retournée. Répartir à la surface le reste de beurre en noisettes. Couvrir et terminer la cuisson pendant 20 à 30 minutes.

Pendant ce temps, peler les oignons, les émincer finement, dans un petit saladier, leur ajouter la farine, les retourner plusieurs fois.

Faire chauffer le bain de friture, secouer les rondelles d'oignons pour éliminer l'excédent de farine. En introduire peu à la fois dans le bain, les retirer dès qu'elles sont dorées, les poser sur papier absorbant.

PRÉSENTATION

Pour servir, égoutter le jus de cuisson qui est au fond de la sauteuse, puis retourner celle-ci sur le plat de service. Parsemer de rondelles d'oignons et de persil finement haché.

Découper en parts comme un gâteau. Attention, les os peuvent poser quelques problèmes, en ce cas, partager à la cuillère.

POULARDE À LA BRIARDE

Pour 6 personnes
*1 poularde d'environ
1,800 kg, coupée en
huit morceaux,
ses abattis à part +
800 g d'ailerons
de volaille
3 oignons moyens
2 clous de girofle
1 bouquet garni
(1 branche de thym,
une demi-feuille de
laurier, 1 branche de
céleri, 1 petit poireau,
2 branches de persil
plat)
600 g de carottes
170 g de beurre
1 cuillerée à soupe
d'huile
1 bouteille de cidre
brut de la Brie
50 cl de crème fraîche
4 cuillerées à soupe
de moutarde de Meaux
4 branches
supplémentaires
de persil plat
Sel, poivre du moulin*

Une recette du Multien, dans laquelle s'allient trois produits spécifiquement locaux, la volaille, le cidre et la moutarde de Meaux.

PRÉPARATION ET CUISSON

La veille
Dans une casserole, mettre les abattis de la poularde et les ailerons, ajouter 2 litres d'eau, 1 oignon piqué des clous de girofle et le bouquet. Porter à bonne ébullition pendant 1 heure.
Laisser tiédir, passer au chinois [1], laisser refroidir, entreposer au réfrigérateur.

Pour la recette
Sortir le bouillon du réfrigérateur, enlever le gras figé monté à la surface.
Éplucher, émincer les carottes, les mettre dans une casserole avec 50 g de beurre et 10 cl de bouillon, couvrir et laisser cuire sur feu doux. Au bout de 30 minutes, les retourner, poursuivre leur cuisson environ 15 minutes, selon leur tendreté ou l'épaisseur des rondelles. Les égoutter, les laisser en attente.
Dans une cocotte, dans l'huile et dans 20 g de beurre, faire raidir les morceaux de poularde sur toutes leurs faces, sans trop les colorer. Les retirer, vider la matière grasse. Remettre la cocotte sur feu doux, y mettre les deux autres oignons hachés et 20 g de beurre, ajouter 1 cuillerée à soupe de bouillon, et laisser fondre à couvert environ 15 minutes.
Sur les morceaux de volaille de la carcasse, enlever tous les os apparents, laisser les autres. Mettre tous les morceaux sur les oignons, mouiller avec le cidre, laisser cuire 10 minutes. Ajouter 30 cl de bouillon, saler

1. Récupérer les ailerons avant de passer au chinois : le lendemain, grillés et servis avec une salade, ils assureront un agréable plat. De même le reste de bouillon, assaisonné, peut être servi en consommé, froid ou réchauffé.

et poivrer. Laisser cuire encore 30 minutes, en retournant à mi-cuisson.

Retirer les morceaux de volaille, les mettre dans le plat de service, les maintenir au chaud. Passer le fond de cuisson au chinois, dans une sauteuse, en foulant au pilon, lui ajouter la crème, laisser réduire de moitié. Fouetter en incorporant peu à peu le reste de beurre en noisettes fermes, mêler la moutarde, ajouter les carottes, verser sur les morceaux de volaille.

L A P I N   S A U T É   M I N U T E

Pour 4 personnes
*1 jeune lapin de 950
à 1 100 g, pas plus,
coupé en morceaux,
avec son foie à part
250 g d'échalotes
1 oignon moyen
1 gousse d'ail
100 g de beurre
1 cuillerée à soupe
de farine
20 cl de vin blanc
3 à 4 branches
de persil plat
Sel, poivre du moulin*

Fulbert-Dumonteil a écrit : «Le lapin qui préside aux mariages de banlieue, est un mets des barrières ; en une chiquenaude, un cri, il est mort, cinq minutes après il saute entre le persil et l'oignon. Son intelligence, aux barrières, c'est de souvent se faire remplacer par le chat.»

P R É P A R A T I O N   E T   C U I S S O N

Saler et poivrer les morceaux de lapin. Hacher ensemble les échalotes, l'oignon et l'ail.

Dans une cocotte, sur feu vif, mettre la moitié du beurre, les morceaux de lapin (sauf le foie) et le hachis d'aromates ; retourner sans cesse à la spatule pendant 5 minutes. Poudrer avec la farine, retourner une nouvelle fois. Mouiller avec le vin porté à ébullition. Couvrir, laisser cuire 20 minutes en retournant à mi-cuisson, introduire le foie à ce moment, en l'enfouissant dans la sauce.

Sortir les morceaux de lapin et le foie, fouetter le fond de cuisson en lui incorporant le reste de beurre, rectifier l'assaisonnement.

P R É S E N T A T I O N

Mettre les morceaux de lapin dans un plat creux, les arroser avec le fond de cuisson, disposer dessus le foie coupé en 4 escalopes. Parsemer de persil haché.

GIBELOTTE DE LAPIN ou RAGOÛT DE LAPIN

Pour 8 personnes
*1 gros lapin de 1,5 à
1,8 kg (le jeune lapin
ne peut recevoir cette
recette, il se défait),
coupé en morceaux,
foie à part
20 g de saindoux
400 g de lard
de poitrine maigre
demi-sel
24 à 32 petits oignons
grelots
1 bouteille de vin blanc
1 bouquet garni
(1 branche de thym,
1 branche de sarriette,
une demi-feuille
de laurier, 2 branches
de persil plat),
1 kg de petites
pommes de terre ne se
défaisant pas
Sel, poivre du moulin*

Recette fort populaire qu'on ne trouve guère en dehors de l'Ile-de-France bien qu'elle ait été empruntée de-ci, de-là.

PRÉPARATION ET CUISSON

Dans une cocotte, sur feu moyen, faire colorer les morceaux de lapin, hormis le foie, dans le saindoux. Les retirer, les laisser en attente.

Simultanément, mettre le lard dans une casserole, le couvrir d'eau froide, placer sur feu doux, laisser arriver à frémissement sans faire bouillir, égoutter. Couper en lardons.

Dans la cocotte, en baissant le feu à doux, mettre à la place du lapin les lardons et les petits oignons pelés, faire blondir 10 minutes en remuant souvent. Jeter la matière grasse.

Remettre le lapin, ajouter le bouquet et le vin, saler et poivrer. Couvrir, laisser cuire 20 minutes.

Au bout de ce temps, enfouir dans la sauce les pommes de terre pelées (entières si elles sont petites, sinon coupées en quartiers), poursuivre la cuisson 15 minutes.

Rectifier l'assaisonnement, enfouir le foie dans la sauce, laisser encore mijoter 5 minutes.

PRÉSENTATION

Pour servir, retirer le foie, verser le contenu de la cocotte dans un plat creux, enlever le bouquet. Disposer sur le contenu le foie coupé en biais en 8 escalopes.

Légumes

Petits pois au petit beurre,
devenus petits pois à la française

Chou-fleur en gratin

Purée Musard

PETITS POIS
AU PETIT BEURRE
devenus
PETITS POIS À LA FRANÇAISE

Pour 4 personnes
*1,5 kg de pois
en cosses bien pleines,
pour obtenir environ
700 à 800 g de petits
pois
4 petites laitues
nouvelles
8 à 12 petits oignons
nouveaux
100 g de beurre
1 bouquet garni
(1 brindille de thym
frais, un quart
de feuille de laurier,
2 branches
de persil plat)
2 morceaux de sucre
2 branches de cerfeuil
Sel, poivre du moulin*

À l'époque où les transports rapides n'existaient pas encore, Clamart était le village le plus proche de la capitale, capable d'approvisionner les Halles quotidiennement en saison de production ; pour cette raison le village avait été surnommé «Clamart les petits pois». Sous l'appellation «au petit beurre», ceux-ci y étaient cuisinés avec de la laitue et des petits oignons nouveaux, selon une formule qui est quasiment aujourd'hui celle des petits pois à la française. On soupçonne que le beurre devait être celui du village voisin de Vanves, le plus réputé alors en Île-de-France.

PRÉPARATION ET CUISSON

Écosser les pois. Éplucher les laitues en les laissant entières, les laver, les ficeler pour qu'elles ne s'ouvrent pas pendant leur cuisson. Peler les oignons en leur laissant 4 à 5 cm de queue fraîche.
Dans une petite sauteuse, dans la moitié du beurre, faire suer à couvert les oignons et les laitues, environ 5 à 6 minutes en les retournant une fois.
Mouiller avec 20 cl d'eau. Ajouter les petits pois, le bouquet, le sucre, saler. Couvrir, laisser cuire 20 minutes en secouant souvent le récipient.

PRÉSENTATION

Retirer le bouquet, enlever la ficelle des laitues, rectifier le sel, éventuellement poivrer (ce n'est pas obligatoire), mêler le reste de beurre en noisettes et quelques pluches de cerfeuil.

CHOU-FLEUR EN GRATIN

Pour 4 personnes
1 chou-fleur tendre et bien blanc, aux bouquets bien serrés, de 1,5 kg environ
130 g de beurre
50 g de farine
50 cl de lait [1]
100 g de gruyère frais râpé
Sel, poivre du moulin

Le chou-fleur a toujours été un légume cultivé en Île-de-France. Dans les catalogues des grainetiers d'il y a quelques décennies, on distinguait même le «dur de Paris», le «mi-dur de Paris», et le «petit Salomon», spécialité de la région parisienne, très tendre et à trognon mince.

Pour le gratin, la sauce Mornay dérive d'une sauce destinée aux poissons, créée par le chef Joseph Voiron au temps où il officiait chez M. Herbonnez au Grand Véfour, le court-bouillon ou le fumet de poisson prévu dans la sauce initiale ayant été remplacé par du lait lorsque la sauce s'est popularisée.

PRÉPARATION ET CUISSON

Couper les bouquets du chou-fleur à l'endroit où leur queue se rattache au trognon central. Éplucher cette queue avec le couteau économe, ce qui va permettre une cuisson moins longue qui préservera la fleur. Les laver. Les jeter dans un faitout contenant de l'eau salée à pleine ébullition. Laisser cuire 25 minutes. Égoutter. Pendant ce temps, réchauffer le four à 210 °C. Beurrer un plat à four et commencer à confectionner la sauce.

Dans une casserole, sur feu doux, mélanger 50 g de beurre avec la farine, jusqu'à ce qu'elle soit homogène. Continuer à tourner à la spatule en incorporant peu à peu le lait bouilli encore chaud [1] et en raclant bien le fond du récipient. Laisser cuire 10 minutes en remuant souvent, la farine devant être cuite. Hors du feu, mêler les deux tiers du fromage râpé. Saler en fonction du fromage, poivrer.

Dans le plat beurré, disposer côte à côte les bouquets de chou-fleur égouttés, queue en bas. Les napper avec

1. Si l'on désire une sauce encore plus onctueuse, on peut remplacer le tiers du lait par de la crème UHT.

la sauce. Parsemer la surface avec le reste de fromage et avec le reste de beurre en petites noisettes.
Introduire dans le four. Laisser jusqu'à ce que la préparation commence à gratiner, devenant d'un beau blond léger.
Présenter dans le plat.

PURÉE MUSARD

Pour 6 personnes
1 kg de chevriers
(flageolets verts)
frais écossés
1 bouquet (1 branche
de sarriette,
2 branches
de persil plat)
200 g de beurre
10 à 15 cl de crème
fraîche
Sel

D'où vient ce nom, peut-être d'un lieu, peut-être est-ce celui de son créateur. Il s'agit d'une très fine purée de chevriers d'Arpajon, le haricot lui, portant le nom du botaniste ayant créé l'espèce.

PRÉPARATION ET CUISSON

Mettre les chevriers dans une sauteuse avec le bouquet, les couvrir d'eau froide, placer sur feu doux, laisser arriver lentement à frémissement, maintenir celui-ci, sans laisser bouillir, entre 30 à 45 minutes, selon la grosseur des haricots et selon leur date de cueillette. Pour ne pas se tromper, prélever un haricot et le mettre en bouche, il doit s'écraser sous la langue, sans que les dents interviennent.
Les égoutter, les passer au moulin-légumes dans la sauteuse. Remettre sur feu modéré (entre doux et moyen) et battre à la spatule en salant pour obtenir une évaporation de l'eau, sans surtout laisser attacher.
Continuer à battre en incorporant le beurre à consistance de pommade. Lorsque le beurre est absorbé, continuer à battre en incorporant la crème.

PRÉSENTATION

Servir dès que la purée est à la consistance voulue. Rectifier l'assaisonnement.
Cette purée est reconnue comme le meilleur accompagnement de l'agneau rôti.

Desserts

Flan parisien

Manqué

Moka

Palets de dames

Puits d'amour à l'ancienne

F LAN PARISIEN

Pour 8 personnes
250 g de pâte brisée
70 cl de lait
1 gousse de vanille
20 à 50 g de beurre
selon que l'on désire
la crème plus ou
moins riche
60 à 70 g de sucre
en poudre, selon
le goût
35 g de farine
5 œufs

PRÉPARATION ET CUISSON

Porter le lait à ébullition avec la vanille, le laisser tiédir. Abaisser la pâte à la forme du moule (en principe un moule rectangulaire de 10×15 cm), à environ 3 mm d'épaisseur, l'abaisse devant être un peu plus grande pour le rebord. Beurrer le moule, le garnir avec la pâte en faisant bien descendre celle-ci pour qu'elle épouse bien les arêtes. Façonner le rebord qui doit être un peu épais. Préchauffer le four à 210 °C.

Dans une terrine, mélanger le sucre et la farine, incorporer, un à un, quatre œufs, et fouetter pour que la préparation devienne bien lisse et homogène. Enlever la gousse de vanille du lait, et fouetter celui-ci en lui incorporant peu à peu, en mince filet, le contenu de la terrine. Verser sur la pâte. Avec le dernier œuf battu, dorer le rebord de pâte au pinceau.

Introduire dans le four, laisser cuire 25 à 30 minutes. Laisser refroidir avant de démouler. Couper en 8 rectangles égaux, les entreposer au réfrigérateur jusqu'au moment de les servir.

Remarque

Si l'on désire une crème plus riche, lui incorporer encore, en fouettant, après le contenu de la terrine, le reste de beurre ramolli en pommade.

M ANQUÉ

Pour 8 personnes
8 œufs
350 g de sucre
en poudre
1 sachet de sucre
vanillé

Né d'un accident en pâtisserie, en 1842 à la Maison Félix. Cette année-là un ouvrier-pâtissier ayant un jour raté ses blancs d'œufs en neige pour monter un biscuit de Savoie, son patron lui conseilla, pour ne pas perdre la pâte de base, de compléter les blancs d'œufs

Une pointe de sel
150 g de beurre
250 g de farine

par du beurre. Ce nouveau gâteau fut appelé le manqué, il eut beaucoup de succès et depuis est devenu un classique de la pâtisserie ménagère.

P R É P A R A T I O N   E T   C U I S S O N

Dans une terrine, fouetter les jaunes des œufs avec le sucre, le sucre vanillé et le sel, jusqu'à ce que la préparation devienne bien crémeuse.

Sur feu doux, faire fondre 125 g de beurre, l'écumer pour le purifier, l'incorporer à la précédente préparation en fouettant, en le versant peu à peu en mince filet. Continuer à fouetter en ajoutant en pluie la farine. Préchauffer le four à 180 °C. Fouetter les blancs des œufs en neige ferme, les incorporer délicatement à la pâte, à la spatule.

Beurrer un moule dit à manqué de 24 cm de diamètre. Y verser la préparation qui ne doit l'emplir qu'aux deux tiers car elle va monter à la chaleur.

Introduire dans le four, laisser cuire 40 minutes. Au bout de ce temps, planter la lame d'un couteau à cœur, si elle ressort sèche le gâteau est prêt, sinon poursuivre la cuisson.

Démouler et laisser refroidir sur grille.
Excellent pour accompagner les œufs à la neige.

M O K A

Pour 8 personnes
1 biscuit de Savoie
rond de 24 cm
de diamètre
200 g de sucre
en poudre
1 sachet de sucre
vanillé
3 œufs
200 g de beurre

Le moka a été inventé au milieu du XIXe siècle par un pâtissier du carrefour de l'Odéon à Paris. Ce fut immédiatement un engouement incroyable et il y a encore quelques décennies, nos grand-mères le préparaient elles-mêmes à chaque fête familiale.

P R É P A R A T I O N   E T   C U I S S O N

Avec une scie à pain à dents fines, couper le biscuit en trois disques de la même épaisseur.

De l'essence de café
60 g d'amandes
hachées

Dans une casserole, verser 150 g de sucre, ajouter le sucre vanillé, 60 g d'eau, placer sur feu doux, laisser cuire jusqu'au stade que nos grand-mères appelaient le «petit boulé» qui correspondait à 37 °Baumé sur leur pèse-sirop et aujourd'hui à 118 °C sur un thermomètre spécial à sucre [1].

Dans une terrine, battre les jaunes des œufs, et sans arrêter de les fouetter vigoureusement, leur incorporer peu à peu en mince filet le contenu de la casserole. Continuer encore à fouetter jusqu'à ce que la préparation soit refroidie. Ensuite, à la spatule lui mêler le beurre ramolli en pommade, et de l'essence de café pour arriver à une bonne coloration et à une bonne saveur.

Dans une petite casserole, sur feu doux, mettre le reste de sucre, 2 cuillerées à soupe d'eau, porter à simple ébullition, laisser refroidir.

Poser le disque inférieur du biscuit sur une assiette à gâteau (on peut prévoir un napperon dentelle en papier). Au pinceau, badigeonner sa surface avec du sirop de sucre de la petite casserole (environ le tiers). Étaler dessus le quart de la crème au café. Poser la tranche de biscuit intermédiaire, l'humecter de la même façon, étaler dessus la même quantité de crème au café. Enfin poser le disque supérieur, l'humecter de la même façon de sirop, étaler un peu de crème sur tout le pourtour du gâteau sans en mettre trop et en veillant à ne pas souiller l'assiette, appliquer dessus des amandes hachées (la crème est seulement prévue pour qu'elles tiennent). Étaler le reste de la crème au café à la surface du moka. Entreposer au réfrigérateur.

1. Pour nos grand-mères le petit boulé consistait au stade où, lorsqu'on trempait l'écumoire dans le sirop, et qu'on soufflait à travers les trous, des bulles légères devaient s'envoler.

PALETS DE DAMES

Pour 50 gâteaux
50 g de raisins
de Corinthe
4 cuillerées à soupe
de rhum ambré
250 g de sucre
en poudre
300 g de beurre
300 g de farine
et un peu pour fariner
les plaques de cuisson
4 œufs

Jeu de dames pratiqué autrefois dans les jardins du Palais-Royal, ou dans les lieux de plein air de la capitale ; il s'agissait d'un jeu d'adresse consistant à lancer des disques en métal le plus près possible d'un but donné. Il semblerait que cela ait donné l'idée du nom à un pâtissier, en tout cas, le petit gâteau a été très apprécié, aujourd'hui il se fabrique encore mais a changé de nom.

PRÉPARATION ET CUISSON

Rincer les raisins, veiller à ce que des petites queues ne soient plus présentes, les mettre dans un bol avec le rhum, les laisser tremper.

Dans une grande terrine, verser le sucre, lui incorporer en battant 250 g de beurre ramolli en pommade, continuer à battre en incorporant les œufs un à un et jusqu'à ce que les grains de sucre ne soient plus sensibles. Prendre un fouet et battre en ajoutant encore en pluie la farine. Enfin, mêler les raisins et le reste de rhum s'il n'a pas été absorbé.

Préchauffer le four à 180 °C. Beurrer une plaque à pâtisserie, la poudrer d'un léger nuage de farine. Avec une cuillère à soupe, déposer sur la plaque 10 petits tas espacés de pâte, les aplatir en les étalant légèrement avec le dos de la cuillère. Introduire dans le four, laisser cuire 10 à 12 minutes, la surface des gâteaux devant être blonde.

Prélever les gâteaux avec une spatule souple, les déposer sur une grille. Nettoyer la plaque et recommencer de la même façon une nouvelle fournée, plaque d'abord beurrée et farinée. Procéder ainsi jusqu'à épuisement de la pâte.

Remarque

Ces gâteaux peuvent se conserver une dizaine de jours en boîte hermétique.

Puits d'amour à l'ancienne

Pour 8 personnes
400 g de pâte
feuilletée
1 œuf
La confiture ou
la gelée choisie,
en quantité suffisante

Les puits d'amour figurent déjà dans un ouvrage paru en 1739, *Le Nouveau Cuisinier royal et bourgeois* de Massaliot. Ils ont été fort populaires au XIXe siècle, fourrés de confiture notamment d'abricot, parfois de gelée de groseille.

PRÉPARATION ET CUISSON

Partager la pâte feuilletée en quatre parts égales, ce qui facilitera le travail. Abaisser une part à 2 mm d'épaisseur. Avec un emporte-pièces y découper 4 ronds de 10 cm de diamètre. Poser deux de ces ronds sur la plaque à pâtisserie légèrement humidifiée. Avec un emporte-pièces plus petit, environ 6 cm, enlever le centre de pâte des deux ronds restants, le mettre de côté. Ajuster la couronne restante sur les deux autres ronds mis sur plaque. Opérer de même avec les autres parts de pâte, on a donc 8 ronds surmontés de 8 couronnes.

Préchauffer le four à 210°. Poser tous les centres retirés sur une autre plaque à pâtisserie humidifiée. Au pinceau, avec l'œuf battu avec 1 cuillerée à soupe d'eau, badigeonner la surface de la couronne de chaque puits, badigeonner également la surface des petits ronds. Il est très important, pendant ce travail délicat, de veiller à ce que de l'œuf ne coule pas sur les côtés de la pâte, à l'extérieur comme à l'intérieur des « trous », sinon le feuillage ne pourrait pas monter ou monterait de travers.

Introduire les puits dans le four, laisser cuire 25 minutes. Les retirer, introduire à leur tour les petits ronds, pour 15 minutes.

PRÉSENTATION

Emplir les cavités avec la confiture ou la gelée choisie, bien en dôme. Poser dessus le petit rond en chapeau.

LES
RECETTES
RÉGIONALES

RÉINVENTÉES PAR GÉRARD VIÉ

ENTRÉES

FILETS DE HARENGS MARINÉS

ŒUFS À LA TRIPE

BOUDIN NOIR DE PARIS
AUX POMMES ET À LA MOUTARDE DE MEAUX

SAUCISSON DE PARIS TIÈDE
À LA SALADE DE POMMES DE TERRE

FILETS DE HARENGS MARINÉS

Pour 6 personnes
12 filets de harengs
saurs bien moelleux
Lait
2 feuilles de laurier
2 branches de thym
1 grosse carotte
1/2 branche de céleri
1 poireau blanc
1/2 cuillerée à café de
grains de poivre noir
1/2 cuillerée à café de
baies de genièvre
Huile
6 pommes de terre
moyennes
1/3 de céleri-rave
10 cl de vin blanc de
Suresnes
1 oignon
1 cuillerée à soupe de
vinaigre de vin

Nulle part, ailleurs que dans les bistros parisiens, les filets de harengs à l'huile ne tiennent une aussi grande place. Pour en varier la saveur, on peut sortir de la formule traditionnelle.

PRÉPARATION ET CUISSON

36 à 48 heures à l'avance
Mettre les filets de harengs dans un plat creux, les couvrir de lait, les laisser macérer 12 heures ; s'ils sont très fumés, le lait peut être changé à la mi-temps.
Au bout de 12 heures, égoutter les harengs, les éponger, les intercaler dans une terrine avec le laurier, le thym, la carotte finement émincée, le blanc seul du poireau cru en julienne, les grains de poivre, les baies de genièvre. Emplir d'huile à hauteur. Couvrir et laisser mariner au frais au moins 24 heures.

Au moment de servir
Faire cuire à l'eau les pommes de terre avec leur pelure, ainsi que le céleri-rave. Émincer les premières, découper des tranches de même taille dans le céleri, ces légumes devant être encore chauds.
Dans une casserole mettre le vin, l'oignon très finement haché et le vinaigre, porter 1 minute à ébullition, hors du feu mêler 3 cuillerées à soupe de l'huile de marinade des harengs. Verser sur les légumes, retourner. Éviter de saler.

PRÉSENTATION

Placer la terrine sur table, ou sortir les harengs en les égouttant, selon le gré, présenter la salade de légumes à part.

ŒUFS À LA TRIPE

Pour 4 personnes
8 œufs
50 g de beurre
250 g d'oignons
25 g de farine
25 cl de lait
2 à 3 branches de
persil plat
Sel, poivre du moulin
Noix de muscade
(facultative)

Madame de Genlis, expulsée de France sous le Directoire, a laissé dans sa correspondance des témoignages de sa vie en exil : «La cuisine allemande me fait mal ; comme je ne puis avoir de cuisinière française, je me suis décidée à faire moi-même la cuisine. Je prends pour guide *La Cuisine bourgeoise*, j'y apprends par cœur la veille ce que je dois faire le lendemain. Il y a quelque chose que je fais avec une perfection déjà célèbre : les œufs à la tripe.»
On ne sait trop qui était l'auteur de cet ouvrage. En tout cas les œufs à la tripe ont été longtemps un plat des bistros parisiens comme les filets de harengs, et le sont encore dans beaucoup d'entre eux.

PRÉPARATION ET CUISSON

Sur feu doux, dans une casserole, dans le beurre, faire fondre les oignons finement émincés, à couvert, pendant 10 minutes, en secouant souvent le récipient.
Poudrer avec la farine, mélanger, mouiller peu à peu avec le lait, laisser cuire à nouveau 15 minutes, en remuant très souvent tout en raclant le fond du récipient.
Pendant ce temps, faire cuire durs les œufs, 9 minutes départ en eau bouillante ; les passer sous l'eau froide, les écaler.
Hors du feu, saler et poivrer la sauce, éventuellement lui ajouter un soupçon de noix de muscade râpée, puis le persil finement haché.

PRÉSENTATION

Pour servir, répartir la sauce dans des petites assiettes creuses chaudes. Couper les œufs durs en rondelles, les disposer sur le contenu des assiettes.

BOUDIN NOIR DE PARIS, AUX POMMES ET À LA MOUTARDE DE MEAUX

Pour 6 personnes
900 g à 1 kg de
boudin noir de Paris
3 grosses pommes
reinettes grises du
Canada
100 g de beurre
1 pincée de cannelle
en poudre
3 gouttes de Tabasco
3 poireaux bien blancs
3 pommes de terre
moyennes
2 œufs
15 cl de bouillon de
volaille bien dégraissée
20 cl de crème
fraîche
2 cuillerées à soupe de
moutarde de Meaux
1 citron
2 cuillerées à soupe
d'herbes fraîches
aromatiques
mélangées, finement
hachées ou ciselées
(persil, cerfeuil,
ciboulette)
Sel, poivre du moulin

Le boudin noir de Paris est composé d'un tiers d'oignons, un tiers de lard gras, un tiers de sang. En principe il est vendu « en brasse », c'est-à-dire lové sur lui-même et débité à la demande.

PRÉPARATION ET CUISSON

Évider les pommes, les couper en quartiers, les peler, les mettre dans une casserole avec 80 g de beurre en ajoutant la cannelle et le Tabasco, couvrir, laisser réduire en compote en retirant du feu dès que les fruits sont écrasés.

Ne prendre que les blancs de poireaux épluchés, les couper en fine julienne dans un petit saladier. Peler, laver, essuyer les pommes de terre, les râper à cru sur la julienne de poireau, aussitôt, sans attendre pour que la préparation n'ait pas le temps de noircir à l'air, mêler les œufs battus en omelette avec sel et poivre.

Piquer le boudin en escargot transversalement avec une longue brochette en bois afin de pouvoir le manipuler sans qu'il se déroule. Le piquer de place en place sur chaque face, de quelques trous d'épingle, afin qu'il n'éclate pas à la chaleur (ne jamais utiliser une fourchette qui donnerait de gros trous trop rapprochés, préjudiciables à l'aspect).

Le faire griller 5 minutes par face ou le poser sur une plaque pour le cuire au four ; en ce cas, préchauffer celui-ci à 210° environ 10 à 12 minutes à l'avance et prendre la précaution de verser deux cuillerées d'eau dans la plaque pour qu'il ne se dessèche pas, la cuisson étant également de 5 minutes par face.

Pendant la cuisson du boudin, prendre trois petites poêles à blini, les beurrer, étaler sur chacune le sixième du mélange poireaux-pommes de terre, laisser cuire

1 minute par face. Procéder à une seconde fournée. Simultanément, verser dans une autre casserole le bouillon et la crème. Ajouter la moutarde, laisser épaissir sur feu doux en remuant souvent ; ajouter encore la moitié du jus de citron, sel et poivre.

PRÉSENTATION

Dès que le boudin est cuit, le couper en six parts égales. Veiller éventuellement à réchauffer la compote de pommes. Sur chaque assiette chaude (il suffit de la passer sous l'eau bouillante et de l'essuyer), verser de la sauce à la moutarde, sur un côté poser une part de boudin, à côté une galette de poireaux-pommes de terre sur laquelle on place deux quenelles de compote de pommes moulées entre deux cuillères à soupe.

SAUCISSON DE PARIS TIÈDE À LA SALADE DE POMMES DE TERRE

Pour 6 personnes
24 tranches épaisses de saucisson de Paris à l'ail, non fumé
1 kg de petites pommes de terre ne se défaisant pas à la cuisson
2 belles échalotes
20 cl de vin blanc sec
4 cuillerées à soupe d'huile d'arachide
1 cuillerée à soupe de vinaigre de vin
1 cuillerée à soupe de moutarde

Une entrée roborative ou un plat de mâchon, voire le plat unique d'un repas simple.

PRÉPARATION ET CUISSON

Faire cuire à l'eau les pommes de terre lavées avec leurs pelures, environ 20 à 25 minutes selon leur grosseur. Dès qu'elles seront cuites, les peler, les laisser en attente sans les mettre au réfrigérateur, ce qui est une condition essentielle pour la réussite gustative de la préparation.
Pendant leur cuisson, hacher finement les échalotes, les mettre dans une grande casserole, sur feu doux, avec le vin blanc, laisser arriver à ébullition. Ajouter l'huile, le vinaigre et la moutarde, remuer, laisser

*I cuillerée à soupe
d'herbes fraîches
aromatiques mélangées
finement hachées ou
ciselées (persil -
cerfeuil - ciboulette)
Sel, poivre du moulin*

5 minutes à frémissement, ajuster le sel, poivrer. Mêler les pommes de terre, entières si elles sont petites, sinon coupées en grosses rondelles. Laisser sur feu doux pendant 2 minutes, le temps de retirer la peau des tranches de saucisson.
Poser ces dernières sur les pommes de terre, couvrir le récipient, éteindre le feu.

PRÉSENTATION

Présenter la préparation encore tiède, en parsemant à la surface les herbes et en donnant quelques tours de moulin à poivre.

POISSONS

NAGE CRÉMEUSE D'ÉCREVISSES AUX AROMATES

« COLIN » À LA PARISIENNE

FILETS DE BRÈME DU MORIN
— OU DE BROCHET — AU PAIN DE CHOU-FLEUR

FILETS DE PERCHES AUX HERBES DE MILLY

TRUITE FRAÎCHE À LA MOUSSE
DE LAITUE MARAÎCHÈRE

FILETS DE TRUITES FUMÉS
À LA SALADE TIÈDE DE NAVETS

NAGE CRÉMEUSE
D'ÉCREVISSES AUX AROMATES

Pour 6 personnes
72 écrevisses
1 bouteille de vin
blanc (sancerre)
2 carottes
2 navets
3 branches de céleri
1 bouquet garni
1 bouquet d'aneth
1 bouquet de menthe
fraîche
1 branche de
citronnelle fraîche
1/4 de rhizome de
gingembre
1 bâton de cannelle
1 fleur de badiane
(anis étoilé)
1 clou de girofle
25 cl de crème fraîche
Gros sel marin
Poivre concassé
(mignonnette)
Tabasco

Conseils

Les écrevisses étaient abondantes dans les étangs de ce qui s'appelait autrefois le département de la Seine-et-Oise. Aujourd'hui on en retrouve dans les élevages.

PRÉPARATION ET CUISSON

Dans un grand faitout, faire cuire pendant 2 heures, à feu modéré pour qu'il n'y ait pas trop d'évaporation, de préférence à couvert, 2 litres d'eau, le vin, les carottes et navets épluchés et tronçonnés, le céleri, le bouquet garni, l'aneth, la menthe, la citronnelle, le gingembre épluché, la cannelle, la badiane, le girofle, une bonne pincée de gros sel, une bonne pincée de poivre concassé.

Vers la fin de la cuisson, châtrer les écrevisses.

Au bout des 2 heures d'ébullition, augmenter le feu sous le faitout, y plonger les écrevisses. Couvrir, éteindre le feu, laisser refroidir.

Retirer les écrevisses, les laisser en attente. Passer le bouillon au chinois dans une grande soupière ; lui ajouter 3 à 4 gouttes de Tabasco, la crème, puis ajuster le sel, battre au fouet électrique pour rendre la préparation mousseuse. Y remettre les écrevisses, servir froid.

Pour châtrer les écrevisses, saisir avec un linge la pale centrale de la nageoire caudale et tirer doucement le boyau noir qui est l'intestin. L'opération ne doit pas être faite à l'avance sinon le crustacé meurt.

Il est important d'augmenter le feu sous le faitout avant d'y introduire les écrevisses, pour qu'il n'y ait pas un refroidissement trop brutal.

« COLIN » À LA PARISIENNE

Pour 6 personnes
6 tranches de gros
merlu de 150 g
chacune
1 carotte
1 navet
2 pommes de terre
moyennes
1 tranche épaisse de
céleri-rave
100 g de haricots
verts extra-fins
3 belles tomates
1 cuillerée à soupe
d'huile d'olive
1 gousse d'ail
1 branche de persil plat
1 litre de fumet
de poisson
15 cl de crème
fraîche épaisse
25 cl de mayonnaise
Gros sel
Sel fin
Poivre du moulin

On ne peut plus parisien que ce « colin », dont l'appellation est interdite depuis des années, mais qui est tellement ancré dans les habitudes qu'on le réclame toujours sous ce nom-là à son poissonnier et qu'on le trouve souvent encore étiqueté ainsi. Le « colin » ce n'est que le merlu, ou le merluchon lorsqu'il est de petite taille. L'originalité de la recette vient de la tomate qui, ainsi « confite », apporte une saveur exquise, fort goûteuse.

PRÉPARATION ET CUISSON

Éplucher la carotte, le navet, les pommes de terre, le céleri-rave, les haricots verts, les laver, les éponger. Couper le tout en fine mirepoix (dés ou tronçons de petite taille).

Faire cuire dans de l'eau salée au gros sel en ébullition, pas plus de 5 minutes ; laisser en attente.

Enlever le pédoncule des tomates, les couper transversalement en deux, éliminer les graines. Les poser côte à côte sur une feuille d'aluminium ménager posée sur une plaque à four ou dans la lèchefrite. Saler et poivrer, arroser avec la cuillerée d'huile, mettre dans le four allumé à doux, laisser « compoter » pendant 2 heures. Vers la fin de la cuisson, parsemer un hachis fin d'ail et de persil. Verser le fumet de poisson dans une sauteuse large, le porter à ébullition, rectifier l'assaisonnement, y introduire les tranches de poisson (veiller à ce que la peau qui les entoure soit écaillée). Laisser l'ébullition reprendre, puis éteindre le feu et laisser en attente à couvert pendant 10 minutes avant d'égoutter.

Mélanger la crème et la mayonnaise, assaisonner au goût, mêler la mirepoix de légumes soigneusement égouttée et épongée.

PRÉSENTATION

Au centre du plat de service, déposer les tranches de poisson peau retirée, de chaque côté poser les demi-tomates. Présenter la sauce à part.

FILETS DE BRÈME DU MORIN — OU DE BROCHET — AU PAIN DE CHOU-FLEUR

Pour 6 personnes
1 brème ou 1 brochet écaillé et paré, mis en filets pour avoir 900 g de chair, arêtes récupérées à part
3 cuillerées à soupe d'huile de pépins de raisin
1 branche de menthe fraîche
1 branche de thym - citron
50 cl de vin blanc sec
1 bouquet garni avec
1 branche de céleri
1 oignon moyen
1 clou de girofle
Une pincée de cannelle
1 échalote
4 feuilles de verveine sauvage
1 chou-fleur
5 œufs
20 g de beurre
Gros sel
Sel fin
Poivre du moulin

La brème était le poisson d'eau douce par excellence du Morin et du Loing, on en pêchait de très beaux spécimens. Ses recettes peuvent être appliquées sans réserve au brochet, un poisson autrefois assez courant dans la Marne et ses affluents, apparaissant encore aujourd'hui sur nos marchés au début du printemps. Le chou-fleur était un légume de culture de la Couronne.

PRÉPARATION ET CUISSON

12 heures avant de servir
Avec une petite pince spéciale (ou à défaut une pince à épiler réservée à cet usage) retirer toutes les petites arêtes des filets de poisson.
Mettre ceux-ci dans un plat creux, les arroser avec l'huile, ajouter une bonne pincée de menthe finement hachée, et une bonne pincée de feuilles de thym-citron. Concasser les arêtes du poisson, les mettre dans une grande casserole avec le vin et autant d'eau, le bouquet, l'oignon piqué du clou de girofle, l'échalote, la cannelle et les feuilles de verveine. Laisser cuire très doucement à frémissement pendant environ 20 minutes, passer au chinois.

Pour la recette
Prélever les bouquets du chou-fleur, mettre de côté les queues. Dans une autre casserole, mettre 50 g de queues de chou-fleur épluchées, faire cuire à l'eau bouillante salée au gros sel pendant 10 minutes, introduire les bouquets, laisser cuire encore 10 minutes. Retirer du feu.
Sortir les bouquets avec l'écumoire, les passer au mixeur ; lorsque la purée s'émulsionne, introduire un

à un les œufs, rectifier l'assaisonnement en sel, poivrer. Préchauffer le four à 240°. Beurrer un moule (forme moule à cake), y verser le contenu du mixeur. Dans un plat à four, placer un journal plié, poser le plat dessus, verser de l'eau au tiers de la hauteur pour que la cuisson se fasse au bain-marie. Introduire dans le four, le baisser à 180°, laisser cuire pendant 30 minutes, l'eau devant rester à frémissement. Pendant la cuisson du pain de chou-fleur, remettre le fumet de poisson sur feu doux pour le porter à frémissement. Y introduire les filets de poisson, laisser cuire 5 minutes à compter de la reprise de l'ébullition. Laisser au chaud dans le fumet, hors du feu.

Prélever 20 cl de ce fumet, le passer à nouveau au chinois dans le mixeur, lui ajouter les queues de bouquets de chou-fleur égouttées, l'échalote hachée, le reste de crème, faire tourner et reverser dans une casserole pour porter à ébullition ; incorporer le reste de beurre en noisettes fermes, sans cesser de fouetter, rectifier l'assaisonnement.

PRÉSENTATION

Pour servir, démouler le pain de chou-fleur sur le plat de service chaud, tout autour ranger les filets de poisson égouttés, éventuellement tronçonnés. Napper le pain de chou-fleur avec la sauce.

Conseil

Pour vérifier la cuisson du pain de chou-fleur, planter au cœur la lame sèche d'un couteau, elle doit ressortir humide mais non souillée.

FILETS DE PERCHES AUX HERBES DE MILLY

Pour 6 personnes
6 filets de perches de
150 g chacun
50 g de beurre
1 cuillerée à soupe
d'huile d'arachide
Sel, poivre du moulin

Pour la sauce
3 cuillerées à soupe de
fond de veau
3 cuillerées à soupe
d'huile d'arachide
1 cuillerée à soupe de
vinaigre de vin
1 citron
1 gousse d'ail
1 oignon moyen
1 échalote
1 brindille de thym
frais
10 g de gingembre
confit
1 bulbe de citronnelle
fraîche
4 gouttes de Tabasco

**Pour la salade
d'accompagnement**
250 g de mesclun
100 g d'herbes
aromatiques mélangées
(verveine sauvage,
citronnelle, cerfeuil,
estragon, basilic,
ciboulette)
2 cuillerées à soupe
d'huile d'arachide
1 citron
Sel, poivre du moulin

PRÉPARATION ET CUISSON

La veille
Saler et poivrer les filets de perches sur leurs deux faces, les entreposer au réfrigérateur, en récipient couvert.

Pour la recette
Confectionner la sauce : mélanger le fond de veau, l'huile, le vinaigre, le jus de citron. Ajouter l'ail, l'oignon et l'échalote hachés le plus finement possible, puis quelques feuilles de thym frais, le gingembre confit haché très fin avec le quart du bulbe de citronnelle et enfin le Tabasco. La préparation doit être épaisse comme une purée semi-liquide.

Préparer le mesclun, le trier, le laver, l'essorer à fond, le mettre dans un torchon, lui ajouter les herbes aromatiques en se contentant de les couper avec des ciseaux en petits tronçons de 1 cm (il ne faut pas les hacher). Laisser en attente, l'assaisonnement ne devant se faire qu'à la dernière minute.

Faire cuire les filets de perches à la poêle, dans le beurre et la cuillerée d'huile, bien chauds, sur feu moyen, 1 minute par face.

Pour servir, poser les filets sur les assiettes, étaler sur chacun, avec une cuillère, la sauce épaisse. Terminer la salade en la retournant dans un saladier avec l'huile, le sel, le poivre du moulin et du jus de citron au gré.

Conseils
Fonds de cuisson
Ils sont très utiles en cuisine même ménagère et faciles à avoir sous la main, puisqu'ils se congèlent fort bien, ce qui permet d'en préparer seulement une fois tous les trois à quatre mois ; il suffit de prévoir des peti-

tes boîtes ou des petits pots à couvercle permettant de les conserver en portions de 10 cl ou de 20 cl, prêts à l'emploi. Les trois indispensables sont :

Bouillon de volaille dégraissé : un bouillon normal concentré préparé avec des ailerons et des légumes, mis au réfrigérateur après refroidissement afin de pouvoir retirer le gras figé en surface.

Fond de veau : des crosses de veau concassées, voire des parures de veau (tranches de jarret) revenues dans une noix de beurre en cocotte avec des oignons, des carottes, un gros bouquet garni avec 1 branche de céleri, 1 poireau et 1 à 2 branches de persil ; le tout largement mouillé d'eau et cuit pendant 2 à 3 heures jusqu'à concentration, le jus étant alors tamisé avant d'être refroidi.

Demi-glace de viande : en fait un fond encore réduit après avoir été tamisé jusqu'à gélifier. Selon les os employés, la demi-glace peut être de veau, de volailles, de gibier ; elle peut aussi, avec des arêtes, être de poisson.

À défaut de mesclun, on peut choisir un mélange de cresson, mâche, chicorée, frisée, batavia, pousses d'épinard, pourpier, trévise, etc., à choisir selon la saison. Pour étoffer le plat, il est possible de prévoir un peu de pommes de terre sautées à cru, à l'huile d'olive.

TRUITE FRAÎCHE À LA MOUSSE DE LAITUE MARAÎCHÈRE

Pour 6 personnes
6 truites arc-en-ciel de
pisciculture de 250 g
chacune
2 laitues pommées
150 g de beurre
4 portions individuelles
de crème de gruyère
Sel, poivre

Pour la sauce
1 citron
1 échalote
100 g de beurre
10 cl de crème
fraîche
Sel, poivre du moulin

PRÉPARATION ET CUISSON

Éplucher les laitues, les laver, retirer les grosses côtes. Jeter les feuilles dans de l'eau salée au gros sel à très gros bouillons, les égoutter au bout de 5 minutes, les passer au mixeur. Doubler une passoire avec un linge, le placer sur un récipient creux, y verser la purée de laitue, laisser s'égoutter pendant quelques heures (le jus sera à récupérer).

Faire cuire les truites vidées dans une grande poêle, dans 60 g de beurre, 5 minutes par face, en salant et poivrant.

Pendant cette cuisson, porter la crème à ébullition avec la crème de gruyère. Y ajouter la purée de laitue égouttée et le reste de beurre. Maintenir au chaud, au bain-marie.

Confectionner la sauce pendant les cuissons précédentes : porter à ébullition 4 cuillerées à soupe de jus rendu à l'égouttage par la laitue, la moitié du jus de citron, l'échalote finement hachée, le beurre, la crème, en laissant légèrement épaissir par réduction; saler et poivrer.

PRÉSENTATION

Pour servir, sur les assiettes chaudes, poser une truite et déposer de chaque côté une quenelle de mousse de laitue moulée avec deux cuillères à soupe. Présenter la sauce à part.

Conseil

La mousse de laitue ne doit pas être préparée à l'avance sinon elle jaunit.

FILETS DE TRUITES FUMÉS, À LA SALADE TIÈDE DE NAVETS

Pour 6 personnes
6 filets de truites
fumés sans peau
Lait
1 kg de navets longs
1 cuillerée à soupe
d'huile d'arachide
1 cuillerée à café de
sucre en poudre

**Pour la vinaigrette
des navets**
1 cuillerée à soupe de
verjus ou de vinaigre
de vin
1 citron
1 cuillerée à café de
miel d'acacia
3 cuillerées à soupe
d'huile d'arachide et
1 cuillerée à soupe de
ciboulette finement
ciselée

**Pour le nappage
des assiettes**
2 cuillerées à soupe
d'huile d'arachide
2 citrons
1 cuillerée à soupe de
miel d'acacia

PRÉPARATION ET CUISSON

La veille
Placer les filets de truites dans un plat creux, les couvrir de lait.
Les laisser macérer pendant 12 heures.

Le jour même
Éplucher, émincer les navets, les faire sauter à l'huile (pas plus d'une cuillerée) comme des pommes de terre, ce qui demande 10 minutes. En fin de cuisson, les saler, les poivrer et les poudrer du sucre, pour les caraméliser légèrement.
Pendant la cuisson des navets, préparer leur vinaigrette : passer au mixeur le verjus ou le vinaigre, le jus du citron, la cuillerée de miel et l'huile. Les navets étant cuits, les arroser avec leur vinaigrette et remuer en ajoutant la cuillerée à soupe de ciboulette ciselée.
Porter de l'eau à ébullition dans l'ustensile à vapeur. Puis préparer la deuxième sauce en mixant ensemble l'huile, le jus des citrons et le miel.
Lorsque l'eau de la vapeur est à ébullition, égoutter les filets de truites, les éponger, les mettre au-dessus de la vapeur pour simplement 2 secondes.

PRÉSENTATION

Les disposer sur les assiettes nappées de la deuxième sauce, les entourer des navets.

VIANDES ET VOLAILLES

ENTRECÔTE VILLETTE

TOURNEDOS ROSSINI

CÔTES DOUBLES DE VEAU À LA CLAMART

SELLES D'AGNEAU FARCIES
AUX COURGETTES GRATINÉES

RAGOÛT DE TÊTE, LANGUE, RIS
ET CERVELLE DE VEAU

POULET RÔTI DU DIMANCHE
À LA BAGUETTE PARISIENNE

POULARDE DE HOUDAN À LA BROCHE
AUX CŒURS DE LAITUES FARCIS

CANARD BRAISÉ AUX MONTMORENCY

AIGUILLETTES DE LAPIN À LA PURÉE DE POTIRON

COMPOTE DE LAPIN AU CHOU

POULE FAISANNE AUX NAVETS ET AU CHOU

GARENNE AU CIDRE DE BRIE

FILET DE CHEVREUIL DES CHASSES
DE RAMBOUILLET AUX POIRES LARDÉES

ENTRECÔTE VILLETTE

Par personne
1 entrecôte large et épaisse, bien persillée, d'au moins 300 à 350 g (plus minces, pour les amateurs, elles ne valaient pas le déplacement)
6 échalotes
150 g de beurre
1 brindille de thym frais
1 cuillerée à café de persil plat haché
1 citron
1 cuillerée à café de gros sel ou de fleur de sel
Poivre du moulin

Pour la garniture
Des pommes Pont-Neuf [1]

Elle a été le plat du marché de La Villette avant qu'il ne soit transféré à Rungis ; le plat des bouchers, le plat des acheteurs, le plat de ceux qui venaient là traîner leurs bottes en fin de sorties nocturnes (le marché et les restaurants qui l'entourent fonctionnaient dès l'aube).

PRÉPARATION ET CUISSON

3 à 4 heures avant la cuisson, saler et poivrer l'entrecôte sur ses deux faces, la laisser entre deux assiettes creuses à température ambiante.

Dans une poêle, sur feu moyen, faire fondre 50 g de beurre, lorsqu'il est très chaud — et avant qu'il fume — y poser l'entrecôte, la retourner au bout de 1 minute, puis la faire cuire, selon le goût du dégustateur, un amateur ne la menant jamais à point.

Retirer la viande, jeter la matière grasse ; dans la poêle remettre le reste de beurre et les échalotes très finement hachées, faire sauter 2 à 3 minutes. Les verser sur l'entrecôte, ajouter le persil haché, quelques gouttes de jus de citron et juste au moment de présenter un peu de gros sel ou de fleur de sel et deux à trois tours de moulin à poivre.

1. Les pommes Pont-Neuf sont des frites traditionnelles de 1 cm de section.

TOURNEDOS ROSSINI

Pour 6 personnes
*6 tranches de cœur
de filet épaisses,
de 200 g chacune
6 escalopes de foie
gras d'oie cru,
de 100 g chacune
50 g de truffe
noire crue
1 boîte de 250 g
de brisures de truffes
1 cuillerée à soupe
de graisse d'oie
2 cuillerées à soupe
d'huile de pépins
de raisin
10 cl de banyuls rouge
20 cl de demi-glace de
veau
100 g de beurre
Gros sel, sel fin,
poivre du moulin*

Tournedos est un terme né dans les Halles de Paris, fort péjoratif, désignant la place assignée aux femmes de la marée dont la marchandise n'était pas de la première fraîcheur : elles devaient «tourner le dos»; par extension l'appellation, alors «tourne-dos», fut donnée aux quelques bouts de filet hâlés qui restaient après le marché. Un maître d'hôtel ignorant eut un jour l'idée d'afficher du «tourne-dos» dans son restaurant, trouvant le terme joli; le public fut ravi, la grande cuisine s'en empara, et devenu «tournedos» sans tiret, le morceau de filet de bœuf prit ses lettres de noblesse.

PRÉPARATION ET CUISSON

8 jours à l'avance
Couper deux entames dans la truffe. Badigeonner le reste de celle-ci de graisse d'oie, l'envelopper dans un morceau d'alu ménager. Mettre les entames dans l'huile de pépins de raisin, laisser macérer au frais, à couvert.

2 à 3 heures avant la préparation de la recette
Saler et poivrer les tranches de bœuf sur leurs deux faces, les laisser à température ambiante, entre deux assiettes creuses.

Pour la recette
Verser le banyuls dans une casserole, le flamber. Lui ajouter la demi-glace de veau, donner un bouillon; ajouter les brisures de truffe finement hachées et leur jus de conserve, laisser en attente.
Dans une poêle anti-adhésive, faire cuire les escalopes de foie gras salées et poivrées, à bon feu, rapidement de chaque côté. Les retirer. Conserver le gras fondu pour cuire éventuellement le légume d'accompagnement.
Dans une autre poêle, faire cuire les tranches de filet de bœuf dans une bonne noix de beurre, au degré de cuisson désiré par chaque convive.

pendant cette cuisson, sortir la truffe, racler la graisse d'oie, la joindre au gras fondu. Couper en six tranches d'égale épaisseur.

PRÉSENTATION

Pour servir, sur chaque assiette chaude, poser une tranche de filet, sur celle-ci mettre une tranche de foie gras. Terminer la sauce en la remettant sur le feu, la fouetter en lui incorporant peu à peu le reste de beurre en noisettes fermes, la saler, la poivrer. En verser un peu autour de chaque tranche de viande (le reste étant présenté en saucière). Sur chaque tranche de foie gras, poser une tranche de truffe, l'arroser de quelques gouttes d'huile de pépins de raisin truffée et la parsemer de quelques grains de gros sel.

Conseils

En théorie la sauce accompagnant le tournedos Rossini est à base de madère mais j'ai essayé et adopté le banyuls car il donne plus de finesse.

S'il faut un accompagnement, faire sauter à cru dans le gras du foie et la graisse d'oie (au besoin remettre un peu de celle-ci) un mélange moitié-moitié de fines tranches de pommes de terre et de fonds d'artichauts, saler et poivrer.

CÔTES DOUBLES DE VEAU À LA CLAMART

Pour 6 personnes
6 côtes de veau
épaisses d'environ
350 g chacune avec
leur os
150 g de beurre
2 cœurs de laitues
pommées

Clamart, dans les Hauts-de-Seine, a laissé son nom à une garniture comportant des petits pois (souvent alliés aux artichauts), parce que, avant le développement de la ville, les cultures maraîchères y étaient renommées. Il s'agissait d'une garniture de boucherie souvent choisie avec le veau.

100 g de lard de poitrine maigre frais
100 g de petits oignons grelots
12 gousses d'ail
20 cl de fond de veau (facultatif)
1 kg de pois en cosses, bien pleins
1 pincée de sucre en poudre
Gros sel
Sel fin, poivre du moulin

P R É P A R A T I O N   E T   C U I S S O N

Dans une cocotte large, sur feu moyen, dans 80 g de beurre, saisir les côtes de veau 2 minutes par face. Laisser encore cuire 3 minutes en arrosant une fois ou deux. Retirer les côtes qui ne sont que semi-cuites, les poser sur la face la plus cuite, dans un plat à four beurré.

Nettoyer les cœurs de laitue, les essorer, les ciseler dans la cocotte.

A part, dans une petite casserole, dans une noisette de beurre, faire rissoler sur feu moyen le lard coupé en petits lardons, égoutter, joindre à la laitue.

Préchauffer le four à 210°. Dans la même casserole, dans une autre noisette de beurre, faire dorer les petits oignons pelés, les égoutter, les mettre dans la cocotte.

En même temps, jeter les gousses d'ail non pelées dans une autre casserole, dans de l'eau salée en ébullition, au bout de 5 minutes, les égoutter, les mettre dans la cocotte. Couvrir le récipient, laisser étuver 5 minutes, la laitue va rendre de l'eau, ce qui va donner un bouillon agréable, auquel on peut ajouter le fond de veau.

Pendant les opérations précédentes, écosser les pois, les faire sauter à cru dans la casserole avec une noix de beurre et avec le sucre. Lorsqu'ils commencent à cuire, les ajouter au contenu de la cocotte. Simultanément introduire la viande assaisonnée dans le four, poursuivre sa cuisson 7 à 8 minutes.

P R É S E N T A T I O N

Servir la viande, proposer la garniture à part.

SELLES D'AGNEAU FARCIES AUX COURGETTES GRATINÉES

Pour 6 personnes
2 selles d'agneau
(ayant brouté, sa chair
devant être rouge),
pesant chacune entre
800 et 900 g,
désossées par
le boucher mais
bavette attenante
(réclamer les os)
2 filets mignons (petits
filets situés sous
la selle)
1 escalope de gigot
de 150 g
50 g de moelle
de bœuf (poids sans
l'os)
De la crépine de porc
en quantité suffisante
pour envelopper
chaque selle
1 oignon, 1 carotte,
2 échalotes,
2 tomates,
1 bouquet garni avec
une branche de céleri,
20 cl de vin blanc sec,
50 cl de bouillon
dégraissé
1 gousse d'ail
6 à 8 branches
de persil plat
1 tartine de pain
croûte retirée
15 cl de crème UHT
2 œufs
5 cl de cognac
6 courgettes rondes,
chacune de la grosseur

Le «mouton», comme on disait autrefois lorsque l'habitude n'avait pas encore été prise des viandes plus jeunes, était une viande fort appréciée dans la capitale où on avait inventé pour elle le navarin.

PRÉPARATION ET CUISSON

Commencer par préparer le fond de sauce
Dans une casserole mettre les os d'agneau, les faire dorer dans 20 g. de beurre, avec l'oignon, la carotte et une échalote grossièrement hachée. Ajouter les tomates en quartiers, le bouquet, le vin, le bouillon (ou à défaut de l'eau), laisser cuire jusqu'à ce qu'il ne reste plus que le quart du liquide.

Confectionner la farce
Porter à ébullition de l'eau salée, y introduire la moelle, la laisser cuire jusqu'à ce qu'elle devienne translucide. Hacher à grille fine (ou au couteau, à la main) les filets mignons, la seconde échalote, l'ail, le persil. Incorporer la moelle égouttée, la mie du pain imbibée de la crème UHT, les œufs entiers, le cognac après l'avoir flambé; saler et poivrer.

Pour la recette
Farcir les selles. Veiller à ce que la peau parcheminée qui recouvre les bavettes soit bien retirée, étaler celles-ci. Couvrir la chair de chaque selle de farce, ramener les bavettes pour bien enfermer cette farce, envelopper chacune dans un morceau de crépine sans trop superposer celles-ci. Laisser en attente.
Préchauffer le four à 210 °. Enlever une calotte à chaque courgette, avec une fourchette, piquer plusieurs fois la pulpe, sans transpercer la peau, saler et poivrer celle-ci, l'arroser de quelques gouttes d'huile d'olive, poser dans la lèchefrite du four, laisser 10 à 12 minutes puis baisser le feu à 120 ° et «compoter» 1 heure.

d'une belle tomate
1 à 2 cuillerées à
soupe d'huile d'olive
2 cuillerées à soupe
de fromage râpé
(gruyère)
2 cuillerées à soupe de
crème épaisse
Une pincée de fleur
de thym
10 g de beurre
Sel, poivre du moulin

Pendant ce temps, passer le fond de sauce au chinois étamine, dans une casserole.

Lorsque les courgettes sont prêtes les sortir du four, remonter la chaleur à 210 °. Mettre les selles dans un plat beurré, introduire dans le four pour 20 minutes. Les sortir, les envelopper d'une feuille d'aluminium, les laisser reposer au moins 10 à 12 minutes en les retournant une fois, de façon à ce que les sucs se répartissent bien à l'intérieur des chairs, ce qui les rendra plus juteuses.

Avec une cuillère, sortir la pulpe des courgettes sans crever les peaux, la mettre dans un saladier, lui mêler à la fourchette le fromage râpé, la crème épaisse et la fleur de thym, rectifier l'assaisonnement. Remettre dans les courgettes et introduire à nouveau dans le four, sous la voûte allumée, juste le temps de les gratiner légèrement.

PRÉSENTATION

Sortir la viande de l'alu, enlever la crépine qui ne serait pas fondue, couper chaque selle en tranches de 2 cm d'épaisseur. Pendant ce temps réchauffer le fond de sauce, le monter en lui incorporant au fouet le reste de beurre en noisettes fermes, le verser en saucière.

Conseil

Pour étirer la crépine sans la déchirer, prendre soin de la tremper au préalable dans de l'eau tiède (éviter l'eau trop chaude qui ferait fondre ses masses graisseuses). Si la crépine enveloppe bien chaque selle, il est inutile de ficeler celle-ci.

RÂGOUT DE TÊTE, LANGUE, RIS ET CERVELLE DE VEAU

Pour 6 personnes
600 g de tête de veau
roulée choisie bien
maigre
1 langue de veau de
800 g à 1 kg
300 g de ris de veau
(un beau lobe)
2 cervelles de veau
1 cuillerée à soupe
d'huile d'arachide
3 carottes
3 navets
2 gousses d'ail
2 échalotes
36 petits oignons
grelots
1 litre de fond de veau
1/2 bouteille de
banyuls
1 kg de fèves en
gousses
Un peu de farine
50 g de beurre
1 citron
Sel, poivre du moulin

PRÉPARATION ET CUISSON

Dans un grand faitout, porter de l'eau salée à frémissement. Y introduire la tête de veau, la laisser cuire 1 heure, en ajoutant la langue bien brossée sous l'eau courante au bout de 30 minutes.

Dans une casserole, sur feu doux dans de l'eau froide, placer le ris de veau, amener lentement à frémissement, égoutter, passer sous l'eau froide, en éliminant les parties grasses et les peaux, placer entre deux linges, poser une planche et un poids lourd dessus pour l'aplatir.

Sous l'eau courante, passer également la cervelle, éliminer tous les caillots et parties sanguinolentes, laisser en attente.

Lorsque la tête et la langue sont cuites, couper la première en gros cubes de 3 cm, enlever la peau de la langue et les cartilages du cornet, la couper en 6 tronçons égaux.

Faire revenir tête et langue en cocotte, sur feu doux, dans l'huile ; dès qu'elles sont légèrement colorées, ajouter les carottes et les navets en dés, l'ail, les échalotes et les petits oignons pelés entiers, retourner 2 à 3 minutes, puis mouiller avec le fond de veau et le banyuls, saler et poivrer, couvrir et laisser mijoter, le plus doucement possible, pendant 1 heure 30.

Pendant ce temps, sortir les fèves de leurs gousses, retirer leur seconde peau.

Environ 10 minutes avant la fin de la cuisson, escaloper en 6 tranches en biseau le ris de veau, frotter chaque escalope de farine. Les faire cuire à la poêle, dans 30 g de beurre 2 minutes par face. Simultanément mettre les cervelles dans de l'eau salée froide, additionnée de la moitié du jus de citron, laisser pocher à frémissement 8 minutes, laisser en attente dans l'eau, hors du feu ; dans une autre petite casserole, dans le reste de beurre, mettre les fèves et une pointe de sel, couvrir, laisser étuver 2 minutes.

Égoutter le contenu de la cocotte, rectifier l'assaisonnement en sel, poivrer assez bien. Retirer le tout avec l'écumoire, disposer dans un plat creux bien chaud, augmenter le feu sous la cocotte pour faire réduire le jus à légère consistance sirupeuse.

PRÉSENTATION

Placer chaque cervelle coupée en 3 parts sur le contenu du plat, napper avec le jus réduit, rajouter les morceaux de ris de veau et les fèves.

Conseil

A la saison des morilles, qui coïncide d'ailleurs avec celles des premières fèves, on peut en ajouter quelquesunes, étuvées à part dans un peu du jus de cuisson prélevé dans une petite casserole.

POULET RÔTI DU DIMANCHE À LA BAGUETTE PARISIENNE OIGNONS FARCIS - ÉCHALOTES BRAISÉES

Pour 6 personnes
1 gros poulet,
de préférence fermier,
d'environ 1,5 à 1,8 kg
prêt à cuire, abats et
abattis à part
Le quart d'une
baguette parisienne de
pain bien fraîche
3 à 4 gousses d'ail
200 g de beurre
2 feuilles de laurier

La veille
Mettre les ailerons et le gésier nettoyé du poulet dans une casserole, les couvrir d'eau froide à hauteur, porter à frémissement.
Veiller à enlever le fiel du foie, le saisir dans une noisette de beurre, à la poêle, aller et retour en salant et poivrant.

Le jour même
Préchauffer le four à 210°.
Peler et hacher finement l'ail, en frotter le quart de

2 branches de thym
9 oignons moyens
9 échalotes
100 g de foie gras de
canard cru
30 cl de bouillon de
volaille dégraissé

la baguette sur toutes ses faces en appuyant fortement avec les doigts ; enduire celui-ci de 80 g de beurre sur tout son pourtour, l'introduire à l'intérieur du poulet, ainsi que le laurier, le thym, 3 oignons et 3 échalotes pelés. Recoudre le poulet. Saler et poivrer l'extérieur, le poser dans le plat de cuisson, parsemer en surface 50 g de beurre. Introduire dans le four, le laisser rôtir 10 minutes.

Peler le reste des oignons, enlever une calotte, vider l'intérieur pour ne laisser que 3 couches de chair. Disposer les oignons creusés autour du poulet, arroser celui-ci avec le jus de cuisson, laisser cuire encore 10 minutes. Retirer les oignons, arroser à nouveau la volaille, poursuivre sa cuisson encore 30 minutes, soit 50 minutes au total en arrosant encore une ou deux fois.

Pendant ce temps, prélever la chair des ailerons, la hacher ainsi que le gésier et le foie. Mêler au hachis le foie gras, saler et poivrer. Farcir les oignons creusés avec la préparation. Les mettre dans une petite cocotte, côte à côte, les mouiller avec 20 cl de bouillon, couvrir le récipient, laisser cuire à feu doux jusqu'à ce que le poulet soit prêt.

Par ailleurs, dans une casserole, faire dorer les échalotes restantes, pelées, dans une noix de beurre, les mouiller avec la moitié du reste du bouillon, les laisser cuire, récipient couvert, jusqu'à ce que la volaille soit prête.

PRÉSENTATION

Sortir le plat du four. Prendre la volaille, ouvrir la cavité verticale, sortir le pain et la garniture. Découper en 8 morceaux. Partager le pain en 6 tronçons, les ranger dans le plat de service chaud, disposer autour les morceaux de volaille, intercaler oignons et échalotes.

Déglacer le plat de cuisson de la volaille avec le reste du bouillon, présenter à part en saucière.

Conseil

On peut accompagner de pommes soufflées.

POULARDE DE HOUDAN À LA BROCHE AUX CŒURS DE LAITUES FARCIS

Pour 6 personnes
1 poularde de Houdan de 1,5 kg
200 g de beurre
20 cl de banyuls
6 laitues pommées
375 g de champignons des carrières parisiennes (champignons de couche)
2 échalotes
1 grosse cuillerée à soupe de fines herbes de Milly finement hachées (persil plat, cerfeuil, estragon)
20 cl de bouillon de volaille soigneusement dégraissé

Au Moyen Âge, Houdan était déjà un centre reconnu pour son marché ; en pleine saison on y amenait chaque mercredi des dizaines de milliers de volailles diverses venant de toute la région. Sous Louis XIII, « la » Houdan figurait déjà parmi les races françaises, sa concurrente la plus directe — parce que plus volumineuse — étant la Faverolle. Aujourd'hui la Houdan suscite à nouveau l'intérêt des éleveurs, elle se reconnaît à sa huppe et à ses favoris, et surtout à ses pattes à cinq doigts. Sa chair dense est fort agréable.

La veille
Mettre à l'intérieur de la volaille 100 g de beurre, sel et poivre. Brider, mettre au réfrigérateur.
Hacher finement les abats de la volaille, les envelopper sous film étirable, mettre au réfrigérateur.
Éplucher les laitues pour ne garder que les cœurs entiers, les laver, les essorer, les mettre dans le bac à légumes du réfrigérateur.

Le jour même
Sortir la volaille 1 heure à l'avance.
Sortir les cœurs de laitue, les jeter dans de l'eau salée en ébullition, lorsque l'ébullition reprend, les égoutter, les passer sous l'eau froide pour les reverdir, les égoutter à nouveau à fond.
Enfiler la volaille sur la broche, rôtissoire allumée à chaleur moyenne, verser le banyuls dans la lèchefrite.
Toutes les 5 minutes, arroser la poularde avec le contenu de la lèchefrite, le banyuls recevant le jus, le gras et le beurre qui s'écoulent de la volaille. La cuisson durera ainsi environ 1 heure 15.
Pendant cette cuisson, nettoyer les champignons, les faire sauter vivement à la poêle dans 20 g de beurre

en les salant et poivrant. Les laisser refroidir, les hacher finement, leur mélanger les abats de la volaille, les échalotes hachées et les herbes.

Prendre les cœurs de laitue, avec une petite spatule souple glisser du hachis entre les feuilles, les refermer, les ficeler, les ranger côte à côte dans un plat allant au four bien beurré, parsemer le reste du beurre en surface, arroser avec le bouillon. Introduire dans le four à 210°, laisser cuire 25 minutes.

PRÉSENTATION

Pour servir, découper la poularde en 8 morceaux, les déposer sur un plat de service chaud, disposer les cœurs de laitue tout autour. Présenter à part le contenu de la lèchefrite qui va constituer la sauce.

Conseils

La poularde peut aussi se cuire au four, en ce cas, elle ne demande que 50 minutes à 240° pendant les 15 premières minutes, le four devant être baissé à 210° pour la fin de la cuisson et l'arrosage devant se prévoir de la même façon. On peut la laisser reposer 15 minutes sous feuille d'aluminium, avant de commencer à la découper.

Les cœurs de laitue s'introduisent dans le four à 210° dès qu'on sort la volaille.

CANARD BRAISÉ AUX MONTMORENCY

Pour 6 personnes
1 canard de barbarie
de 1,800 kg
1 bouteille et demie
de vin rouge corsé très
tannique (corbières,
fitou, bandol)
1 bouillon de volaille

PRÉPARATION ET CUISSON

Mettre le canard dans un faitout, l'arroser avec le vin et du bouillon à hauteur. Ajouter le bouquet, la carotte, le navet, l'échalote hachée, l'oignon piqué du clou de girofle, la baie de genièvre pilée, la cannelle, sel et poivre. Amener à frémissement et laisser pocher 30 minutes à partir de ce moment.

I bouquet garni avec
I poireau
I branche de céleri et
2 branches de persil plat
I carotte
I navet
I échalote
I oignon
I clou de girofle
I baie de genièvre
Une pointe de cannelle
en poudre
I kg de cerises
Montmorency
150 g de beurre
I à 2 morceaux de
sucre
Sel, poivre du moulin

10 minutes avant la fin du pochage, préchauffer le four à 240°.

Sortir le canard, le découper en huit parts, les ranger dans un plat à four beurré, parsemer encore quelques noisettes de beurre, introduire dans le four ; au bout de 10 minutes, baisser celui-ci à 180°. Prélever environ 30 cl de jus de cuisson dans le faitout et toutes les 10 minutes environ en prélever un peu pour arroser les morceaux de canard, leur cuisson devant être de 1 heure.

Dans un faitout, mettre les cerises équeutées et dénoyautées, les laisser cuire à frémissement pendant 10 minutes en ajoutant le reste du beurre et le sucre, puis baisser le feu au minimum (au besoin mettre une plaque isolante) pour laisser mijoter lentement.

P R É S E N T A T I O N

Sortir les morceaux de canard du four, les dresser sur le plat de service chaud, les napper avec le contenu du faitout, cerises et jus.

A I G U I L L E T T E S   D E   L A P I N À   L A   P U R É E   D E   P O T I R O N

Pour 6 personnes
3 râbles de lapin
(les reins avec les filets)
I potiron entier de 2 kg
3 litres de lait
125 g de petits
lardons frais
250 g de beurre
18 petits oignons grelots
Une pincée de sucre
en poudre
3 gousses d'ail
2 portions de crème
de gruyère

P R É P A R A T I O N   E T   C U I S S O N

La veille

Saler et poivrer les râbles de lapin sur toutes leurs faces, les entreposer au frais en récipient couvert.

Pour la recette

Enlever une calotte au potiron, la conserver. Prélever toute la chair en éliminant les graisses et les fibres qui les entourent en évitant de crever l'écorce qui servira de récipient pour la présentation.

Couper toute la chair retirée, la couper en gros dés, la mettre dans une grande casserole, la couvrir à hau-

25 cl de crème
fraîche
1 citron
Une pincée de
cannelle en poudre
Une pincée de
gingembre en poudre
Quelques branches de
cerfeuil
Sel, poivre

teur de lait, laisser cuire sur feu doux jusqu'à ce que le potiron s'écrase et commence à se dessécher, sans pour autant le laisser colorer.

Préchauffer le four à 240°. Dans une petite poêle sur feu doux, faire cuire les lardons dans 20 g de beurre. Dans une petite casserole sur feu très doux mettre 20 g de beurre et les petits oignons pelés, couvrir, les laisser cuire tendres en les remuant souvent, en fin de cuisson les poudrer de sucre pour qu'ils se caramélisent légèrement, les égoutter, les laisser en attente, de même égoutter les lardons, dans la poêle dans 20 g de beurre faire cuire les gousses d'ail avec leur pelure jusqu'à ce qu'elles soient tendres, les égoutter.

Une fois le potiron cuit, introduire les râbles de lapin posés dans un plat beurré et couverts de quelques noisettes de beurre, dans le four préchauffé, laisser rôtir 10 minutes, retourner, baisser le four à 210°, terminer la cuisson pendant 15 minutes, laisser en attente.

Pendant ce temps, porter 20 cl de lait à ébullition dans une petite casserole, avec la crème de gruyère jusqu'à ce qu'elle fonde.

Puis préparer la purée : fouetter le reste du potiron en lui incorporant 100 g de beurre, la crème de gruyère fondue, 20 cl de crème fraîche, les lardons, les oignons, rectifier l'assaisonnement. Tenir au chaud au bain-marie.

Couper les filets du lapin en aiguillettes, les envelopper de feuille d'aluminium pour les maintenir chaudes.

Confectionner la sauce : passer au mixeur le quart de potiron mis de côté avec le reste de beurre et le reste de crème fraîche, en ajoutant la moitié du jus du citron, la cannelle, le gingembre, sel et poivre. Le mélange doit être mousseux.

P R É S E N T A T I O N

Pour servir : répartir la sauce sur des assiettes chaudes, poser dessus des aiguillettes de lapin et quelques pluches de cerfeuil. Présenter à part la purée de potiron versée dans l'écorce du potiron et une petite louche pour s'en servir au gré.

Conseils

Il est possible, pendant la préparation de la sauce, de mettre l'écorce du potiron dans le four allumé au plus bas, ainsi que son couvercle, non pour qu'elle cuise (elle ramollirait) mais pour qu'elle soit suffisamment tiède pour conserver la purée chaude.
Ce plat peut s'accompagner de petits croûtons juste toastés ou dorés au beurre.

COMPOTE DE LAPIN AU CHOU

Pour 6 personnes
1 lapin de 1,2 à 1,5 kg au maximum
1 litre de bouillon de volailles soigneusement dégraissé
1/2 bouteille de vin blanc sec
1 carotte
2 échalotes
1 oignon
2 clous de girofle
4 baies de genièvre
3 gousses d'ail
1 bouquet garni
1 chou pommé
36 fines tranches de lard de poitrine maigre pouvant éventuellement être fumé (c'est une question de goût)
4 feuilles de gélatine
Sel, poivre du moulin
+ pour servir une bonne vinaigrette largement enrichie d'herbes aromatiques

Une préparation pouvant être présentée en entrée ou se servir avec une simple salade pour constituer un agréable mets froid pendant les jours chauds de l'été.

PRÉPARATION ET CUISSON
Couper le lapin en 6 morceaux : les 2 cuisses, les 2 pattes avant et le râble coupé en deux. Laisser de côté le foie débarrassé de son fiel et les rognons.
Mettre le lapin dans une cocotte sur feu doux, avec le bouillon, le vin, la carotte émincée, les échalotes hachées, l'oignon coupé, les deux clous de girofle piqués, les baies de genièvre écrasées, l'ail, le bouquet, sel et poivre. Laisser cuire à petits frémissements pendant environ 1 heure 15 à 1 heure 20, la chair devant se détacher des os avec facilité. Introduire 10 minutes avant la fin de cuisson le foie et les rognons.
Pendant ce temps, détacher les feuilles du chou en éliminant les feuilles extérieures, enlever la grosse côte des autres. Les laver, les jeter dans de l'eau salée en ébullition, les égoutter 1 à 2 minutes après la reprise de l'ébullition, les refroidir sous l'eau froide, étaler les 12 plus belles sur une plaque à four, préchauffer celui-ci à 210°. Sur les feuilles, étaler les tranches de lard, côte à côte, arroser avec 2 à 3 cuillerées à soupe du

fraîches assorties,
finement hachées ou
ciselées

jus de cuisson du lapin. Introduire dans le four, laisser cuire 7 à 8 minutes.

Le lapin étant cuit, sortir tous les morceaux, le foie et les rognons, passer le jus au chinois dans une casserole, mettre sur feu doux, laisser réduire à environ 50 à 60 cl. Casser la gélatine en morceaux, la faire tremper dans de l'eau froide pour la ramollir. Lorsque le jus est réduit, rectifier son assaisonnement et lui mêler la gélatine égouttée jusqu'à dissolution. Laisser tiédir mais non refroidir.

Prendre 6 moules à tarte individuels à rebord et anti-adhésifs. Garnir chacun avec une belle feuille de chou. Sur cette feuille, répartir la chair du lapin débarrassée de ses os et effilochée, emplir de jus de lapin, couvrir avec une autre feuille de chou, poser une tranche de lard, arroser à nouveau avec une cuillerée de jus pour glacer. Entreposer également le foie et les rognons enveloppés de film étirable.

PRÉSENTATION

Pour servir, démouler chaque moule sur une assiette froide. Garnir le dessus de la compote de quelques fines escalopes de foie et de rognons. Présenter la vinaigrette à part.

POULE FAISANNE
AUX NAVETS ET AU CHOU

Pour 4 personnes
1 poule faisanne de
1,200 à 1,500 kg, ce
qui est déjà un bon
poids, coupée en
quatre (2 cuisses et
haut de cuisses et
2 ailes avec le filet)
2 carottes
2 oignons
1 échalote

Bien qu'il y ait quelques élevages de faisans en Ile-de-France, on peut encore y trouver ce gibier à l'état sauvage.

PRÉPARATION ET CUISSON

48 heures à l'avance
Saler et poivrer les quartiers de gibier, les mettre dans une terrine avec une carotte, un oignon et l'échalote émincés, une pointe de genièvre écrasé, le poivre en grains, le thym et le laurier émiettés,

1 à 2 baies de
genièvre
Une dizaine de grains
de poivre
1 brindille de thym
2 petites feuilles de
laurier
2 gousses d'ail
15 cl d'huile de pépins
de raisin
Un cœur de chou
pommé
1 kg de navets
100 g de céleri-rave
1 poireau bien blanc
100 g de beurre
1 l de bouillon de
volaille
1 cuiillerée à café de
moutarde blanche
Un petit morceau de
sucre
1 citron
2 branches de cerfeuil
Sel, poivre du moulin

l'ail pilé et l'huile, laisser mariner 48 heures, au frais. Retourner environ toutes les 12 heures.

Pour la recette

Prélever les feuilles du chou, enlever les grosses côtes, les laver, les jeter dans de l'eau salée en pleine ébullition, égoutter 3 minutes après la reprise de l'ébullition, passer sous l'eau froide, égoutter à nouveau.

Éplucher les navets, les couper en rondelles comme s'il s'agissait de pommes de terre à faire sauter.

Sortir les quartiers de poule faisanne de leur marinade, les égoutter. Couper le lard en petits lardons. Couper en brunoise (en dés) la seconde carotte, le second oignon et le morceau de céleri-rave. Faire revenir le gibier en cocotte, sur feu modéré (l'huile de la marinade dont il est recouvert suffit), ajouter les lardons, la brunoise de légumes, les navets, le chou et le blanc seul du poireau émincé, la moitié du beurre et le bouillon. Laisser cuire 20 minutes à couvert, en retournant et en rectifiant l'assaisonnement à mi-cuisson.

Sortir les morceaux de poule faisanne, prélever 5 à 6 cuillerées de jus de cuisson, les mettre dans une petite casserole. Laisser les légumes «composter» à couvert, sur feu très doux.

Ajouter au contenu de la casserole la moutarde, le sucre, le jus du citron, porter à ébullition. Allumer la voûte du four, poser les quartiers de faisan dans la lèchefrite, les arroser avec deux ou trois cuillerées de la sauce de la casserole, introduire sous la voûte ; 1 minute plus tard, arroser à nouveau, puis encore jusqu'à épuisement du jus et caramélisation de la peau du gibier, laisser environ 10 minutes pour que s'effectue le glaçage du faisan.

P R É S E N T A T I O N

Pour servir, poser le sixième des légumes au centre de chacune des assiettes chaudes. Procéder de même pour garnir les autres assiettes. Sur chaque part de légumes, poser un quartier de poule faisanne, l'arroser avec le reste de beurre fondu, parsemer quelques pluches de cerfeuil.

GARENNE AU CIDRE DE BRIE

Pour 6 personnes
2 garennes d'environ
1 kg chacun
1 bouteille de cidre
brut
1 carotte
1 oignon
1 échalote
2 gousses d'ail
1 bouquet garni
comportant 1 branche
de céleri
150 g de beurre
1/2 cuillerée à café de
poivre concassé
50 cl de bouillon de
volaille dégraissé
4 cuillerées à soupe de
miel d'acacia
1 cuillerée à soupe de
crème fraîche
Sel, poivre du moulin

PRÉPARATION ET CUISSON

24 heures à l'avance

Couper chaque garenne en 6 morceaux : 2 cuisses, 2 pattes avant, le râble en deux. Mettre ceux-ci dans une terrine avec le cidre, la carotte, l'oignon, l'échalote émincés, l'ail, le bouquet, le poivre concassé. Laisser mariner en retournant toutes les 6 à 8 heures. Mettre au frais les foies débarrassés de leur fiel et les rognons en les enveloppant sous film étirable.

Pour la recette

Sortir les morceaux de garenne de la marinade, les éponger, les faire revenir en cocotte dans 50 g de beurre pour les dorer sur toutes leurs faces. Jeter la matière grasse. Mouiller avec la marinade et le bouillon, saler. Laisser cuire à frémissement pendant 20 minutes pour un perdreau saignant. Si vous le préferez bien cuit compter le double ou le triple du temps. En fin de cuisson, sortir les garennes de la cocotte, laisser le fond de cuisson réduire sur feu doux. Y mettre les rognons et les foies, les laisser pocher à frémissement 5 minutes. Les retirer.

Allumer la voûte du four. Prélever 4 cuillerées à soupe de jus de cuisson, les mettre dans un bol ; leur ajouter le miel, bien mélanger. En badigeonner tous les morceaux de garenne, les poser dans la lèchefrite, les passer 1 minute sous la voûte, allumer, badigeonner à nouveau et remettre sous la voûte, au moins trois fois de suite.

Pendant cette opération, retirer le bouquet de la cocotte, prélever les légumes de la garniture, les mettre dans le mixeur, passer dessus au chinois le jus de cuisson, ce qui élimine le poivre concassé. Faire tourner l'appareil pour obtenir une purée légère, verser dans une casserole, ajouter le reste du beurre et la crème, porter à frémissement en fouettant, y remettre les foies et les rognons pendant 2 minutes, sans laisser bouillir.

PRÉSENTATION

Pour servir, sur chaque assiette chaude, verser 2 à 3 cuillerées à soupe de sauce. Poser dessus 2 morceaux de garenne, les couvrir d'escalopes, de foie et de rognons. Présenter le reste de sauce en saucière.

Conseil

Servir avec des pâtes fraîches au beurre.

FILET DE CHEVREUIL DES CHASSES DE RAMBOUILLET AUX POIRES LARDÉES

Pour 6 personnes

1 kg de filet de chevreuil bien paré
1 bouteille de vin rouge tannique
2 bonnes cuillerées à soupe de cognac
15 cl d'huile de pépins de raisin
3 citrons
3 oranges à peau fine
1 baie de genièvre
6 à 8 grains de poivre
1 carotte
1 poireau bien blanc
1 oignon
1 bouquet garni
1 barde de lard gras fraîche
6 poires de saison à peine mûres
4 morceaux de sucre

PRÉPARATION ET CUISSON

24 heures à l'avance

Verser 20 cl de vin et le cognac dans une casserole, chauffer sur feu doux, enflammer, laisser refroidir. Frotter le filet de chevreuil avec le gros sel, sur toutes ses faces, le mettre dans une terrine, l'arroser avec l'huile, puis avec le contenu de la casserole. Prélever les zestes des citrons et des oranges, couper en grosse julienne, jeter dans de l'eau en ébullition, égoutter au bout de 2 minutes, mettre dans la terrine. Ajouter la baie de genièvre pilée, les grains de poivre, la carotte, le blanc du poireau et l'oignon grossièrement hachés. Couvrir d'un film étirable, entreposer dans le bas du réfrigérateur, retourner deux ou trois fois en 24 heures.

Pour la recette

Sortir le filet de chevreuil de la marinade, bien l'éponger. L'entourer de la barde ficelée en trois ou quatre endroits sans serrer. Préchauffer le four à 240°.

*3 cuillerées à soupe de
baies de cassis
150 g de beurre
6 tranches très fines
de lard de poitrine
maigre frais
1 cuillerée à café de
gros sel
Sel fin, poivre du
moulin*

Peler les poires en les laissant entières, si possible avec leurs queues. Dans une cocotte, pouvant les recevoir côte à côte, tête-bêche, mais plus grande, verser le reste du vin, le faire chauffer, le flamber. Disposer les poires, ajouter le sucre. Laisser cuire à couvert jusqu'à ce qu'elles puissent se transpercer sans peine avec une aiguille à brider, en les retournant à mi-cuisson, sans les laisser trop se ramollir. Les retirer avec précaution à l'aide de l'écumoire. Les laisser en attente dans la lèchefrite.

Dans leur vin de cuisson, ajouter les baies de cassis débarrassées de leur queue. Laisser en attente.

Poser le chevreuil dans un plat beurré, mettre au four très chaud pendant 10 minutes en l'arrosant à mi-cuisson. Le retirer sans éteindre le four, laisser en attente en le couvrant d'une feuille d'aluminium.

Pendant ce temps, envelopper chaque poire avec une tranche de lard, les remettre dans la lèchefrite. Donner deux ou trois bouillons au contenu de la cocotte, en arroser les poires. Mettre au four et laisser jusqu'à ce que les fruits soient très tendres, le lard étant doré.

Verser la marinade dans la cocotte, porter à bonne ébullition, puis la passer au chinois dans une casserole, laisser à petit feu jusqu'à son utilisation.

Dès que les poires sont prêtes, retirer la barde de chevreuil, le couper en tranches, les disposer sur le plat de service chaud (il doit être saignant) ainsi que les poires. Rectifier le sel et le poivre de la marinade, la fouetter et lui incorporer le reste du beurre. En verser quelques cuillerées sur les tranches de chevreuil.

P R É S E N T A T I O N

Pour servir, présenter avec le plat une saucière avec le reste de marinade et une saucière avec le jus de cuisson des poires.

Conseils

On peut récupérer dans le chinois les zestes d'agrumes pour les ajouter dans la marinade.

En accompagnement, on peut prévoir une purée de céleri-rave.

LÉGUMES

CROSNES EN VERDURE

NAVETS À LA FRENEUSE

RAGOÛT D'ASPERGES ARGENTEUIL

POMMES SOUFFLÉES

GALETTES DE POMMES DE TERRE
AU BLANC DE BRIE

RAGOÛT DE LÉGUMES OUBLIÉS

CÈPES DES FORÊTS DE L'ILE-DE-FRANCE FARCIS
À LA MOELLE DE BŒUF

CROSNES EN VERDURE

Pour 6 personnes
2 kg de crosnes
1 kg de haricots verts
« filets » c'est-à-dire
extrêmement fins et
tendres
Gros sel
2 litres de bouillon
de volaille
100 g de beurre
4 œufs
20 cl de crème fraîche
Sel fin, poivre
du moulin

Les crosnes sont typiquement devenus un légume de la Couronne parisienne, parce que venus de Chine et du Japon, ils ont été acclimatés à Crosnes, un village de l'ancienne Seine-et-Oise qui lui a laissé son nom.

PRÉPARATION ET CUISSON

Épointer les extrémités des crosnes, les enfermer par portions dans un linge avec du gros sel en assez bonne quantité, secouer vigoureusement afin que le frottement du sel et des légumes « épluche » ceux-ci. Les rincer pour éliminer le reste des pelures.

Porter à ébullition le bouillon de volaille, y introduire les crosnes, les laisser cuire à petits bouillons pendant 15 minutes, les retirer avec l'écumoire.

Pendant la cuisson des crosnes, épointer et effiler les haricots verts, les laver, les égoutter. Les mettre dans le bouillon de cuisson du premier légume à ébullition, laisser cuire 5 à 7 minutes (il faut que les haricots soient encore croquants pour avoir la même « mâche » que les crosnes). Les retirer également avec l'écumoire

Passer le bouillon au chinois fin dans une autre casserole, il doit en rester environ 1 litre (la moitié), remettre sur feu doux, en rectifiant l'assaisonnement.

Dans une sauteuse, sur feu doux, dans le beurre, faire étuver légèrement les crosnes en les retournant.

Dans un bol, délayer les jaunes des œufs avec la crème, verser peu à peu en mince filet dans le bouillon en remuant avec une spatule, en raclant bien le fond du récipient, jusqu'à épaississement (exactement comme on prépare une crème anglaise).

Y remettre les crosnes égouttés et les haricots.

PRÉSENTATION

Servir dans un récipient creux, avec des assiettes de service creuses et chaudes.

NAVETS À LA FRENEUSE

Pour 6 personnes
2,5 kg de navets longs
de préférence,
et jeunes.
1 litre de bouillon de
légumes
200 g de beurre
15 cl de crème fraîche
2 cuillerées à soupe
d'huile d'arachide
2 à 3 branches de
cerfeuil
Sel fin, poivre
du moulin

Les navets du village de Freneuse étaient naguère les plus réputés, ils avaient même donné leur nom à une garniture à base de navets, par exemple caneton à la Freneuse. Aujourd'hui les navets font toujours partie des cultures maraîchères de l'Ile-de-France.

PRÉPARATION ET CUISSON

Éplucher 500 g de navets, les couper en morceaux, les faire cuire environ 1 heure dans le bouillon. Les retirer avec l'écumoire, les passer au moulin à légumes dans une autre casserole. Ajouter quelques cuillerées de leur bouillon de cuisson pour que la purée ne soit pas trop épaisse (attention, elle ne doit pas être liquide). Lui ajouter encore 100 g de beurre et la crème, placer sur feu moyen et laisser réduire 5 minutes en battant ; saler et poivrer. Maintenir au chaud au bain-marie.

Éplucher le reste des navets, les émincer finement (l'opération est plus facile avec des navets longs qu'avec des navets ronds), les faire sauter à cru dans une poêle large, comme s'il s'agissait de pommes de terre, dans l'huile à laquelle on ajoute le reste de beurre. Les retourner en les salant et poivrer. Les tranches doivent être bien dorées, les déposer sur du papier absorbant qui absorbera leur excès de matière grasse.

PRÉSENTATION

Pour servir, allumer la voûte du four, répartir la crème de navet tenue au bain-marie dans les assiettes chaudes (le fond de celles-ci doit être bien nappé). Disposer dessus des tranches de navet selon le gré, passer sous la voûte quelques secondes, parsemer quelques pluches de cerfeuil à la sortie du four et présenter sans attendre.

Conseil

Le passage sous la voûte du four est très rapide, ce qui permet de procéder assiette par assiette, ou par deux assiettes à la fois, selon la taille du four ou celle des assiettes.

Ragoût d'asperges Argenteuil

Pour 6 personnes
*4 kg d'asperges
moyennes de Dourdan
(où l'asperge est
encore cultivée) ou
de Vineuil
170 g de beurre
25 cl de fond de veau
15 cl de jerez sec
(xérès)
1 orange à jus
Sel, poivre du moulin*

Les asperges d'Argenteuil figurent certainement parmi les plus connues de France, elles ont été obtenues pour la première fois à partir de greffons de Hollande, au XVIIIe siècle, et c'est à partir de greffons d'Argenteuil que La Quintinie, jardinier du roi, put obtenir des asperges en couche à Versailles. Plus tard, lors du siège de Paris en 1870, un gendarme du Loir-et-Cher, engagé dans les « mobiles » pour défendre Paris, remarqua alors dans les champs des plantes inconnues, on lui confia qu'il s'agissait d'asperges montées, il en goûta d'autres et enthousiasmé ramena des greffons dans son village de Saint-Claude-de-Dinay près de Vineuil. Arrivé à l'âge de la retraite, il fit de sa culture sa principale occupation, avec succès puisqu'il s'agit aujourd'hui de l'asperge labellisée « de Vineuil ». Il y a encore seulement quelques années les deux productions d'Argenteuil étaient l'asperge et le piccolo, un vin qui eut ses heures de noblesse et s'accordait fort bien avec l'asperge.

PRÉPARATION ET CUISSON

Éplucher les asperges avec l'économe (il ne suffit pas de les gratter), en partant du dessous de la pointe, jusqu'à la base du turion. Éliminer à la base un tronçon de 3 cm environ (toujours dur). Prélever la partie pointe, régulièrement en coupant à 5 cm. Émincer le reste des turions en fines rondelles.

Porter à gros bouillons de l'eau salée, y plonger les pointes, laisser cuire 5 à 7 minutes, selon leur grosseur, les égoutter, les laisser refroidir.

À la poêle, dans 100 g de beurre, faire sauter les rondelles de turions, environ 5 minutes, en salant et poivrant. Égoutter, laisser en attente.

Dans une casserole ou une petite sauteuse, verser le fond de veau, le laisser réduire d'un tiers. Lui ajouter

50 g de beurre, le jerez préalablement flambé et le jus de l'orange, laisser à bon frémissement pendant 10 minutes. Ajouter les rondelles de turions, les laisser réchauffer à frémissement 1 à 2 minutes.

Pendant ce temps, faire chauffer 20 minutes le beurre dans la poêle, y mettre les pointes d'asperge, les retourner une fois ou deux sans les briser.

PRÉSENTATION

Pour présenter, répartir le contenu de la casserole ou de la sauteuse sur les assiettes chaudes, disposer dessus des pointes en rayons de soleil.

POMMES SOUFFLÉES

Elles sont nées au Pecq en 1837, le jour où l'on imaginait la première ligne de chemin de fer devant relier plus tard Paris à Saint-Germain-en-Laye. Le terminus était le débarcadère du Pecq (en ce temps-là on ne disait pas encore gare).

Un restaurateur du Pecq avait été chargé par la Compagnie de recevoir les invités à l'arrivée, parmi lesquels figurait, dit-on, le roi Louis-Philippe et la reine Amélie. Il avait prévu des pommes de terre frites. Hélas le train n'arrivait pas à gravir la rampe terminale, on s'y reprit en plusieurs fois, et les frites prévues pour l'heure dite avaient refroidi. Le restaurateur commençait à éplucher d'autres pommes de terre pour refaire une autre fournée lorsqu'on vint lui annoncer qu'enfin le train était là. Désemparé, il remit les frites froides dans le bain chaud et chacun fut émerveillé par les belles pommes soufflées.

Á l'époque le phénomène intrigua et on consulta l'illustre chimiste Chevreul qui l'expliqua, et que les cuisiniers de l'époque traduisirent ainsi :

PRÉPARATION ET CUISSON

Choisir des pommes de terre moyennes d'égale taille, afin d'avoir des rondelles de même diamètre. Les peler aussi finement que possible car la fécule est plus abondante dans les parties extérieures du légume, ce qui ultérieurement aidera à ce que les bords extérieurs restent soudés emprisonnant l'air.

Tailler des rondelles d'égale épaisseur régulière de 3 mm disent les uns, de 4 mm disent les autres.

Choisir le bain de friture (à cette époque, on utilisait de la graisse de rognon de cheval ou de bœuf); la nature du corps gras ne semble pas jouer pourvu qu'il puisse être monté à 190-200 ° sans qu'il atteigne son point de fumée. Au départ, le faire chauffer à 140 °, introduire une certaine quantité de pommes de terre pour qu'elles baignent à l'aise; cuire 7 minutes en vannant le bain, les pommes de terre étant alors cuites et molles, on les retire. Au moment de les servir on réchauffe le bain à 190 °, on remet des pommes refroidies, par petite quantité à la fois afin qu'il ne se produise plus aucun refroidissement du bain.

Dès qu'elles sont gonflées par la volatilisation de leur eau intérieure, et dorées, les retirer, les mettre sur serviette, les servir aussitôt, en les salant ou non selon le goût ou selon ce qu'elles accompagnent.

GALETTES DE POMMES DE TERRE AU BLANC DE BRIE

Pour 6 personnes
6 grosses pommes
de terre (ou Belle
de Fontenay, ou
BF 15, ou Rosevald),
devant toutes être
de taille égale

Pendant fort longtemps, le caillé destiné à la fabrication du fromage de Brie a été vendu, avant d'être affiné, aux pâtissiers et traiteurs car il entrait dans la confection des pâtes à pâtisserie. L'habitude s'en est perdue, mais le fromage blanc toujours présent dans les diverses régions fromagères de la Seine-et-Marne

*36 tranches fines
de poitrine maigre
de lard légèrement
fumé
6 cuillerées à soupe
bien pleines
de fromage blanc non
battu et bien égoutté
6 bonnes cuillerées à
soupe de crème
fraîche épaisse
Sel, poivre du moulin*

ne doit pas être oublié, à condition de rester un «caillé» c'est-à-dire de ne pas être battu, et d'être bien égoutté.

PRÉPARATION ET CUISSON

Prendre six moules anti-adhésifs à léger rebord et assez larges (moules à tartes individuelles), garnir chacun avec 6 tranches de lard disposées en rayons de soleil, en les laissant dépasser.

Éplucher les pommes de terre, les laver.

Dans un bol, mêler la crème au fromage frais, en salant et poivrant (attention au sel à cause du lard).

Prendre une pomme de terre, l'essuyer, la couper en rondelles transversales, aussi fines que possible, en disposer la moitié dans le moule, en les chevauchant légèrement (le fond du moule doit être couvert). Au centre, mettre 2 cuillerées à soupe de mélange fromage blanc-crème, en l'étalant légèrement. Couvrir avec une autre couche de rondelles de pommes de terre, également chevauchées légèrement. Rabattre sur les pommes de terre le lard qui dépasse. Donner un tour de moulin à poivre en surface.

Préchauffer le four à 210 °. Préparer un second moule de façon identique et un troisième. Donner à chacun un tour de moulin à poivre. Introduire les trois moules dans le four, pendant leur cuisson (20 minutes) préparer les trois derniers. Pendant la cuisson de ceux-ci, maintenir les premiers au chaud, éventuellement les remettre 1 à 2 minutes au four lorsqu'on sert les derniers.

Pour servir, démouler sur assiettes chaudes.

Conseils

Ces galettes s'accompagnent fort bien d'une salade verte de saison, surtout d'une salade rustique, par exemple une salade de petits pissenlits sauvages.

On peut également déposer sur chaque galette démoulée une petite cuillerée de crème fraîche épaisse salée et poivrée.

RAGOÛT DE LÉGUMES OUBLIÉS

Pour 6 personnes
500 g de panais
500 g de cerfeuil
bulbeux (on dit encore
tubéreux)
500 g de racines
de persil
1 poireau bien blanc
1 carotte
1 branche de céleri
1 navet
20 g de beurre
20 cl de crème fraîche
10 cl de vinaigre
de vin (de préférence
de vin blanc)
2 à 3 branches
de cerfeuil
Sel, poivre du moulin

Ces légumes oubliés sont ceux de nos mères ou grand-mères. Délaissés pendant plusieurs décennies, ils ont été remis au goût du jour par certains jeunes cultivateurs ; il y en a beaucoup en Ile-de-France, dans la grande couronne parisienne.

PRÉPARATION ET CUISSON

Éplucher les légumes (panais, cerfeuil bulbeux, racines de persil). Les laver, les plonger dans de l'eau salée en ébullition, laisser cuire à très petits bouillons pendant 20 minutes. Les laisser refroidir dans leur cuisson. Éplucher le poireau en ne conservant que 5 cm de vert, la carotte, le céleri et le navet. Laver, découper en fine julienne. Les faire sauter à la poêle dans le beurre, en secouant souvent le récipient pour les retourner et en salant et poivrant. Environ 7 à 8 minutes de cuisson. En même temps : égoutter les premiers légumes, les couper en gros dés. Dans une casserole verser la crème et le vinaigre, porter à ébullition ; introduire les légumes en dés et la julienne, laisser mijoter sans bouillon, à bon frémissement pendant 5 minutes.
Rectifier l'assaisonnement. Verser dans le plat de service. Parsemer de pluches de cerfeuil.

Remarque

Une excellente garniture pour des côtelettes ou un rôti de porc.

Cèpes des forêts de l'Ile-de-France farcis à la moelle de bœuf

Pour 6 personnes
6 très gros cèpes
au large chapeau
et de préférence
aux spores bien claires
1 carotte
1 belle tranche
de céleri-rave
1 échalote
1 gousse d'ail
50 g de beurre
250 g de moelle
fraîche de bœuf pesée
sans les os
10 cl d'huile de pépins
de raisin
Sel fin, poivre
du moulin
Gros sel
Ciboulette
pour le service

Pour la vinaigrette
6 cuillerées à soupe
d'huile d'arachide
1 cuillerée à café
de moutarde de Meaux
1 cuillerée à soupe
de vinaigre de vin
1 citron
Sel, poivre du moulin

PRÉPARATION ET CUISSON

Détacher le pied des cèpes, les éplucher avec soin, les couper en dés, couper également en dés la carotte et la tranche de céleri épluchée sur son pourtour. Mélanger tous les dés et les faire suer dans 50 g de beurre, à couvert dans une petite sauteuse, pendant 2 minutes, ajouter l'échalote et l'ail finement hachés ; cuire encore 6 minutes en secouant souvent le récipient. Laisser en attente.

Mettre la moelle dans une casserole d'eau salée, porter à frémissement, la laisser cuire sans gros bouillons jusqu'à ce qu'elle soit translucide. L'égoutter, l'écraser à la fourchette, la mêler au contenu de la sauteuse, saler et poivrer.

Avec un linge fin humide, essuyer le dessus des chapeaux des cèpes (ceux-ci ne doivent pas être lavés), si la fine pellicule brune qui les recouvre se roule sur elle-même sur tout le pourtour, la couper. Regarder les spores sous le chapeau, si elles sont beige clair, les laisser, si elles sont vertes, les retirer en veillant à ne pas briser les chapeaux. Les saisir dans un récipient large (poêle ou sauteuse, ou dans deux poêles car ils doivent rester côte à côte sans se chevaucher), dans l'huile bien chaude, posés sur leur dessus ; laisser environ 5 minutes puis les retourner avec précaution et redonner 5 minutes de cuisson. Égoutter soigneusement.

Répartir la farce à la moelle dans les chapeaux, les passer 5 minutes à la vapeur (le mieux est de procéder en deux fournées).

Pendant ce temps, préparer la vinaigrette. Dans un bol, verser l'huile, y délayer la moutarde, fouetter en incorporant le vinaigre, du jus de citron à volonté, sel et poivre.

PRÉSENTATION

Pour servir, sur chaque tête de cèpe farcie, parsemer quelques grains de gros sel et un peu de ciboulette ciselée.

DESSERTS

Salade de légumes et fruits
du potager du Roy

Poires franciliennes au noyau de Poissy

Framboises de Feucherolles à la crème
glacée à la vanille

Brioche de Nanterre à la confiture
de cerises et de groseilles

Glace aux macarons des couvents au miel
de l'Île de la Jatte

SALADE DE LÉGUMES ET FRUITS DU POTAGER DU ROY

Pour 6 personnes
1 côte de potiron
1 navet
1 carotte
2 clémentines
1 orange
2 tranches d'ananas
1 poire
1 pomme
1 banane
100 g de beurre
*2 cuillerées à soupe
de sucre en poudre*
*20 cl de Grand
Marnier*

Le Potager du Roy, à Versailles, ne vit pas que du souvenir de son passé royal, au temps où les grands horticulteurs, arboriculteurs et jardiniers essayaient d'y transplanter les plantes de toutes natures qui leur étaient apportées par les ambassadeurs ou les grands voyageurs des pays lointains. Aujourd'hui encore il produit des spécimens choisis de fruits ou de légumes et continue à étudier les espèces.

PRÉPARATION ET CUISSON

Éplucher le potiron en éliminant soigneusement l'écorce, les graines et les fibres les retenant, le navet, la carotte, les clémentines et l'orange en débarrassant les quartiers de leur peau et de leurs pépins, la poire et la pomme en éliminant le cœur dur et les pépins, la banane en retirant les parties talées s'il y en a. Couper le tout en petits dés, les faire sauter dans le beurre, dans une poêle, sur feu assez vif, en les poudrant du sucre, environ 2 minutes, le temps qu'ils caramélisent légèrement. Pendant ce temps, verser le Grand Marnier dans une petite casserole, le flamber. En arroser les fruits hors du feu, les retourner pour qu'ils s'enrobent bien. Les servir en assiettes creuses.

Conseil

On peut oser proposer en même temps une petite boule de glace à la vanille poivrée, ce sera un exquis résultat gustatif.

POIRES FRANCILIENNES AU NOYAU DE POISSY

Pour 6 personnes
6 belles poires en
début de maturité,
sans trop
Une demi-bouteille de
Noyau de Poissy
(37,5 cl)
150 g de beurre

PRÉPARATION ET CUISSON

Peler les poires (on peut leur laisser la queue). Les ranger côte à côte, tête-bêche, dans une cocotte juste à la taille pour les recevoir, et pas trop haute.

Dans une casserole, verser la moitié du Noyau de Poissy, le flamber, en arroser les poires. Flamber également l'autre moitié, verser sur les poires. Ajouter le beurre, couvrir, et laisser «compoter» à chaleur très douce, en retournant au bout de 10 minutes, très rapidement pour recouvrir tout de suite afin d'éviter l'évaporation. Veiller en fin de cuisson à ce que les poires n'attachent pas, le Noyau de Poissy devant devenir légèrement sirupeux, sans plus.

Servir chaud.

Conseil

On peut accompagner d'une crème glacée aux macarons.

FRAMBOISES DE FEUCHEROLLES À LA CRÈME GLACÉE À LA VANILLE

Pour 6 personnes
1,5 kg de framboises

Pour la crème glacée
75 cl de lait entier
150 g de sucre en poudre

Une préparation de dernière minute, à terminer à table

PRÉPARATION ET CUISSON

Commencer par la crème glacée : elle doit être servie à la fin de son tournage en sorbetière, sans avoir connu le froid de la réfrigération.

Dans une casserole, sur feu doux, porter à ébullition

7 œufs
60 g de sucre vanillé
15 cl de crème fraîche

le lait avec 120 g de sucre semoule, en remuant de temps à autre pour bien le dissoudre. Laisser légèrement tiédir.

Pendant ce temps, dans une terrine, fouetter les jaunes des œufs avec le reste de sucre en poudre et 40 g de sucre vanillé, jusqu'à ce que la préparation devienne lisse et nappante, les grains du sucre n'étant plus perceptibles. Continuer à fouetter en incorporant peu à peu, en mince filet, le contenu de la casserole.

Reverser dans le récipient, placer sur feu doux et laisser épaissir sans faire bouillir, en remuant pratiquement sans cesse, tout en raclant bien le fond du récipient.

Laisser refroidir en remuant de temps à autre afin d'éviter qu'une peau se forme. Passer au chinois dans la sorbetière, ajouter la crème, laisser tourner selon le mode d'emploi de l'appareil. Lorsqu'il s'arrête, laisser la glace sans la transférer dans le meuble de grand froid, elle doit être servie quasiment à consistance de pommade.

Pendant ce temps, trier les framboises, les mettre dans un compotier, les écraser à la fourchette. Ajouter le reste de sucre vanillé.

P R É S E N T A T I O N

Pour présenter transvaser la crème glacée dans un pot verseur, l'amener à table. Amener également les framboises. Battre vivement celles-ci à la spatule en incorporant peu à peu le contenu du pot. Servir aussitôt sur assiettes froides, en moulant la préparation en quenelles, entre deux cuillères.

BRIOCHE DE NANTERRE À LA CONFITURE DE CERISES ET DE GROSEILLES

Pour 6 personnes

Pour la confiture
2 kg de cerises
1 kg de groseilles
rouges
1 citron
1 orange
2,5 kg de sucre
cristallisé
Une pointe de couteau
de gingembre en
poudre
1 clou de girofle
Poivre du moulin

Pour la brioche
500 g de farine
type 55
20 g de levure de
boulanger (aujourd'hui
levure biologique)
10 g de sel fin
50 g de sucre en
poudre
7 œufs de 55 g
300 g de beurre
Un peu de farine pour
le façonnage
Un moule genre moule
à cake de 1,5 l

Cette brioche a été aussi populaire en son temps que le pain de Gonesse. En fait on peut facilement la remettre au goût du jour puisqu'elle n'est qu'un simple «façonnage» de la pâte à brioche. Les cerises de la confiture régalent toujours les oiseaux de l'Île-de-France, et les groseilles de Versailles sont restées une référence de variété fort appréciée.

PRÉPARATION ET CUISSON

L'avant-veille
Confectionner d'abord la confiture.

Dans une bassine à cet usage, verser 15 cl d'eau, ajouter le sucre, le gingembre, le clou de girofle, quatre tours de moulin à poivre. Laisser le sucre fondre.

Laver les cerises, les équeuter, les dénoyauter. Lorsque le sucre sera fondu, introduire ces fruits dans la bassine, laisser cuire.

Laver les groseilles, les égrapper en les passant à travers les dents d'une fourchette, dans une petite sauteuse. Placer celle-ci sur feu doux, à sec sans autre ingrédient, juste pour faire éclater les fruits. Les écraser grossièrement avec la fourchette, les joindre au contenu de la bassine.

Remuer de temps à autre avec une spatule en bois. Lorsque la masse devient épaisse, remuer de plus en plus souvent, retirer le clou de girofle, ajouter le jus du citron et celui de l'orange. Sur une soucoupe très froide (on peut l'entreposer à l'avance au réfrigérateur) laisser tomber une goutte de confiture, si elle fige immédiatement la cuisson est terminée, si elle s'étale, il faut la poursuivre.

La mettre en pots, laisser refroidir, entreposer au réfrigérateur.

La veille
Préparer la pâte à brioche.
Dans une terrine, verser les deux tiers de la farine, creuser en puits. Dans le creux, émietter la levure, en délayant avec le bout des doigts, verser peu à peu 7,5 cl d'eau tiède. Ajouter le sel et le sucre. Couvrir avec le reste de farine, laisser en attente environ 30 minutes. Du bout des doigts, creuser à nouveau un puits, casser dans le creux 6 œufs un à un, en incorporant au fur et à mesure la farine. Continuer à travailler la pâte jusqu'à ce qu'elle se décolle d'elle-même du récipient. Incorporer alors 250 g de beurre ramolli en pommade, travailler la pâte jusqu'à ce qu'elle soit bien lisse. Façonner la pâte en boule, la poudrer d'un peu de farine. Couvrir le récipient avec un linge humide, laisser doubler de volume.
Avec les mains farinées, faire retomber la pâte en la retravaillant. La refaçonner en boule et l'entreposer, récipient couvert, dans le bas du réfrigérateur.

Le jour même, la brioche devant se déguster tiède
Beurrer largement le moule. Diviser la pâte en 6 boules d'égale grosseur. Poser celles-ci côte à côte dans le moule. Laisser ce dernier en attente à température ambiante jusqu'à ce que la pâte atteigne le bord supérieur.
Au pinceau, dorer la surface avec le dernier œuf à battre. Avec des ciseaux trempés dans de l'eau froide, pratiquer en surface une entaille au sommet de chaque boule. Laisser encore en attente 15 minutes, le temps de préchauffer le four à 210 °.
Introduire dans le four. Laisser cuire 40 minutes. À la sortie du four, démouler sur une grille, laisser tiédir.

P R É S E N T A T I O N

Couper des tranches de brioche et les tartiner de la confiture, ou servir la confiture en ramequins ou sur assiette et proposer à part les tranches de brioche.

GLACE AUX MACARONS DES COUVENTS AU MIEL DE L'ÎLE DE LA JATTE

Pour 6 personnes
75 cl de lait entier
75 cl de sucre en
poudre
75 g de miel
10 œufs
15 cl de crème fraîche
200 g de macarons
moelleux préparés
artisanalement
(achetés chez un bon
pâtissier, les macarons
industriels conviennent
moins bien.)

Les macarons ont été des préparations de couvents, se transmettant de lieux en lieux ; dans le Paris d'autrefois, les couvents occupaient une grande place, avant que l'urbanisation les déloge. Paris a toujours eu son miel, il s'y trouve encore des ruches, même de nos jours, ainsi peut-on en saison acheter du miel des jardins du Luxembourg ou du miel de l'Île de la Jatte à Neuilly.

PRÉPARATION ET CUISSON

Dans une casserole, sur feu doux, porter à ébullition le lait avec le sucre semoule, en remuant de temps à autre pour bien le dissoudre. Laisser légèrement tiédir, mélanger le miel. Pendant ce temps, dans une terrine, battre les œufs en éliminant les germes. Fouetter en incorporant peu à peu, en mince filet, le contenu de la casserole, jusqu'à ce que la préparation devienne nappante. Reverser dans le récipient, placer sur feu doux et laisser épaissir sans faire bouillir, en remuant pratiquement sans cesse, tout en raclant bien le fond du récipient. Laisser refroidir en remuant de temps à autre afin d'éviter la formation d'une peau. Passer au chinois dans la sorbetière, ajouter la crème, laisser tourner selon le mode d'emploi de l'appareil, pendant seulement la moitié du temps nécessaire.
Arrêter la sorbetière. Ajouter à la préparation les macarons grossièrement concassés. Remettre en marche pour le temps manquant à la solidification de la glace. Dès que la sorbetière s'arrête, laisser en attente sans mettre au grand froid.

PRÉSENTATION

Pour servir, mouler en quenelles entre deux cuillères.

LES RECETTES RÉGIONALES

RÉINVENTÉES PAR GUY SAVOY

Tarte à l'échalote confite
et au ris de veau

Chou-fleur à la purée de cresson

Beignets de crosnes

Bouchées de petits navets
aux champignons

Bouchées de champignons de Paris
à la purée d'ail

Poires au poivre et à la menthe de Milly

TARTE À L'ÉCHALOTE
CONFITE ET AU RIS DE VEAU

Pour 4 personnes

Pour la garniture
200 g d'échalotes
150 g de beurre
1 ris de veau de 200 g
10 cl de vinaigre
de vin rouge
10 cl de crème fraîche
2 jaunes d'œuf
Sel et poivre

**Pour le fond
de tarte**
125 g de farine
80 g de beurre
1 jaune d'œuf
2 g de sel

PRÉPARATION ET CUISSON

Le fond de tarte
Si l'on dispose d'un mixeur : mélanger tous les ingrédients en même temps avec 1 cuillerée à soupe d'eau (5 cl) durant 30 secondes. Laisser reposer 1 heure au réfrigérateur avant l'emploi.

Sans mixeur : faire un tas de farine et y creuser un petit trou dans lequel on versera le jaune d'œuf, la cuillerée à soupe d'eau, le sel, le beurre malaxé en pommade. Bien mélanger le tout sans trop travailler la pâte de façon qu'elle conserve une consistance « sablée ».
Étaler la pâte, garnir le moule, faire quelques petits trous au fond afin que l'air s'échappe sans former de cloques et cuire à blanc, c'est-à-dire sans laisser dorer la pâte.

La garniture de la tarte
Peler les échalotes.
Faire fondre dans une casserole 60 g de beurre, ajouter les échalotes et les confire à feu très doux (sans la moindre ébullition) pendant environ 45 minutes.
Les retirer ensuite du beurre et les égoutter quelques instants sur un papier absorbant avant de les écraser en purée à la moulinette. Incorporer 10 cl de crème fraîche, 2 jaune d'œufs, sel et poivre et bien mélanger au fouet.
Découper le ris de veau en petits cubes de 1 cm de côté et les poêler très vivement dans du beurre, juste le temps de les saisir et de les colorer.
Verser alors dans la poêle 10 cl de vinaigre de vin rouge. Bien gratter le fond avec une spatule en bois pour décoller les sucs qui ont pu y attacher et les mélanger à la sauce. Poursuivre la cuisson quelques instants, le temps que le vinaigre réduise et forme une sauce relativement épaisse qui enrobe et glace les morceaux de ris de veau.

Verser alors les ris de veau dans le fond de tarte.
Ajouter par-dessus la purée d'échalotes et cuire au four
15 minutes à 180 °.

PRÉSENTATION

Juste avant de servir, napper le dessus de la tarte avec
une cuillerée à soupe de beurre fondu.

CHOU-FLEUR À LA PURÉE DE CRESSON

Pour 4 personnes
1 chou-fleur
2 bottes de cresson
20 cl de crème fraîche
30 g + 40 g de
beurre
Sel et poivre
Un peu d'estragon
frais

PRÉPARATION   ET   CUISSON

Séparer le chou-fleur en petits bouquets. Le laver, puis
le cuire 4 à 5 minutes dans une grande casserole d'eau
légèrement salée en ébullition. Lorsqu'il est cuit, l'égoutter d'abord dans une passoire, puis sur un torchon.
Couper le cresson en haut des tiges. Le plonger 5 minutes
dans une casserole d'eau salée en ébullition. Stopper la
cuisson en le plongeant dans de l'eau très rafraîchie avec
des glaçons. L'égoutter, puis le broyer au mixeur.
Dans une petite casserole, faire bouillir 20 cl de crème
fraîche jusqu'à ce qu'elle ait réduit d'environ un quart,
devenant, lorsqu'on l'écarte du feu, plus onctueuse.
Chauffer 40 g de beurre dans une casserole moyenne
jusqu'à ce qu'il devienne couleur noisette. Jeter la
purée de cresson dedans ainsi que la crème réduite.
Saler, poivrer et bien mélanger avec une spatule en
bois ou à la fourchette.
Dès que la purée a absorbé tout le beurre, baisser le
feu et couvrir.
Chauffer le chou-fleur dans une sauteuse avec 30 g de
beurre.

PRÉSENTATION

Verser la purée de cresson dans le plat de service.
Disposer les petits bouquets de chou-fleur par-dessus.
Saupoudrer d'estragon haché.

BEIGNETS DE CROSNES

Pour 4 personnes
400 g de crosnes

**Pour la pâte
à frire**
50 g de farine
1 cuillerée à entremets
d'huile
Une demi-cuillerée à
entremets d'eau tiède
2 à 3 g de levure
1 blanc d'œuf
Sel

PRÉPARATION ET CUISSON

Commencer par la pâte à frire. Utiliser une terrine ronde qui aura été préalablement chauffée en la trempant dans un récipient d'eau bouillante. Mettre d'abord l'eau, la levure et le sel. Faire fondre ces deux ingrédients, puis ajouter l'huile et la farine. Bien travailler du bout des doigts jusqu'à obtention d'une pâte claire. Laisser reposer 2 heures dans un endroit chaud. Juste avant de l'utiliser, incorporer le blanc d'œuf battu en neige.

Cuire les crosnes à l'eau environ 5 à 7 minutes de façon qu'ils demeurent encore un peu fermes, bien craquants sous la dent.

Les plonger dans l'eau très froide pour stopper la cuisson, puis tout de suite après, les égoutter et les sécher dans un torchon.

Les rouler dans la pâte et les plonger dans la friture à 180 ° jusqu'à ce que les beignets soient bien dorés. Égoutter quelques instants sur du papier absorbant de manière à retirer le maximum d'huile.

Saler et servir tout de suite.

BOUCHÉES DE PETITS NAVETS AUX CHAMPIGNONS

Pour 4 personnes
800 g de navets
100 g de beurre
200 g de champignons
de Paris
Une demi-échalote
Sel et poivre

PRÉPARATION ET CUISSON

Bien peler les navets à l'aide d'un couteau et non d'un économe car ils ont une double épaisseur de peau à retirer.

Les mettre dans une casserole d'eau froide. Porter à ébullition et les laisser alors blanchir 3 minutes.

Les égoutter et les évider avec la pointe d'un économe

de façon à réaliser une petite cavité que l'on garnira ensuite de champignons.

Ranger les navets dans un plat beurré, la cavité vers le haut. Ajouter de l'eau presque jusqu'en haut des navets mais sans les immerger complètement. Saler légèrement, couvrir avec une feuille de papier sulfurisé et mettre au four.

La cuisson se vérifie en enfonçant une pointe de couteau dans le navet qui ne doit plus être ferme, mais moelleux.

Pendant la cuisson des navets, laver les champignons, les égoutter, les hacher en tout petits morceaux.

Hacher finement la demi-échalote. Mettre celle-ci dans une casserole avec une petite noix de beurre et lui faire rendre son eau de végétation. Lorsqu'elle est translucide, ajouter les champignons hachés. Saler, poivrer. Remuer régulièrement avec une spatule en bois. Les champignons vont d'abord rendre leur eau de végétation. Les cuire jusqu'à ce que cette « farce » commence à devenir un peu sèche.

Retirer les navets du four. Les égoutter et les garnir de champignons pour les servir.

BOUCHÉES DE CHAMPIGNONS DE PARIS À LA PURÉE D'AIL

Pour 4 personnes
16 champignons
de même taille :
environ 3 à 4 cm
de diamètre
10 gousses d'ail
20 cl de crème fraîche
1 foie de volaille
(facultatif)

Accompagnement recommandé pour une volaille, une viande poêlée ou du veau.

PRÉPARATION ET CUISSON

Mettre les gousses d'ail en chemise dans une casserole d'eau froide et porter à ébullition. Laisser bouillir 2 minutes, puis égoutter et recommencer la même opération deux autres fois. Cela est destiné à obtenir, à

Un demi-jus de citron
1 cuillerée à café
de persil frais haché
Beurre
Sel, poivre

la troisième cuisson, une eau propre dans laquelle, cette fois, on pourra laisser cuire les gousses d'ail une dizaine de minutes.

Égoutter les gousses, les peler et passer à la moulinette pour obtenir une purée bien fine.

Pendant la cuisson de l'ail, laver les champignons et séparer les pieds des chapeaux. Ranger ces derniers dans une sauteuse, la tête en bas, ajouter quelques noisettes de beurre, un filet de jus de citron, et cuire à feu doux une dizaine de minutes. On mettra un couvercle sur la sauteuse durant les trois premières minutes de façon que les champignons rendent plus facilement leur eau de végétation.

Hacher très fin les pieds de champignons et les cuire de la même manière que les chapeaux dans une petite casserole avec un peu de beurre : à couvert d'abord, puis à découvert jusqu'à obtention d'une purée relativement sèche.

Si les bouchées sont destinées à accompagner une volaille on pourra hacher finement le foie cru de celle-ci et l'incorporer à la purée de champignons à mi-cuisson.

Dans le même temps on aura fait bouillir la crème fraîche dans une casserole jusqu'à ce qu'elle ait réduit d'un quart et soit devenue (hors du feu) bien onctueuse.

Mélanger la purée de champignons, le persil haché, la purée d'ail et la crème réduite. Si la purée obtenue est trop liquide, faire réduire quelques instants sur un petit feu en remuant régulièrement.

Garnir les chapeaux de champignons de cette purée, les ranger dans un plat et les passer au four 5 minutes juste avant de servir.

POIRES AU POIVRE ET À LA MENTHE DE MILLY

Pour 4 personnes

4 poires
1 citron
300 g de sucre
70 cl d'eau
30 cl de vin blanc sec
10 grains de poivre
concassés
8 feuilles de menthe
fraîche de Milly

PRÉPARATION ET CUISSON

Peler les poires, les couper en deux, les évider et les citronner aussitôt pour éviter qu'elles noircissent.

Dans une casserole, porter à ébullition l'eau, le sucre, le vin blanc et le poivre.

Plonger les poires dans ce sirop et cuire à petits bouillons 10 minutes. Plonger la pointe d'un couteau dans la poire pour vérifier la cuisson. On doit sentir une résistance régulière.

Au terme de la cuisson, laisser refroidir.

Dans une casserole d'eau bouillante, blanchir les feuilles de menthe. Les retirer au premier bouillon et les éponger sur du papier absorbant.

PRÉSENTATION

Disposer les poires et le sirop dans un grand saladier et décorer chaque demi-poire d'une feuille de menthe. Servir très frais.

GUIDE
DES ADRESSES

AROMATES ET CONDIMENTS

ORGANISMES PROFESSIONNELS

Conservatoire national des
plantes médicinales,
aromatiques et industrielles
Tél. 64 98 83 77
Route de Nemours
91490 Milly-la-Forêt

Institut technique des plantes
médicinales, aromatiques et
industrielles, ITEPMAI
Tél. 41 30 30 79
Route d'Angers
49120 Chemillé

Office national
interprofessionnel des plantes à
parfums, aromatiques et
médicinales, ONIPPAM
Tél. 92 79 34 46
B.P. 8
04300 Voix

Fédération des industries
condimentaires de France
Tél. (1) 45 22 56 05
8, rue de l'Isly
75008 Paris

PRODUCTEURS

M. Bosc-Blerne
Ferme du Clos-d'Artois
4, rue de l'Église
91490 Oncy-sur-École

M. et Mme Darbonne
Tél. 64 98 29 00
6, boulevard Maréchal-Joffre
91490 Milly-la-Forêt

SA «Les assaisonnements briards»
Tél. (1) 60 07 17 67
38, rue Marthe-Aureau
77400 Lagny-sur-Marne
8, rue des Vieux-Moulins
77100 Meaux

AUTRES STRUCTURES

L'Herbier de Milly
Tél. 64 98 92 39
Place du Marché
91490 Milly-la-Forêt
menthe

Office du tourisme de Meaux
Tél. (1) 64 34 68 05
8, rue des Vieux-Moulins
77100 Meaux
moutarde

BOISSONS ET ALCOOLS

ORGANISMES PROFESSIONNELS

Association nationale
interprofessionnelle de
l'économie cidricole
Tél. (1) 43 87 40 09
123, rue St-Lazare
75008 Paris

Syndicat national des fabricants
de liqueurs
Tél. (1) 45 22 29 84
8, rue de l'Isly
75008 Paris

PRODUCTEURS

Cidrerie Mignard
M. S. Mignard.
Tél. (1) 64 04 81 51
Route de Rebais
77510 Bellot

Sté Duval et fils
Tél. (1) 39 75 95 20
5, rue Clairbois
78580 Les Alluets-le-Roi
noyau de Poissy

Sté Clacquesin
Tél. (1) 46 55 55 55
18, av. du Maréchal-Leclerc
92240 Malakoff

Société Grand Marnier
Tél. (1) 42 66 43 11
Mme Nicole Seitz
91, bd Haussmann
75008 Paris

Société des produits
Marnier-Lapostolle
BP 10
78640 Neauphe-le-Château

BOULANGERIE - VIENNOISERIE CONFISERIE - PÂTISSERIE

ORGANISMES PROFESSIONNELS

Confédération nationale de la
boulangerie et de la pâtisserie
françaises
M. Gautron. Tél. 47 27 19 90
27, av. d'Eylau
75782 Paris Cedex 16

École nationale supérieure de
meunerie et des insdustries
céréalières (ENSMIC)
M. P. Roussel. Tél. 43 37 42 47
16, rue Nicolas-Fortin
75013 Paris

Centre d'études et de
documentation du sucre
Mmes Bernardin et Nicolas
Tél. (1) 45 53 87 56
30, rue de Lübeck
75116 Paris

Chambre syndicale nationale
des fabricants de confiserie
M. Allain. Tél. (1) 42 60 30 12
194, rue de Rivoli
75001 Paris

Confédération nationale des
détaillants, fabricants, artisans
de la confiserie, chocolaterie,
biscuiterie
Tél. 42 85 18 20
103, rue Lafayette
75481 Paris Cedex 10

PRODUCTEURS
Pâtisserie Bourlaloue
Tél. 48 78 32 35
7, rue Bourdaloue
75009 Paris
tarte Bourdaloue

Paul Bugat. Tél. 48 87 89 88
5, boulevard Beaumarchais
75004 Paris
opéra

Pierre Chaudron. Tél. 64 00 08 90
39, rue de la Cordonnerie
77160 Provins
niflette

Coquelin. Tél. 45 24 44 00
67, rue de Passy
75016 Paris
*galette feuilletée sèche ou
fourrée, macaron lisse,
puits d'amour*

Marcel Cosnuau. Tél. 47 74 62 35
Boulanger-pâtissier
27, rue de la Paix
Centre commercial
des Fontenelles
92000 Nanterre
brioche parisienne

Dalloyau. Tél. 43 59 18 10
99-101, rue du Faubourg-
Saint-Honoré
75008 Paris
opéra

M. Jacky Dupont
Tél. 45 88 70 76
Maître-artisan pâtissier
17, place de l'Abbé-G.-Hénocque
75013 Paris
chouquettes, petits choux

Pâtisserie Durand et Fils
Tél. 39 62 01 85
9, avenue Longueil
78600 Maisons-Laffitte
paris-brest

Fauchon. Tél. 47 42 60 11
26, place de la Madeleine
75008 Paris
*brioche parisienne, croissant,
macaron lisse, paris-brest,
saint-honoré, savarin,
tarte Bourdaloue*

M. Dominique Gaufillier
Tél. 64 00 03 71
Pâtissier-chocolatier-glacier
Spécialités à la rose
5, place du Maréchal-Leclerc
77160 Provins
confit de pétales de roses

Ladurée. Tél. 42 60 21 79
16, rue Royale
75008 Paris
macaron lisse

Le Ragueneau. Tél. 42 61 42 11
202, rue Saint-Honoré
75001 Paris
amandine

Stohrer. Tél. 42 33 38 20
51, rue Montorgueil
75002 Paris
*puits d'amour, saint-honoré,
savarin, tarte Bourdaloue*

Jacques Tapiau. Tél. 47 70 31 70
Compagnon boulanger
Boulanger-pâtissier
83, boulevard Magenta
75010 Paris
*baguette, pain parisien,
pain viennois, pain au lait*

CHARCUTERIE

ORGANISME PROFESSIONNEL

Confédération nationale de la
charcuterie de France
Tél. 47 66 01 22
15, rue Jacques-Bingen
75017 Paris

PRODUCTEURS

Claude Charles. Tél. 43 54 25 19
Charcuterie Charles
10, rue Dauphine
75006 Paris
boudin noir de Paris

M. Simon Duval.
Tél. 48 32 03 17
La Maison de l'andouillette
55, rue Marcelin-Berthelot
93700 Drancy
*boudin noir de Paris,
saucisson à l'ail*

M. G. Fourreau
Tél. 30 59 62 99
Charcutier-traiteur
56, Grande-Rue
78850 Houdan
pâté de volaille de Houdan

M. Robert Gallot
Tél. 30 59 60 12
Pâtissier-traiteur
58, place de l'Église
78550 Houdan
pâté de volaille de Houdan

M. Jean-Louis Mehaute
Tél. 30 59 61 20
Charcutier
47, rue de Paris
78850 Houdan
pâté de volaille de Houdan

M. Jean-Pierre Odeau
Tél. 34 51 88 05
Charcutier-traiteur
46, rue de Poissy
78100 Saint-Germain-en-Laye
hure de porc à la parisienne

M. Claude Vignon
Tél. 47 20 24 26
Charcutier
14, rue Marbeuf
75008 Paris
jambon de Paris

FRUITS ET LÉGUMES

ORGANISMES PROFESSIONNELS

Chambre d'agriculture
interdépartementale
d'Ile-de-France
Mme Chancel, MM. Gallé
et Méritant
Tél. 39 54 05 55
2, avenue Jeanne-d'Arc
78153 Le Chesnay Cedex

Fédération nationale des
cressiculteurs et Syndicat des
cressiculteurs d'Ile-de-France
M. Taillade
Tél. 39 54 05 55
2, avenue Jeanne-d'Arc
78153 Le Chesnay Cedex

Fédération nationale des
syndicats agricoles des
cultivateurs de champignons
Tél. 42 36 03 29
7 bis, rue du Louvre
75001 Paris

Groupement de vulgarisation
horticole de Seine-et-Marne
Tél. 64 39 95 94
418, rue Aristide-Briand
77350 Le Mée-sur-Seine

Syndicat agricole de
Chambourcy/Orgeval
M. Georges Gaillard
Tél. 39 54 05 55
2, avenue Jeanne-d'Arc
78153 Le Chesnay Cedex

Syndicat agricole de Groslay et
environs
Tél. 39 54 05 55
2, avenue Jeanne-d'Arc
78153 Le Chesnay Cedex

Union des producteurs des
fruits et légumes d'Ile-de-France
M. Taillade
Tél. 39 54 05 55
2, avenue Jeanne-d'Arc
78153 Le Chesnay Cedex

PRODUCTEURS

M. Barberot
La Garenne de Glaires
91660 Méréville
cresson

M. Caffaro
Tél. 39 60 21 79
106, Grande-Rue
95550 Bessancourt
artichaut

M. Claude David
25, rue de Rubelle
95390 Saint-Prix-Village
cerise

Éts De Bordeaux (négociant)
Tél. 64 94 27 35
7, rue Rochettes
91150 Morigny-Champigny
haricot chevrier

M. Desgranges
10, rue de Saint-Paul
95230 Soisy-sous-Montmorency
cerise

M. Dupré. Tél. 39 56 38 14
La Ferme Viltain
78350 Jouy-en-Josas
fraise

M. Frings
77173 Chevry-Cossigny
pomme faro

M. Gérard
13, rue Gabriel-Fauveau
95410 Groslay
poire

M. Guy Girard
Maraîcher
15, rue des Francs-Tireurs
93120 La Courneuve
pissenlit

M. Godier. Tél. 64 58 50 93
5, rue de Rimarond
91650 Breux-Jouy
fraise, haricot chevrier

M. Gouerre
93120 La Courneuve
chou

M. Gravet
93300 Aubervilliers
chou

M. Juignet
31, Grande-Rue
78240 Aigremont
reine-claude

M. Lainé. Tél. 34 43 61 86
16, rue de Vincourt
95280 Jouy-les-Moutiers
chou

G. Loin Tél. 64 58 46 65
8, rue de la Soupanne
91650 Breux-Jouy
haricot chevrier

F. Matigny Tél. 60 80 36 26
Les Emondats
91580 Souzy-la-Briche
haricot chevrier

M. Marcel Parro
9, avenue de Stalingrad
93200 Saint-Denis
pissenlit

M. Ponsard
77400 Guermantes
pomme faro

Mme Sautreau
35, rue Rochebrune
93100 Montreuil
pêche

M. Zambléra
Tél. 30 37 31 88
Champignonnière du Fond
de Vaux
95540 Méry-sur-Oise
champignon de Paris

AUTRES STRUCTURES

Association de préfiguration du
Musée de la vigne

M. Pons
5, rue de By
77810 Thomery
chasselas

Association nationale des
croqueurs de pommes
M. Claude Scribe
Sente des Brosses
77580 Voulangis
Section locale Brie-Gâtinais
La Thérionne
77515 Hautefeuille

Comité de la foire aux haricots
18, boulevard Abel-Cornaton
M. Combe. Tél. 64 90 08 39
91290 Arpajon
haricot chevrier

Écomusée de la Courneuve
M. Péru. Tél. 48 38 31 18
39, avenue de la République
93120 La Courneuve
chou

Musée départemental des arts
et traditions populaires
Mme Evelyne Baron
248, avenue Charles-Prieur
77196 Dammarie-lès-Lys Cedex
chasselas

École secondaire d'agriculture
du Prieuré
Tél. 44 42 80 40
Rue Sabatier
60350 Pierrefonds

GRAP (Groupe de réflexion,
d'animation et de protection du
patrimoine)
M. Hubert Aupetit
49, rue Sadi-Carnot
77810 Thomery
chasselas

Jardin-École de la Société
d'horticulture de Montreuil
M. Patureau
Rue du Jardin-École
93100 Montreuil
pêche

Mairie, Mme Curie
77810 Thomery
chasselas

PRODUITS LAITIERS

ORGANISMES PROFESSIONNELS

Fédération nationale des
coopératives laitières
34, rue Godot-de-Mauroy
75009 Paris

Fédération nationale de
l'industrie laitière
140, bd Haussmann
75008 Paris

Syndicat des Affineurs de Bries
M. A. Collet. Tél. (1) 46 86 32 08
1, rue des Alouettes
94520 Thiais

Union syndicale
interprofessionnelle de défense
du brie de Meaux

M. Krebs
Tél. (1) 64 37 13 92
15, rue des Fossés
77000 Melun

PRODUCTEURS

M. Barthélémy
fromager et producteur
Tél. (1) 45 48 56 75
51, rue de Grenelle
75007 Paris
Tél. (1) 64 22 21 64
92, rue Grande
77300 Fontainebleau

fontainebleau

Ets Berton. Tél. (1) 64 34 69 72
Rue Ronsard
77100 Mareuil-les-Meaux

bries de Meaux et de Melun

Fromagerie des Marais
Tél. (1) 64 04 56 24
77510 Doué

brie de Montereau, croupet 75,
jehan-de-brie

Fromagerie du Petit Morin
Tél. (1) 64 04 52 60
Hameau Coton
77510 La Trétoire

explorateur, triple crème,
Duquesne

Fromagerie du Pré-Forêt
Tél. (1) 64 25 97 93
Rue Branly
77610 Fontenay-Trésigny

bries de Montereau et de Nangis

Société Boursault
Tél. (1) 60 23 80 48
Rue Grands-Montgoins
77750 Saint-Cyr-sur-Morin

boursault, délice de Saint-Cyr

Société fermière Rouzaire SA
M. Rouzaire
Tél. (1) 64 07 00 92
10, rue Madeleine
77220 Tournant-en-Brie

boursault, brie, coulommiers,
fougerus, gratte-paille,
jean grogne, pierre robert,
villentrois

Société fromagère de la Brie
77160 Saint-Siméon

chevru, vignelait

Société Loiseau
Tél. (1) 64 31 91 21
32, Grande-Rue
77940 Diant

brie de Montereau

VIANDES, VOLAILLES, MIEL

ORGANISMES PROFESSIONNELS

Amicale des promoteurs
du Bovin Ile-de-France
(APROMOBIF)
Maison de l'Élevage
Tél. 64 39 95 94
418, rue Aristide-Briand
77350 Le Mée-sur-Seine

Compagnie apicole du Gâtinais
et du Centre
M. Golivet, directeur
Tél. 38 30 03 80
Fax. 38 30 28 58
Rue de Maison-Rouge, BP 345
45303 Pithiviers Cedex

Coopérative régionale d'élevage
de l'Ile-de-France
Tél. 64 39 95 94
418, rue Aristide-Briand
77350 Le Mée-sur-Seine

Groupement des apiculteurs
de la région de Fontainebleau
Tél. 64 24 47 43
4, domaine du Bois-de-la-
Garenne, BP 8
77760 Achères-la-Forêt

Maison de l'Élevage
Tél. 64 39 18 92
418, rue Aristide-Briand
77350 Le Mée-sur-Seine

Syndicat des apiculteurs
de la région de Lorrez-le-Bocage
M. Jean Mathieu, Villeflambeau
77710 Lorrez-le-Bocage

Syndicat interprofessionnel
avicole de Houdan
Tél. 30 59 63 00
24, avenue de la République
78550 Houdan

Syndicat national de l'apiculture
M. Védrenne, président
Tél. (1) 45 22 48 42,
5, rue de Copenhague
75008 Paris

Union nationale de l'apiculture
française
M. Séard, président
Tél. (1) 48 87 47 15,
26, rue des Tournelles,
75004 Paris

Union nationale de sélection et
de promotion de race
UPRA Ile-de-France
Tél. 47 63 75 58
95 bis, boulevard Péreire-Sud
75017 Paris

PRODUCTEURS

Mme Bouteille
Tél. : 64 24 11 96
Ferme des Villetards
77760 Nanteau-sur-Essonne
lapin

Mme Ferré
14, rue Saint-Martin
77890 Garentreville
lapin

AUTRES STRUCTURES

L'Abeille du Gâtinais
M. Petit, président
Tél. 60 28 16 72,
17, rue des Peupliers
77340 Pontault-Combault
Secrétariat : rue J.-Dumesnil,
Tél. 38 33 54 18
45390 Puiseaux

Comité d'organisation du
concours de volailles d'Egreville
M. Potentier
77620 Égreville

TABLE
DES PRODUITS

PRODUITS LAITIERS

VIANDES, VOLAILLES, MIEL

TABLE
DES RECETTES TRADITIONNELLES

RECUEILLIES PAR CÉLINE VENCE

VOLAILLES

LÉGUMES

DESSERTS

TABLE
DES RECETTES RÉGIONALES

RÉINVENTÉES PAR GUY SAVOY

REMERCIEMENTS

Aux membres du Conseil national des arts culinaires :
Alexandre Lazareff, Brigitte Simon et, en particulier à la Commission de l'inventaire qui s'est réunie sans relâche.

À la Direction générale de l'alimentation du ministère de l'Agriculture et de la Forêt dirigée par Jean-François Guthmann et en particulier à Thierry Raiff et à Marx Barbier.

Aux personnalités qui ont participé au comité de pilotage :
Jacques Adda (INRA), Alain Berger (INAO), Jacques Bombal (Roquefort), Amédée Chomel (Carrefour), Pierre Cormorèche (APCA), Philippe Houzé (Monoprix), Gilbert Jolivet (INRA), Jean Moulias (Sopexa), André Parcé (production de Banyuls), Joël Robuchon, Roland Violot (SIAL).

Aux enquêteurs : Mlle Mollaret, MM. Jacobson et Lapied.

Aux experts et en particulier à :

Mesdames Baron, Musée départemental des arts et traditions populaires de Seine-et-Marne ; Bernardin, CEDUS, Paris ; Chancel, Chambre interdépartementale d'agriculture, Le Chesnay ; Darbonne, Milly-la-Forêt ; Dupré, syndicat de la boulangerie, Paris ; Fléché-Seban, laboratoire du CNEVA ; Ribes et Doutroleau, Parc naturel du Vexin français.

Messieurs Aupetit, Président du GRAP, Thomery ; Calvel et Roussel, École nationale de meunerie, Paris ; Chiron, INRA, Nantes ; Delessord, syndicat de la boulangerie, Paris ; Doumeizel, Chambre interdépartementale d'Agriculture d'Ile-de-France ; Duchemin, CEPROC, Paris ; Golivet, Compagnie apicole du Gâtinais et du centre ; Lapoix, Conseiller régional d'Ile-de-France ; Méritant, Chambre interdépartementale d'agriculture, Le Chesnay ; Pasquier, Conservatoire national des plantes médicinales, aromatiques et industrielles, Milly-la-Forêt ; Pons, Association de préfiguration du Musée de la vigne, Thomery ; Soribe, Association nationale des croqueurs de pommes ; Taillade, Union des producteurs de fruits et légumes d'Ile-de-France ; Thévenin, Chambre des charcutiers-traiteurs, Paris ; Vignon, Confédération nationale de la charcuterie de France, Paris.

Composition : Charente Photogravure à l'Isle-d'Espagnac
Impression et reliure : Imprimerie Pollina à Luçon

Achevé d'imprimer en avril 1993
N° d'édition : 12890
N° d'impression : 16166
Dépôt légal : avril 1993